Studientexte zur Soziologie

Herausgegeben vom Institut für Soziologie der FernUniversität in Hagen, repräsentiert durch
D. Funcke
F. Hillebrandt
U. Vormbusch
S.M. Wilz

Hagen, Deutschland

Die „Studientexte zur Soziologie" wollen eine größere Öffentlichkeit für Themen, Theorien und Perspektiven der Soziologie interessieren. Die Reihe soll in klassische und aktuelle soziologische Diskussionen einführen und Perspektiven auf das soziale Handeln von Individuen und den Prozess der Gesellschaft eröffnen. In langjähriger Lehre erprobt, sind die Studientexte als Grundlagentexte in Universitätsseminaren, zum Selbststudium oder für eine wissenschaftliche Weiterbildung auch außerhalb einer Hochschule geeignet. Wichtige Merkmale sind eine verständliche Sprache und eine unaufdringliche, aber lenkende Didaktik, die zum eigenständigen soziologischen Denken anregt.

Herausgegeben vom Institut für Soziologie der FernUniversität in Hagen, repräsentiert durch
Dorett Funcke
Frank Hillebrandt
Uwe Vormbusch
Sylvia Marlene Wilz

FernUniversität in Hagen, Deutschland

Weitere Bände in dieser Reihe http://www.springer.com/series/12376

Kai-Olaf Maiwald · Inken Sürig

Mikrosoziologie

Eine Einführung

Kai-Olaf Maiwald
Osnabrück, Deutschland

Inken Sürig
Osnabrück, Deutschland

Studientexte zur Soziologie
ISBN 978-3-658-18576-3   ISBN 978-3-658-18577-0 (eBook)
DOI 10.1007/978-3-658-18577-0

Die Deutsche Nationalbibliothek verzeichnet diese Publikation in der Deutschen Nationalbibliografie; detaillierte bibliografische Daten sind im Internet über http://dnb.d-nb.de abrufbar.

Springer VS
© Springer Fachmedien Wiesbaden GmbH 2018
Das Werk einschließlich aller seiner Teile ist urheberrechtlich geschützt. Jede Verwertung, die nicht ausdrücklich vom Urheberrechtsgesetz zugelassen ist, bedarf der vorherigen Zustimmung des Verlags. Das gilt insbesondere für Vervielfältigungen, Bearbeitungen, Übersetzungen, Mikroverfilmungen und die Einspeicherung und Verarbeitung in elektronischen Systemen.
Die Wiedergabe von Gebrauchsnamen, Handelsnamen, Warenbezeichnungen usw. in diesem Werk berechtigt auch ohne besondere Kennzeichnung nicht zu der Annahme, dass solche Namen im Sinne der Warenzeichen- und Markenschutz-Gesetzgebung als frei zu betrachten wären und daher von jedermann benutzt werden dürften.
Der Verlag, die Autoren und die Herausgeber gehen davon aus, dass die Angaben und Informationen in diesem Werk zum Zeitpunkt der Veröffentlichung vollständig und korrekt sind. Weder der Verlag noch die Autoren oder die Herausgeber übernehmen, ausdrücklich oder implizit, Gewähr für den Inhalt des Werkes, etwaige Fehler oder Äußerungen. Der Verlag bleibt im Hinblick auf geografische Zuordnungen und Gebietsbezeichnungen in veröffentlichten Karten und Institutionsadressen neutral.

Lektorat: Cori A. Mackrodt

Gedruckt auf säurefreiem und chlorfrei gebleichtem Papier

Springer VS ist Teil von Springer Nature
Die eingetragene Gesellschaft ist Springer Fachmedien Wiesbaden GmbH
Die Anschrift der Gesellschaft ist: Abraham-Lincoln-Str. 46, 65189 Wiesbaden, Germany

Danksagung

Eine erste Fassung dieses Buches wurde als Studienbrief für die FernUniversität in Hagen geschrieben und ist dort 2015 erschienen. Wir danken Dorett Funcke, Martin Dornes, Regine Gildemeister und Andreas Wernet, die uns mit vielen hilfreichen Anmerkungen beim Erstellen der Erstfassung und bei der Überarbeitung unterstützt haben.

Inhalt

Danksagung V

Einleitung: Ist Gesellschaft etwas Großes? 1

1 Interaktion: Wie aus Anwesenden Teilnehmende werden 9

2 Sequentialität: Wie Interaktion als Prozess strukturiert ist 27

3 Institutionen: Wie der Stoff beschaffen ist, aus dem soziales
   Handeln besteht 47

4 Reziprozität: Wie aus gemeinsamem Handeln soziale Beziehungen
   entstehen 69

5 Perspektivenübernahme: Wer wir sind, was die anderen betrifft 85

6 Soziale Rollen: Was wir füreinander sind 101

7 Normen und Regeln: Woran wir soziales Handeln messen 119

8 Rahmung: Woher wir wissen, was wir zu tun haben 133

9 Typisierung: Woher wir wissen, mit wem wir es zu tun haben 147

10 Strukturelle Handlungsprobleme: Wie wir uns auf die Gegebenheiten
   einstellen 165

11 Emotionen: Wie Gefühle in soziales Handeln eingehen 181

12 Praxis *oder* Der Zwang zu handeln 195

Epilog: Struktur und Methode 213

Anhang: Transkript einer Filmsequenz 223

Einleitung: Ist Gesellschaft etwas Großes?

Wenn wir von „Gesellschaft" sprechen, dann benötigt das Wort meist einen Artikel oder ein Pronomen. Anders als im Englischen, wo „society" ein Massenbegriff ist („the rules of society"), ist „Gesellschaft" im Deutschen etwas, das es zu spezifizieren gilt. Es gibt nur eine Gesellschaft, die Gesellschaft oder unsere Gesellschaft. Mit solchen Artikeln und Pronomina scheint „Gesellschaft" etwas zu sein, das lokalisierbar ist, worauf man mit dem Finger zeigen kann. „Die" Gesellschaft hat dann den Charakter eines Ortes oder einer Person. Darin liegt der erste Fallstrick der Alltagssprache; denn wenn die Gesellschaft ein Ort ist, wo finden wir ihn? Üblicherweise würden wir ihn auf einer Landkarte suchen, aber da sind nur Nationalstaaten. Wir finden Deutschland, aber ist Deutschland eine Gesellschaft? Gibt es dann auch die französische, die vietnamesische oder die nigerianische Gesellschaft? Und endet die deutsche Gesellschaft an der Grenze zu den Niederlanden? Wenn wir „die" Gesellschaft hingegen wie eine Person behandeln, etwa wenn wir sagen „die Gesellschaft ist schuld" oder „da ist die Gesellschaft zum Handeln aufgefordert" – was oder wen haben wir da im Blick?

Wenn wir uns ‚vor Ort' auf die Suche nach der Gesellschaft machen, dann finden wir Kindergärten, Blumenläden, Gespräche unter Freunden, Ampeln, Kneipen, Beipackzettel, dienstliche Anweisungen, Handballspiele, Briefmarken, Zeitungen, Jugendämter, Regenschirme, Fernsehprogramme, Grillpartys, Kondomautomaten, Baustellen, Musikkapellen, Spaziergänge junger Paare, Blutspendeausweise, Seminarräume, Internetprofile, Meldebescheinigungen, Krankenhäuser, Mülltonnen, Geschenkgutscheine. Wir finden ein seltsames Sammelsurium aus Gegenständen, Plätzen und Gruppen. Aber es ist nicht unvorstellbar, dass ein Mensch in Deutschland an einem einzigen Tag mit all diesen Dingen irgendwie ‚in Berührung' kommt. Mit etwas Mühe kann jede und jeder von uns die Geschichte erzählen, in der alles eben Aufgezählte in einen Zusammenhang gebracht wird. Genauso können wir die Geschichte erzählen, in der nichts davon vorkommt, nur einiges und vieles andere.

Doch egal, welche Geschichte wir erzählen: Das Bindeglied ist der Mensch. Natürlich nicht seine schiere Existenz, sondern sein Handeln. Was ein Regenschirm mit einem Internetprofil zu tun haben könnte, entscheidet weder der Regenschirm noch das Internetprofil. Erst in dem Moment, da wir nicht mehr nur einfach schildern, was wir sehen, sondern es deuten und miteinander in Verbindung bringen, finden wir „die Gesellschaft". Damit haben wir gleichzeitig „die Gesellschaft" als etwas beschrieben, das durch unsere Deutungen und Handlungen definiert ist. Zwar ist ein Regenschirm auch ein Stock mit einer daran befestigten Plane, und ein Krankenhaus ist auch ein Gebäude, an dem „Krankenhaus" steht. Doch sowohl mit dem Gegenstand als auch mit seiner Bezeichnung verbinden wir etwas, das über seine objektive Materialität hinausgeht. Wie der Gegenstand, so ist auch die Gesellschaft nicht unabhängig von Handlungen erklärbar.

Dabei geht es aber eben immer um Handlungen im Plural. Das betrifft zunächst die basale Einsicht der Soziologie, dass „die Gesellschaft" kein Akteur ist, auch kein kollektiver Akteur, wie eine Regierung oder ein Unternehmen. Dementsprechend kann „die Gesellschaft" nichts entscheiden und auch für nichts verantwortlich gemacht werden, anders als Regierungen und Unternehmen. Sie ist vielmehr etwas Abstraktes, eine Formel, mit der die Soziologie die Einheit ihres Gegenstandsbereichs zu umreißen versucht. Ohne eine solche Formel kommen die wenigsten SoziologInnen aus. Die Notwendigkeit des Plurals erstreckt sich auch auf die Handlungen und Handlungszusammenhänge, in denen uns – wie in den oben aufgeführten Beispielen – „die Gesellschaft" begegnet. In der Soziologie interessieren uns generell nicht die je individuellen Handlungen besonderer Personen in einzigartigen Situationen, sondern es interessiert uns immer das, was darüber hinausgeht: Strukturen. Was immer SoziologInnen darunter im Detail verstehen – immer suchen sie nach Mustern, die in besonderen Handlungen zum Ausdruck kommen. Das schließt stets ein Moment der Wiederholbarkeit von Handlungen ein: Es geht um angebbare Handlungs*weisen* angebbarer Personen*gruppen* in *allgemein beschreibbaren* Situationen.

Seit Ende der 1970er Jahre ist es in der Soziologie gängig geworden, Mikro- und Makrosoziologie zu unterscheiden. Diese Art der Sortierung soziologischer Forschung ist ergänzend zu anderen Unterscheidungen hinzugetreten, wie der zwischen Theorie und Empirie oder den Unterscheidungen nach spezifischen Gegenstandsbereichen, den sogenannten Bindestrich-Soziologien (Familiensoziologie, Religionssoziologie, Berufssoziologie etc.). In der Unterscheidung zwischen ‚Mikro' und ‚Makro' spielt die Vorstellung davon, was ‚Struktur' in der Soziologie ist und wie man sie methodisch erschließt, eine wichtige Rolle. Dabei wird unter Makrosoziologie in der Regel eine Forschungsperspektive verstanden, die eine Konzentration auf bestimmte gesellschaftliche Gegenstände und eine Präferenz für einen bestimmten methodischen Zugang verbindet. Vor allem dieser Perspektive kann man eine Vorstellung zuschreiben, nach der die „Gesellschaft" und ihre Strukturen „etwas Großes" sind. So nimmt die Makrosoziologie in der Regel ‚große' soziale Einheiten in den Blick. Das können gesellschaftliche Subsysteme (wie Recht, Wirtschaft oder Politik) sein, aber auch gesellschaftliche Großgruppen oder Gruppierungen (wie Schichten, Klassen, Milieus, aber auch die gesellschaftlich relevanten Konzepte von ‚Geschlecht' oder ‚ethnischer Zugehörigkeit'). Schließlich können auch Aspekte der Gesamtgesellschaft (soziale Ungleichheiten, demographische Entwicklungen, Generationenlagerungen etc.) untersucht werden. Eine empirisch-makrosoziologische Analyse erschließt die Struktureigenschaften der Gesamtgesellschaft oder ‚großer' sozialer Einheiten zudem in der Regel über standardisierte Erhebungen mit großen Fallzahlen. Sie setzt dabei auf statistisch messbare Korrelationen von Merkmalen bezogen auf hohe Aggregationsniveaus. Weitgehend stabile Korrelationen zwischen Merkmalen gelten hier als ‚Struktur', wie z. B. die Korrelation von sozialer Herkunft und Bildungserfolg. Die Frage der Entstehung von Strukturen wird nur über die Differenzierung abhängiger und unabhängiger Variablen verfolgt.

Auch wenn diese Kennzeichnung von vielen KollegInnen als (zu) grobe Vereinfachung eingeschätzt werden dürfte – das disziplinäre Verständnis von Mikrosoziologie ist sicherlich noch uneinheitlicher. Entsprechend ist eine Einführung in die Mikrosoziologie notwendig selektiv, folgt einem bestimmten Blickwinkel und schließt andere aus. Es gibt im Wesentlichen drei Ansätze, Mikrosoziologie zu verstehen, die im Folgenden kurz vorgestellt werden. Wir werden in den folgenden Kapiteln aber nur einen davon in den Vordergrund stellen und versuchen, ihn systematisch zu begründen.

Einem ersten Ansatz zufolge ist die Mikrosoziologie in gegenstandsbezogener Hinsicht das Pendant zur Makrosoziologie. So, wie die Makrosoziologie ‚große' soziale Einheiten untersucht, beforscht die Mikrosoziologie ‚kleine' soziale Einheiten wie Familien- und Paarbeziehungen, soziale Kleingruppen oder das Individuum. Typisch mikrosoziologische Gegenstände sind nach diesem Verständnis zum Beispiel Sozialisation, Biografie und personale Identität, Jugend und Adoleszenz. Der methodische Umgang mit den darauf bezogenen Fragestellungen kann qualitativ oder quantitativ, wie in der Sozialstrukturanalyse, erfolgen. Man kann Trennung und Scheidung, die häusliche Arbeitsteilung zwischen Frau und Mann, jugendliche Kriminalität, Berufsbiografien oder Migrationsentscheidungen sowohl im Rahmen von Einzelfallrekonstruktionen oder anhand standardisierter Datensätze statistisch untersuchen. Ein solches, gegenstandsbezogenes Verständnis der Komplementarität von Makro- und Mikrosoziologie hat sich etabliert und ist eingegangen in die Grundstruktur vieler soziologischer Institute. Allerdings handelt es sich um die rein deskriptive Abgrenzung eines Gegenstandsbereichs; das, was ‚klein' von ‚groß' unterscheidet, ist theoretisch nicht klar bestimmt. Entsprechend haben wir nicht nur einen sehr weiten und heterogenen Bereich, der all das umfasst, was kleine Einheiten tun oder lassen, sondern wir haben auch das Problem der Bestimmung der Grenze, an der das ‚Kleine' aufhört und das ‚Große' beginnt. Die Einführung einer ‚Meso-Ebene' des Sozialen (z. B. Organisationen, Vereine, Nachbarschaft, Gemeinde) liegt dann nahe, löst das Problem jedoch nicht.

Ein in theoretischer Hinsicht ambitionierteres Verständnis von Mikrosoziologie kreist um die Frage, wo soziale Strukturen verankert und wo sie grundsätzlich zu verorten sind. Dabei ist die leitende Idee, dass soziale Strukturen (und zwar auch die gesamtgesellschaftlichen) ihr Fundament immer in konkreten Handlungen konkreter Personen haben müssen und man in der soziologischen Forschung diese Ebene der Konkretion sozialen Handelns berücksichtigen muss. Das gilt nicht nur für die Struktur von Familienbeziehungen oder sozialen Kleingruppen. Soziale Ungleichheit und sozialer Status – als typische Makro-Phänomene – werden genauso in Interaktionen erzeugt wie Freundschaften oder eine neue Form der Kundenorientierung. Wenn soziale Strukturen real sind, so die Annahme, dann müssen sie auch in Interaktionen real werden und in Daten sozialer Interaktion beobachtbar sein. Eine entsprechende Betrachtung der sozialen Welt ‚wie durch eine Lupe' wird als ein wesentlicher Aspekt empirischer soziologischer Forschung angesehen.

Dieses Verständnis teilen sich wiederum zwei sehr unterschiedliche Ansätze. Der erste Ansatz schließt an die Tradition des Methodologischen Individualismus an und wird gegenwärtig vor allem verkörpert durch die verschiedenen Spielarten der Theorie rationaler Wahl. Dazu gehören aber auch die ‚klassischen', an Max Weber und Alfred Schütz anschließende Handlungstheorie. Leitend ist hier die Frage, wie sich kollektive Phänomene auf die Handlungen von Einzelnen zurückführen lassen. Ein entscheidendes Erklärungselement ist dabei die Idee der Nutzenmaximierung, die wie eine anthropologische Konstante verstanden wird. Der ‚Blick durch die Lupe' beschränkt sich in diesem Ansatz im Wesentlichen auf die Ebene der Modellbildung; es werden in aller Regel nicht konkrete Handlungen analysiert, sondern Modelle entwickelt, wie man sich *im Prinzip* individuelle Handlungsmuster in bestimmten Problemzusammenhängen vorstellen sollte. Daraufhin werden Hypothesen entfaltet, operationalisiert und mit dem Instrumentarium standardisierender Methoden überprüft.

Wir folgen diesem handlungstheoretischen Ansatz von Mikrosoziologie allerdings nicht, sondern einem zweiten, der sich in einem weiten Verständnis als ‚interaktionistisch' kennzeichnen lässt. Ihm zufolge sind die zentralen Untersuchungseinheiten nicht die Einzelnen (die Kalküle, die sie anstellen, die Restriktionen, denen ihre Wahlhandlungen unterliegen), sondern Interaktionen. Und die empirische Analyse besteht nicht in einer Modellierung einer Handlungssituation mit anschließendem Hypothesentest, sondern in qualitativen Fallrekonstruktionen auf der Basis primär ‚natürlicher' Daten von Interaktionen.[1] „Interaktion" ist dabei weit gefasst. Gemeint sind nicht nur „Face-to-Face"-Interaktionen zwischen Individuen in Familien, am Arbeitsplatz, in Organisationen, in Parlamenten, im öffentlichen Raum etc. Im Prinzip zählen wir auch medial vermittelte Kommunikationen (Tageszeitungen, Bücher, Internet) oder Äußerungen kollektiver Akteure wie Gesetzestexte oder Berufsordnungen dazu. Aber Interaktionen von Angesicht zu Angesicht haben – wie in den ersten Kapiteln deutlich werden wird – einen herausgehobenen Stellenwert. Unsere ‚einsamen' Handlungen wie unsere medial vermittelten Kommunikationen haben die Erfahrung unmittelbarer Interaktion zur Voraussetzung. Sie ist sowohl analytisch wie entwicklungslogisch grundlegend. Deshalb werden wir uns auch auf sie konzentrieren.

Das Anliegen der vorliegenden Einführung in die Mikrosoziologie ist vor dem Hintergrund dieser methodologischen Position zu verstehen. Weder geht es um Charakteristika von Paar- oder Familienbeziehungen oder anderen sozialen Kleingruppen, noch geht es um die Grundlagen einer soziologischen Handlungstheorie. Das Thema ist vielmehr „Strukturbildung in Interaktionen". Genauer gesagt geht es darum, das begriffliche Instrumentarium für die Analyse von Prozessen der Strukturbildung in Interaktionen bereitzustellen. Dabei ist die Annahme leitend, dass das, was in Interaktionen, was in unserem alltäglichen wie außeralltäglichen Handeln in den verschiedensten Situationen geschieht, alles andere als zufällig, beliebig oder immer nur ‚individuell' ist. Vielmehr lässt sich eine Vielzahl von Strukturen ausmachen, von Mustern, die über die Einzigartigkeit der je konkreten Interaktionsereignisse hinausgehen. Dies können Muster sein, die die konkrete Sozialbeziehung zwischen konkreten Personen charakterisieren (z. B. das Paar Heinz und Helga, die Familie Müller), die für einen Typus von Sozialbeziehung kennzeichnend sind (z. B. Paar- und Familienbeziehungen), die die Beteiligten als Angehörige eines bestimmten sozialen Milieus ausweisen u. v. m. Diese Prozesse vollziehen sich nicht voraussetzungslos; die beteiligten Individuen erzeugen sie nicht aus dem Nichts heraus. Im Gegenteil: Wir behandeln in dieser Einführung *ausschließlich* solche Aspekte, die jeder konkreten Interaktion vorgängig sind, seien es universale Mechanismen (z. B. der formalen Organisation von Interaktion), denen sich Interaktion nicht entziehen kann, seien es gesellschaftsspezifische Strukturvorgaben (z. B. Rollen und Normen), mit denen Interaktion zumindest rechnen muss (und kann).

---

1 Auf die methodische Seite einer interaktionstheoretisch begründeten Mikrosoziologie gehen wir im Epilog dieses Buches ein.

In den folgenden Kapiteln werden wir das vorstellen, was wir als grundlegende ‚Bausteine' von Interaktion und Struktur ausmachen. Es ist nicht unwahrscheinlich, dass unsere Liste der mikrosoziologischen Grundbegriffe nicht vollständig ist. Wir sind uns jedoch recht sicher, dass die Aspekte, die thematisiert werden, tatsächlich von zentraler Bedeutung für die Strukturbildung sind. Wenn man bestimmte Themen vermissen mag, dann kann das auch daran liegen, dass sie nicht *Grundlagen der Strukturbildung* sind, sondern gerade *Kennzeichen der so gebildeten Strukturen*. Das gilt jedenfalls für solche Konzepte wie soziale Anerkennung (respektive Missachtung), Macht, soziale Ungleichheit, Status, Rationalität, Professionalität, Kapitalismus usw. Derartige Strukturaspekte lassen sich mithilfe des hier vorgestellten Instrumentariums erschließen. Umgekehrt gilt das nicht.

Die Art, wie wir diese Grundbegriffe oder Bausteine vorstellen, schließt einen selektiven Zugriff auf die relevante Fachliteratur ein. Zwar werden wir in aller Regel auf diejenigen AutorInnen eingehen, die auch in den zentralen Diskursen als einschlägig gelten. Zum größten Teil werden wir Überlegungen referieren, weil wir sie für richtungsweisend halten, aber manchmal werden wir auch auf Theorien eingehen, um unsere Argumentation davon abzugrenzen. In jedem Fall ist die Darstellung aber weit entfernt von einer umfassenden und vergleichenden Würdigung des Stands der Forschung. Stattdessen wird es sich immer auch um ein eigenständiges Theorieangebot handeln, d. h. die vorgestellte Argumentation wird im Kern beinhalten, ‚wie wir die Dinge sehen'. Dies nicht nur deshalb, weil wir uns angesichts der Literaturlage verschiedentlich genötigt sahen, Argumente (unserer Ansicht nach) zu präzisieren, sondern auch und vor allem, weil wir es für eine Einführung vorteilhaft finden, den LeserInnen eine möglichst ‚dezidierte' Position zu präsentieren. Es wird auf ausreichend Literatur verwiesen, um ihre Triftigkeit zu überprüfen.

Die von uns gewählte Darstellungsweise unterscheidet sich noch in einer weiteren Hinsicht von manchen anderen Einführungstexten. Nicht nur haben wir versucht, komplexe Sachverhalte durch eine fortwährende Einbeziehung empirischer, möglichst alltagsnaher Beispiele verständlich zu machen. Es gibt darüber hinaus auch einen durchgehenden empirischen Bezug, ein ‚Datenmaterial' in Gestalt einer Interaktionssequenz, auf die in allen Kapiteln Bezug genommen wird – vor allem in Form von „Denkanstößen", d. h. von Fragen, die die LeserInnen an das Material stellen und bearbeiten können, um sich die dargestellten Zusammenhänge selbst weiter zu erschließen. Die Idee, hier *eine* Interaktionssequenz durchgehend zu verwenden, speist sich aus der Überlegung, dass grundlegende Bausteine der Strukturbildung in Interaktionen sich auch im Prinzip anhand *jeglicher* Interaktion verdeutlichen lassen können müssen. „Im Prinzip" schließt natürlich die Möglichkeit ein, dass manche Interaktionssequenzen dafür besser geeignet sind als andere. Wir haben dafür einen Ausschnitt aus einem Spielfilm gewählt, dem Film „Vier Abenteuer von Reinette und Mirabelle" des französischen Regisseurs Eric Rohmer. Es ist eine besondere Qualität von Rohmer, dass es ihm gelingt, auf höchst kunstvolle Weise natürliche Interaktionen filmisch zu erzeugen. Die kleine Episode, deren Transkript (besser wäre es natürlich, wenn die LeserInnen sich zusätzlich den Film beschaffen würden) sich im Anhang dieser Einführung befindet, ist ein besonders gelungenes Beispiel dafür. Die kurze Szene einer Interaktion von Reinette mit dem Kellner eines Pariser Straßencafés ist einerseits höchst artifiziell. Es handelt sich nachgerade um eine Groteske dahingehend, dass der Kellner bis ins Detail jegliche „Standards" sozialer Interaktion unterläuft. Aber andererseits – und in gewisser Weise gerade deshalb – ist sie auch so reichhaltig und geeignet, tatsächlich alle von uns behandelten Grundbegriffe zu verdeutlichen.

1 Interaktion: Wie aus Anwesenden Teilnehmende werden

Die Mikrosoziologie, so haben wir in der Einleitung festgestellt, sucht ihren Zugang zu ‚der Gesellschaft' über die soziale Interaktion, also über Handlungen, die zwischen Menschen stattfinden. Im soziologischen Sinne gibt es keine Interaktion zwischen Gegenständen (im Gegensatz zum Beispiel zur Chemie, wo verschiedene Stoffe miteinander ‚interagieren' können), und es gibt auch keine Interaktion zwischen einem Subjekt – einer Person – und einem Objekt – einer Sache (z. B. ‚Mensch-Computer-Interaktion'). Denn wir definieren Interaktion als ein Handeln, in dem sich (mindestens) zwei handelnde Subjekte aufeinander beziehen. Damit ist, soziologisch betrachtet, Interaktion der Minimalfall sozialer Beziehung, und soziale Beziehungen haben Menschen ausschließlich mit anderen Menschen.

Dies lässt sich besser nachvollziehen, wenn wir uns bewusstmachen, dass die Voraussetzung zu Interaktion und sozialen Beziehungen die Fähigkeit zu sozialem Handeln ist. Hier können wir auf Max Weber (1980 [1922]) zurückgreifen, der soziales Handeln als intentionales Handeln versteht, das auf eine oder mehrere andere gewisse oder ungewisse Personen bezogen ist, aber deren konkreten, momentanen Einbezug nicht erfordert. Während Handeln allgemein für Weber (ebd.) jede Form menschlichen Verhaltens ist, die der oder die Handelnde mit einem subjektiven Sinn verbindet (d. h. das Handeln ist für die handelnde Person selbst sinnvoll, und zwar unabhängig davon, ob dieser Sinn auch objektiv erschließbar, wahr oder richtig ist), ist soziales Handeln dem subjektiven Sinn nach am Verhalten anderer orientiert. So handelt eine Müllwerkerin sozial, wenn sie die an der Straße stehenden Mülleimer leert; ein Vater handelt sozial, der seiner Tochter einen Geburtstagskuchen backt; eine Studentin handelt sozial, die für einen Kommilitonen eine Seminararbeit Korrektur liest. Sozial zu handeln erschöpft sich freilich nicht darin, anderen etwas Gutes zu tun; darin weicht ein wissenschaftliches Verständnis von einem Alltagsverständnis, ‚sozial' zu handeln, ab. So ist das Schreiben eines Drohbriefs ebenso soziales Handeln wie das Entwerfen einer besonders schwierigen Klausur, bei der von vornherein klar ist, dass die Hälfte der Studierenden durchfallen wird. Das Kriterium ist also der Unterschied zwischen Selbstbezug und Fremdbezug des

Handelns jenseits moralischer oder ethischer Aspekte. So stellen wir fest, dass viele Menschen zwar eine intensive ‚Beziehung' zu ihrem Haustier haben, das Haustier aber nicht in der Lage ist, subjektiv sinnvoll sozial zu handeln – ganz zu schweigen von Computern oder chemischen Elementen.

Nun geht Weber (ebd.) aber davon aus, dass subjektiv sinnvolles Handeln immer auch (zumindest bis zu einem gewissen Grad) für die Beobachtenden verstehbares Handeln ist, sofern es „in Worten adäquat kommunikabel" (ebd.: 2) ist. Hier ist erst einmal wichtig festzustellen, dass auch das Verstehen eine subjektive Angelegenheit ist. In diesem Zusammenhang verweist Alfred Schütz (1974 [1932]: 16) auf die unterschiedlichen Perspektiven von Handelnden und Beobachtenden als „wesensmäßigen Unterschied [...] zwischen der Selbstinterpretation der Erlebnisse durch das eigene Ich und der Interpretation fremder Erlebnisse durch das deutende alter ego." ‚Verstehen' wird dann gerade nicht dadurch erlangt, dass wir den subjektiven Sinn des Handelns der anderen vollständig entschlüsseln, sondern dadurch, dass wir in der Lage sind, diesem Handeln auch unabhängig vom subjektiv Gemeinten einen Sinn zuzuweisen. Die Dozentin, die eine extrem schwierige Klausur stellt, mag dies als interessante intellektuelle Herausforderung verstehen, während die Studierenden, die diese Klausur schreiben müssen, es als eine absichtliche und unfaire Überforderung verstehen. Obwohl also die Dozentin ihr Handeln anders ‚meint' als die Studierenden es deuten, ist das Handeln der Dozentin für die Studierenden nicht unverstehbar oder sinnlos.

Gerade dieses Beispiel dürfte aber auch deutlich machen, dass eine ständige Dissonanz zwischen Selbstverstehen und Fremdverstehen – wenn also das (soziale) Handeln von Individuen von den beobachtenden Personen stets anders gedeutet würde, als es gemeint ist – in einer menschlichen Gemeinschaft nicht vorstellbar ist. Das hat einen ganz einfachen Grund: Menschliche Gemeinschaften sind keine Ansammlung von Handelnden und Beobachtenden. Sie sind Zusammenschlüsse von gemeinsam Handelnden. Wenn Weber (s. o.) also feststellt, dass Fremdverstehen etwas damit zu tun hat, dass etwas „in Worten adäquat kommunikabel" ist, mag die Formulierung auf den ersten Blick tautologisch erscheinen, sie fasst aber drei wichtige Voraussetzungen des gemeinsamen Handelns zusammen: die Verfügbarkeit von „Worten", also von sprachlichen Zeichen und Zeichensystemen, die etwas generell ausdrückbar oder beschreibbar machen; die „adäquate" Verwendung solcher Zeichen, also der Einsatz angemessener sprachlicher Entsprechungen für das, was konkret ausgedrückt werden soll; und ‚Kommunizierbarkeit', das heißt, die Möglichkeit, etwas ‚gemein' zu machen und miteinander zu teilen. Verstehbares Handeln ist in dieser Argumentation also solches Handeln, über das die Gesellschaftsmitglieder sich sprachlich angemessen verständigen können. Und das wiederum muss bedeuten, dass auf einen ‚objektiven' Sinn, eine geteilte Bedeutung,

1 Interaktion

ein gemeinsames Verstehen zurückgegriffen werden kann. Tatsächlich werden wir als Gesellschaftsmitglieder ja auch genau so sozialisiert: nicht als einsam handelnde Individuen mit nicht-kommunizierbaren Motiven und Entscheidungsleistungen, sondern stets und von Anfang an als mit anderen gemeinsam Handelnde, deren Motive und Entscheidungen in der Interaktion mit anderen entstehen, geprägt und verinnerlicht werden und darin selbstverständlich auch für Modifikationen offen sind. Wie das genau funktioniert, damit werden wir uns im Kapitel 5 zur Perspektivenübernahme genauer beschäftigen. Hier wollen wir festhalten, dass es etwas gibt, das über das individuelle Handeln und das Beobachten von Handeln hinausgeht und *das* wesentliche Merkmal menschlicher Gemeinschaften ist: Kommunikation.

An dieser Stelle wollen wir uns zunächst mit dem Kommunikationsbegriff befassen, wie Niklas Luhmann (1984) ihn verwendet. Danach ist Kommunikation die Synthese aus drei Selektionen: die spezifische *Information*, die aus den unendlichen Möglichkeiten aller Informationen ausgewählt wird (was wird gesagt?); die *Mitteilung* als konkrete Form der Weitergabe dieser Information (wie wird es gesagt?); und das *Verstehen* als Unterscheidung zwischen Information und Mitteilung (was bedeutet das?). Die Information, dass es einen Stau auf der A1 gibt, kann beispielsweise so mitgeteilt werden: „Auf der A1 gibt es einen Stau". Diese Mitteilung ist anders zu verstehen als „Da ist schon wieder ein Stau auf der A1" oder „Der Stau ist auf der A1". Die Mitteilung der Information enthält also bereits eine Einordnung und eine Interpretation: Es gibt keine Information, die nur auf eine einzige spezifische Weise mitgeteilt werden kann. So ist es auch nicht die Information selbst, sondern ihre Mitteilung, die verstanden wird. Die Mitteilung ist dann die Deutung einer Information und Verstehen dementsprechend die Deutung dieser Deutung. Die Möglichkeiten, auf die Feststellung „Auf der A1 gibt es einen Stau" zu entgegnen, sind einerseits begrenzter als die ursprüngliche Selektion der Information. „Brot" ist gewiss keine plausible Anschlussäußerung, hingegen wären „aha", „auf welchem Streckenabschnitt" oder „die A1 muss dringend ausgebaut werden" allesamt passende Entgegnungen, die nun anzeigen, wie die Mitteilung verstanden wurde. Da sich die Anschlussäußerung auf das zuvor Geäußerte bezieht, kann man also sagen, dass die Kommunikation sich auf sich selbst bezieht. Es geht nicht um die Information ‚an sich', sondern um die Unterscheidungen und Deutungen, die in der Kommunikation vorgenommen werden. Wir sehen aber auch, dass Kommunikation zwar dazu neigt, Themen zu verengen (bspw. vom allgemeinen Auftreten von Staus zum Autobahnausbau) und damit Komplexität zu reduzieren, darin aber nie nur eine einzige Möglichkeit der Verengung enthalten ist. Dieses Phänomen nennt man Kontingenz oder, wenn es nach Luhmann (ebd.: 148) geht, sogar „doppelte Kontingenz": Man kann nie ganz sicher sein, welchen Anschluss an das Mitgeteilte das Gegenüber wählen wird, und dies gilt für alle an der Kommunikation Beteiligten.

Da es immer Handlungsalternativen gibt, ist es nie eindeutig vorhersehbar, wie die jeweils anderen sich verhalten werden; durch Kommunikation jedoch wird diese Unsicherheit bis zu einem gewissen Grad absorbiert, gerade weil sie sich auf das bezieht, was schon mitgeteilt wurde, und nicht auf das, was noch mitgeteilt wird. Denn unsere Erwartungen an das Verhalten unseres Gegenübers können wir nur am bereits Mitgeteilten orientieren und stabilisieren und damit auch unser eigenes Verhalten entsprechend strukturieren:

> „Die Kommunikation muß ganz konkret an das anschließen, was vorher gesagt wurde, und sie muß schon erkennen lassen, was im Anschluß an diesen Anschluß geschehen kann." (Kieserling 1999: 79)

Wir haben weiter oben bereits festgestellt, dass Kommunikation das wesentliche Merkmal menschlicher Gemeinschaften ist. Mit Luhmann (1984) können wir nun sogar argumentieren, dass Kommunikation *das* konstituierende und damit strukturbildende Element von Gesellschaft ist. Das leuchtet unmittelbar ein, denn wenn wir nicht in der Lage wären, uns (auf welche Art auch immer) mitzuteilen, wären wir alle isolierte Einzelwesen, unfähig zu gemeinsamem Handeln. Was aber genau ist es, das Kommunikation leistet, dass wir zu gemeinsamem Handeln befähigt werden? In der singulären Kette von Information – Mitteilung – Verstehen können wir ja nur ein ganz basales ‚gemeinsames' Handeln in Form eines gemeinsamen Fokus (auf die Mitteilung) erkennen. Wenn aber aus der singulären Kommunikation ein Kommunikationsprozess wird, indem an ein einzelnes Gespräch in weiteren, anderen Kommunikationen angeschlossen wird, dann entstehen unendlich viele Gespräche unter unendlich vielen Teilnehmenden sowohl synchron als auch asynchron, in denen wiederum immer das Potential liegt, sich auf andere Gespräche zu beziehen. Dieses Potenzial ist in der Differenz zwischen Themen und Beiträgen begründet; Kommunikationszusammenhänge, so Luhmann (ebd.: 231), „müssen durch Themen geordnet werden, auf die sich Beiträge zum Thema beziehen können". Das bedeutet, dass Beiträge immer auch einem Thema (und nicht nur einer bestimmten Person, einem bestimmten Zeitpunkt oder einem Ort, an dem sie getätigt wurden) zuordenbar sind; das Thema ist also der übergeordnete Zusammenhang, der die Verbindung zwischen Einzelkommunikationen herzustellen vermag. Viele verschiedene Gespräche unter vielen verschiedenen Teilnehmenden an verschiedenen Orten zu verschiedenen Zeitpunkten können also durchaus etwas gemeinsam haben: das Thema. Je genereller wir ‚Thema' dabei fassen, desto deutlicher wird, dass es Themen gibt, die in besonders vielen Kommunikationen relevant waren, sind und bleiben, wie zum Beispiel Recht, Bildung oder Gesundheit. Mit dem wiederholten Bezug auf ein Thema und die dazugehörigen Beiträge

1 Interaktion

werden dann bestimmte Selektionen über Zeit, Raum und Personen hinweg immer wieder reproduziert und gemein gemacht; und auf diese Weise werden wiederum Erwartungen nicht nur an das konkrete Gegenüber, sondern an Gesellschaftsmitglieder allgemein konsolidiert. Das wollen wir hier so verstehen, dass ohne die in und durch Kommunikation konsolidierten, also gesicherten Erwartungen, die wir an andere Menschen und andere Menschen an uns haben, soziale Beziehungen und damit auch soziale Systeme nicht möglich wären.

Wenn nun aber der Begriff ‚Kommunikation' all dies umfasst – von den grundlegenden drei Selektionen über das prozesshafte Gespräch bis hin zu gesellschaftsbildenden und gesellschaftsreproduzierenden Prozessen – was leistet dann der Begriff der ‚Interaktion'? Tatsächlich werden die beiden Begriffe oft im Zusammenhang oder sogar synonym gebraucht. Wenn wir sie uns nun noch einmal genauer anschauen, dann können wir aber erst einmal feststellen, dass ‚Kommunikation' und ‚Interaktion' hinsichtlich der exakten Wortbedeutung nicht dasselbe bezeichnen: Wie wir gesehen haben, ist Kommunikation der selektive und verstehende Austausch von Informationen, während Interaktion als wechselseitig aufeinander bezogenes Handeln definiert ist. Im allgemeinen Sprachgebrauch hat sich gerade der Begriff der ‚Kommunikation' um den Aspekt des Mitteilens herum etabliert und darin vielfach auch in Bezug auf Kommunikationstechnologien, also Kommunikationswege – über Telefon, Briefe, Textnachrichten, Emails, Video-Live-Schaltungen etc. Wir sagen beispielsweise, dass wir mit jemandem „schriftlich kommunizieren"; wir sagen aber nicht, dass wir mit jemandem schriftlich interagieren. Der Interaktionsbegriff ist alltagssprachlich nicht so fest verwurzelt; hier scheint es sich noch eher um einen terminus technicus zu handeln, einen Fachausdruck, der uns vor allem als Adjektiv ‚interaktiv' seit einigen Jahren in bestimmten Zusammenhängen immer häufiger begegnet – als „interaktives Fernsehen", als „interaktive PDF" und sogar als „interaktive Kommunikation" (im Zusammenhang mit dem Internet). In den ersten beiden Fällen bezeichnet „interaktiv" dann weniger die Qualität eines wechselseitig aufeinander bezogenen Handelns als vielmehr neuartige Möglichkeiten des individuellen, momentanen Eingriffs in ein Geschehen, das originär ohne unseren aktiven Einbezug vonstattengeht. So waren wir lange Zeit nur Konsumierende eines Fernsehprogramms, auf das wir keinerlei Einfluss hatten; und eine PDF-Datei war anfangs konzipiert als ein Dokument, in das nicht mehr verändernd (z. B. in Form von Markierungen, Kommentaren) eingegriffen werden konnte. Dass wir jedoch aktiv handelnd auf etwas Einfluss nehmen können, ist, wie wir bereits festgestellt haben, aus mikrosoziologischer Sicht noch keine hinreichende Bedingung dafür, dass es sich bei dem jeweiligen Geschehen um Interaktion handelt. Wenn wir unser Fernsehprogramm individuell zusammenstellen oder im PDF-Dokument etwas unterstreichen, ist das im Weberschen Sinne, wie oben erläutert, noch nicht einmal notwendigerweise soziales Handeln, es sei denn, wir würden uns in der Tätigkeit bewusst auf andere beziehen – zum Beispiel die TV-Dokuserie, die unser Lebenspartner schätzt, für ihn mitprogrammieren oder im PDF-Text der Kollegin jene Stellen unterstreichen, die wir später mit ihr diskutieren möchten. Gerade im zweiten Beispiel wird dann auch deutlich, dass dies soziales Handeln in Antizipation von Interaktion ist, aber noch nicht Interaktion selbst. Wenn wiederum von „interaktiver Kommunikation" im Internet die Rede ist, dann würde das strenggenommen voraussetzen, dass Kommunikation per definitionem nicht interaktiv ist und dass man ihr diese Qualität sozusagen erst hinzufügen muss. Der hier zugrunde gelegte Kommunikationsbegriff ist dann, gerade weil er auf das Internet bezogen ist, ein technologieinduzierter Begriff, der ebenfalls ausschließlich auf technische Möglichkeiten verweist, sich an Kommunikationen zu beteiligen, nicht aber die Qualität von Kommunikation an sich thematisiert, die, wie wir bereits festgestellt haben, zumindest personal interaktiv sein muss, um die Grundbedingungen von Mitteilen und Verstehen zu erfüllen.

Kommunikationstechnologie ist damit der springende Punkt, an dem es uns gelingen kann, Kommunikation und Interaktion voneinander abzugrenzen. In einer systemtheoretischen Fassung wird der Versuch einer solchen Abgrenzung unternommen, indem Interaktion nicht als etwas völlig anderes als Kommunikation gefasst wird, sondern als spezielle Form dieser, namentlich als „Kommunikation unter Anwesenden", so André Kieserling (1999): die Kommunikation unter Individuen, die füreinander physisch wahrnehmbar, also in Sicht- und Hörweite sind. Dies sind Kieserling (ebd.: 67) zufolge Kommunikationen, „bei denen mitkommuniziert wird, dass es sich um Kommunikation unter Anwesenden handelt". Die besondere Betonung liegt dabei zunächst auf ‚Anwesenheit'. Bevor wir uns damit befassen, welche Aspekte und Faktoren mit Anwesenheit und Wahrnehmbarkeit verbunden und warum diese entscheidend für Interaktion sind, wollen wir hier erst einmal festhalten, dass die Anwesenheit anderer Personen phylogenetisch (auf die Menschheitsentwicklung bezogen) und ontogenetisch (auf die Entwicklung des Individuums bezogen) nicht nur der Normalfall, sondern auch der ‚Erstfall' ist. Historisch betrachtet haben sich unsere ersten Kommunikationen – als Spezies und als Individuen – von Angesicht zu Angesicht ereignet. Als Menschheit und als Menschen ist unsere primäre Sozialisation im direkten, unmittelbaren Kontakt zu anderen Menschen erfolgt. Das können wir vermeintlich ganz einfach dadurch erklären, dass über den längsten Zeitraum der Menschheitsgeschichte keine Technologien zur Verfügung standen, um anders als von Angesicht zu Angesicht zu kommunizieren. Aber so banal es klingen mag: Obwohl heutzutage viele Formen der Telekommunikation existieren, unterhalten wir unsere ersten Kontakte und unsere wichtigsten sozialen Beziehungen nicht nur über den Zeitraum unserer

1 Interaktion

Primärsozialisation weder per Telefon noch per Email oder SMS. Phylogenetisch und ontogenetisch sind wir zwingend unter der Bedingung der körperlichen Anwesenheit anderer sozialisiert. Das heißt, dass wir uns selbst und andere zu verstehen lernen, indem wir sie ansehen und darin auch ihre Körpersprache, Wortbetonungen und Satzmelodien deuten (und sogar noch elementarer: ihren Körpergeruch). Die Anwesenheit anderer Menschen ist daher, wie Erving Goffman (1983: 2) es ausdrückt, historisch und individuell „the primordial real thing", die ursprüngliche, echte Sache. Alle anderen Spielarten von Kommunikation – vom Telefonieren bis zur SMS – kann man dementsprechend auch als defizitäre Varianten bezeichnen, weil in ihnen eine Reihe von Informationen (bspw. Mimik, Tonfall) fehlt, die wir ursprünglich zur Verfügung haben, um das Handeln einer anderen Person zu verstehen und zu deuten.

Die Frage ist dann, ob Kommunikation – als Kette der Selektionen von Information, Mitteilung und Verstehen – umso weniger ‚interaktiv' wird, je größer der Abstand zwischen den einzelnen Selektionen ist. Dies kann ein räumlicher Abstand sein, wie beispielsweise beim Telefonieren, oder ein zeitlicher Abstand, wie zum Beispiel in der Email-Kommunikation. Beim Telefonieren müssen wir ‚nur' auf den Einsatz und die Deutung von Gestik und Mimik verzichten. Beim Emailen und Textnachrichten Schreiben kommt erstens noch hinzu, dass wir nicht spontan verbalisieren, was wir denken, sondern die kognitive Schleife der Verschriftung nehmen müssen: Wir schreiben anders, als wir sprechen. Zweitens, und auch dies ist anders als in der Kommunikation unter Anwesenden, können wir nicht mit unmittelbaren Antworten rechnen; auch die Personen, denen wir uns schriftlich mitteilen, nehmen andere Kognitionsschleifen, als sie es in der unmittelbaren Kommunikation tun würden. In diesem Prozess wird man nicht wahrgenommen; das Schreiben, so könnte man annehmen, ist selbstbezogenes Handeln und wäre damit das Gegenteil von Interaktion. Denkt man darüber genauer nach, fällt aber auch auf, dass das Schreiben als Kulturtechnik immer und von vornherein eine Mitteilungstechnik ist, selbst wenn es sich um einen Text handelt, der nur für einen selbst bestimmt ist (das Tagebuch, in dem wir uns uns selbst mitteilen), oder um einen Text, der sich an ganz viele unbestimmte Dritte richtet, wie ein Zeitungsartikel. Weil Schreiben genau wie Kommunikation generell AdressatInnen braucht, könnten wir zunächst einmal ganz intuitiv auch Email-Verkehr und Textnachrichten-Kommunikation als Interaktion auffassen. Oder umgekehrt ausgedrückt: Einen gegenseitigen Austausch von Äußerungen, und wenn er auch schriftlich vor sich geht, nicht als Interaktion zu bezeichnen, erschiene uns eher kontraintuitiv. Dies lässt sich aber auch ganz ohne Rückgriff auf die Intuition argumentieren; denn sobald das Individuum in einen wie auch immer gearteten Austausch mit anderen tritt, ist es sich bewusst, dass es als sich äußernd wahrgenommen wird. Auch wenn diese Wahrnehmbarkeit nicht unmittelbar und synchron gilt, zeitigt sie Konsequenzen. Schriftlicher Austausch schützt uns vielleicht vor unmittelbaren Konsequenzen oder versagt sie uns – wir werden direkt im Abschluss weder umarmt noch geohrfeigt –, aber er entzieht uns nicht den Konsequenzen an sich.

Der wichtige Punkt ist hier, dass Interaktion in Anwesenheit der Prototyp ist, nach dessen Vorbild auch Interaktionen unter der Bedingung der Nichtanwesenheit gestaltet sind. Anwesenheit, das können wir hier schon festhalten, ist einerseits ein stärkerer sozialer Regulator als zeitversetzte oder räumlich distanzierte gegenseitige Wahrnehmung. Wenn man sich zum Beispiel vorstellt, was man beim Telefonieren (oder auch „texten") ‚nebenher' alles machen kann – kritzeln, in der Nase bohren, die Fußnägel lackieren usw. –, dann sind das oft Dinge, die man ‚unter Beobachtung', also in dem Bewusstsein, dass man visuell wahrgenommen wird, während eines Gesprächs von Angesicht zu Angesicht eher unterlassen würde. Bei der Mobiltelefonie in der Öffentlichkeit dagegen ist die Wahrnehmbarkeit durch Dritte der entscheidende Faktor, der uns dazu veranlasst, von bestimmten Verhaltensweisen abzusehen, obwohl die Person, mit der wir telefonieren, davon nichts mitbekommen würde.[2] Anwesende sind also stets, das heißt: ohne Unterbrechung, füreinander relevant, und das sehen wir daran, dass sie sich immer in irgendeiner Form aufeinander einstellen. Aber was die Struktur der Interaktion und unsere Erwartungen an sie angeht, kann sich Interaktion unter Anwesenden nicht maßgeblich von der Interaktion unter Nichtanwesenden unterscheiden. Das erkennen wir im Übrigen schon daran, dass wir nicht nur dazu neigen, Interaktion unter der Bedingung von Nichtanwesenheit als defizitär zu empfinden, sondern uns dies auch bewusstmachen und es, wo es möglich ist, kompensieren. Wenn wir einen Brief mit den Worten „ich küsse dich" beenden, sind wir uns ganz deutlich bewusst, dass wir die adressierte Person jetzt eben nicht küssen können. Und wenn wir einen Smiley in eine Textnachricht einfügen, kompensieren wir die Tatsache, dass die adressierte Person unseren Gesichtsausdruck nicht sehen kann.

Es gibt also ganz spezifische Implikationen von Anwesenheit, die unsere Kommunikationsstrategien entscheidend prägen. ‚Anwesenheit' bedeutet, an einem bestimmten Ort zu einer bestimmten Zeit präsent zu sein. ‚Anwesende' sind in

---

[2] Insbesondere beim Textnachrichten Schreiben kommt noch hinzu, dass man es in Anwesenheit weiterer Menschen tun kann, mit denen man sich gerade in einem Face-to-Face-Interaktionszusammenhang befindet – man kann also laufende Interaktionen unterbrechen, um mit Nichtanwesenden zu interagieren, und umgekehrt. Zu der Frage, welche Rolle Anwesende für die Interaktion mit Nichtanwesenden spielen und umgekehrt, gibt es bisher noch wenig gesicherte Empirie. Turkle (2015) nimmt an, dass das „Texten" eher auf Kosten der unmittelbaren Interaktion geht, die im Gegensatz zum Texten auf den synchronen gemeinsamen Fokus angewiesen ist.

1 Interaktion

Bezug auf diesen Ort und diese Zeit *nur*, aber auch *alle* diejenigen, die hier und jetzt zusammentreffen. In einer systemtheoretischen Fassung ist diese Unterscheidung zwischen ‚anwesend' und ‚abwesend' zentral für die Einordbarkeit von Interaktion als soziales System, weil sie sich über diesen Code klar von ihrer Umwelt abgrenzen lässt – das heißt, dass sich Interaktion über das Kriterium der Anwesenheit von *allem anderen* unterscheidet (vgl. Luhmann 1997). Dass aber jemand ‚anwesend' ist, machen wir an einer ganz konkreten Bedingung fest: Wir können sie oder ihn körperlich wahrnehmen. Das heißt, die betreffende Person befindet sich in Sicht- und Hörweite und manchmal sogar in Tast- und Riechweite, und diese physischen Reize sagen uns: Wir sind nicht allein. Und nur aufgrund dieser Tatsache – dass wir hier und jetzt nicht allein sind, andere Personen physisch wahrnehmen und von ihnen wahrgenommen werden – werden die anderen Anwesenden für uns und wir für sie relevant (vgl. Goffman 2010 [1966]). Denn unserer Wahrnehmung können wir uns nicht entziehen (es sei denn, wir verließen den Ort, an dem wir mit anderen zusammentreffen) – und umgekehrt können wir uns auch nicht der Tatsache entziehen, dass wir wahrgenommen werden (es sei denn, wir würden uns verstecken). Im Rahmen dessen, was wir wahrnehmen, ist es gerade die Sichtbarkeit, die so entscheidend ist, weil nur diese unter Anwesenden unumgänglich ist: Wir können schweigen und uns damit unhörbar machen, aber wir können uns nicht unsichtbar machen. Der Ausdruck „Face-to-Face"-Interaktion verweist auf diesen Aspekt. Dabei geht Goffman (1983) davon aus, dass schon unser Erscheinungsbild und unser erstes Auftreten Auskunft geben über unsere momentane Positionsnahme zur Situation und unsere momentanen sozialen Beziehungen, die wir situational auf eine bestimmte Weise anerkennen. Denn es macht einen Unterschied, ob wir sorgfältig frisiert und gekleidet oder ungepflegt und schmuddelig daherkommen, ob wir ‚overdressed' oder ‚underdressed' sind und auch, ob wir dunkel- oder hellhäutig oder mit dem Rollstuhl oder zu Fuß unterwegs sind. Ebenso macht es einen Unterschied, ob wir erhobenen Hauptes einen Raum betreten oder versuchen, unbemerkt hineinzuschleichen, ob wir uns in die vorderste Reihe setzen oder uns hinten an die Wand stellen, ob wir zielstrebig auf andere zueilen oder uns unauffällig dazu stellen und so weiter. *Welchen* Unterschied all dies macht, kann selbstverständlich von Situation zu Situation ganz verschieden sein. Generell aber lässt sich feststellen, dass bereits unser Aussehen und unsere Eingangshandlungen es erlauben, dass die anderen Anwesenden unsere unmittelbaren Intentionen und Ziele für sich sortieren und einordnen, auch ganz ohne dass schon etwas gesagt worden wäre (vgl. ebd.).

Wahrnehmungen werden also immer gedeutet, sortiert und eingeordnet: Aus dem Wahrnehmbaren entnehmen wir Information auch ganz ohne absichtsvoll Mitgeteiltes. Wir sind es gewöhnt, die Handlungen anderer zu deuten, und wir sind es gewöhnt, dass andere unsere Handlungen deuten. Was daraus folgt, drückt Goffman (2010 [1966]: 16) so aus:

„[...] when two persons are together, at least some of their world will be made up out of the fact (and consideration of the fact) that an adaptive line of action attempted by one will be either insightfully facilitated by the other or insightfully countered, or both, and that such a line of action must always be pursued in this intelligently helpful and hindering world."

Kopräsenz allein erzeugt also schon einen Bewusstseinszustand bei den Beteiligten, der ein aktuelles und mögliches Verhalten der anderen Person einschließt, und dementsprechend ist auch das eigene aktuelle und mögliche Verhalten auf die Anwesenheit der anderen Person eingestellt. Und dies ist natürlich nur deshalb möglich, so Kieserling (1999), weil das Wahrnehmbare unverkennbar wirklich ist und deshalb von allen Anwesenden zumindest in seiner Existenz anerkannt werden muss. Darin besteht also immer die minimale Übereinstimmung zwischen Anwesenden. Anders formuliert: Unser Verhalten in Anwesenheit anderer ist immer durch die Anwesenheit anderer determiniert, weil wir sie wahrnehmen und wahrnehmen, dass wir wahrgenommen werden. In unserer Fähigkeit, das eigene Handeln anzuzeigen und auf solche Anzeigen von anderen zu reagieren, liegt die Vorbedingung für die Koordination von Handlungen überhaupt (vgl. Goffman 1983).

Wann immer jedoch andere Personen für uns unmittelbar und momentan relevant werden und umgekehrt, muss es eine Form ‚sozialer Ordnung' geben, die reguliert, wie die Anwesenden unter der Bedingung der Anwesenheit anderer ihre jeweiligen Motive, Absichten und Ziele unmittelbar und momentan verfolgen. In „unfocussed interaction", wie Goffman (2010 [1966]) es nennt, wird die Relevanz der Anwesenheit anderer nicht ausdrücklich thematisch, sondern nur in Form eines Managements von schlichter Kopräsenz gewürdigt. Wir können uns viele Kontexte vorstellen, in denen man sich an eine universale Ordnung hält und dies der einzige Informationsaustausch ist, der stattfindet: Man nimmt wahr, dass man wahrgenommen wird, und hält sich (meist unbewusst) an bestimmte Regeln, die z. B. für Wartezimmer oder volle Gehwege gelten. Hier gibt es soziale Regeln (dazu mehr in Kapitel 7), die die Anwesenden davon entlasten, sich konkret miteinander auseinanderzusetzen, um die Situation zu meistern. Luhmann (1997: 815) erklärt dies mit der „Selbstregulation der Interaktionssysteme", die darauf basiert, „daß die Beteiligten einander Rücksicht schulden und eine wechselseitige Respektierung der jeweils anderen eigenen Rollen erwarten können". So setzen wir uns im Wartezimmer auf einen freien Stuhl, starren die anderen Anwesenden nicht an und beschäftigen uns mit uns selbst (z. B. indem wir die herumliegenden Zeitschriften lesen), bis wir namentlich ins Sprechzimmer gerufen werden. Darüber müssen wir

1 Interaktion

uns mit den anderen Anwesenden nicht verständigen; wir wenden auf die Situation passende Regeln an und verlassen uns darauf, dass die anderen dies auch tun. In unfokussierter Interaktion beobachten wir Interaktion also eher als aufeinander abgestimmtes generalisiertes Verhalten – wir setzen uns nicht auf einen Stuhl, der offenbar schon besetzt ist (wenn bspw. eine Handtasche darauf liegt), wir drängeln uns nicht vor, indem wir die von der Sprechstundenhilfe angewandte Reihenfolge anfechten. Daran wird natürlich auch noch einmal klar, dass gegenseitige Wahrnehmung selbst in unfokussierter Interaktion niemals ohne Konsequenzen ist. Solche Konsequenzen werden dann aber sehr konkret unter der Bedingung von „focussed interaction" (Goffman 2010 [1966]) als Begegnungen von Angesicht zu Angesicht (Face-to-Face-Interaktion), in deren Mittelpunkt eine einzige gemeinsame Aktivität steht. In Interaktionen, die Face-to-Face verlaufen, ist bereits die Blickrichtung unseres Gegenübers ein Zeichen dafür, wer gemeint ist; sich gegenseitig anzusehen, ist in diesem Sinne bereits der Minimalfall – und die grundlegendste Voraussetzung – gegenseitiger Adressierung. Fokussierte Interaktion ist somit nicht unbedingt verbale Interaktion; ganz offensichtlich können wir uns auch gezielt mit anderen austauschen, indem wir Gesten, Mimik und Blicke einsetzen. Interakteure sind deshalb nicht *per definitionem* und nicht unentwegt Sprecherinnen und Sprecher (vgl. Goffman 1981). Andererseits treten gänzlich nonverbale Interaktionen nur in spezifischen Kontexten auf und können zeitlich und thematisch nur sehr begrenzt sein. So mögen sich Jägerinnen eher mit Handzeichen verständigen, als sich etwas zuzurufen, um das Wild nicht aufzuscheuchen, oder Schüler werfen sich im Unterricht bedeutsame Blicke zu, um sich gegenseitig ihrer jeweiligen Einschätzung der Situation zu vergewissern, ohne damit den Unterricht zu stören. Wenn in einem Großteil der Literatur – und auch in diesem Buch – soziale Interaktion jedoch primär als sprachliches Handeln untersucht und diskutiert wird, dann deshalb, weil ein Großteil unserer Interaktionen auf der verbalen Ebene stattfindet – denn Sprache steigert nicht nur die Effizienz der Koordination der Akteure und die Akkuratheit der Information, sondern ermöglicht es uns auch, uns auf Themen außerhalb der unmittelbaren sozialen Situation zu beziehen (vgl. Luhmann 1984).[3]

Je mehr mögliche AnsprechpartnerInnen anwesend sind, desto konkreter muss die Adressierung sein, damit wir uns „angesprochen fühlen" – und dies ist eine sehr erhellende Redewendung des Deutschen. Denn sie rekurriert nicht auf das Angesprochensein, sondern auf die Interpretation einer Geste oder Äußerung,

---

3 Das gilt im Übrigen auch für Gebärdensprachen, die als komplexe Sprachsysteme nicht mit ‚nonverbaler Kommunikation' zu verwechseln sind. Gebärdensprachen sind zwar nicht auf der phonetischen (der tonalen) Ebene angesiedelt, erfüllen aber ansonsten jedes Kriterium einer regelrechten Sprache.

durch sie adressiert zu sein. Wer sich nicht angesprochen fühlt, kann also durchaus gemeint oder adressiert sein; doch erst die Anerkennung des Umstands führt dazu, dass wir uns als konkret einbezogene Teilnehmende an einer gemeinsamen Aktivität verhalten. Fokussierte Interaktionen führen dann automatisch zur Zuordnung von Teilnahmestatus in Bezug auf die jeweilige Begegnung. Nehmen wir also an, im Wartezimmer beginnen zwei Wartende ein Gespräch miteinander. Dies funktioniert im Allgemeinen (zu den Spezifika dann mehr im nächsten Kapitel), indem sie einander adressieren und sich aufeinander fokussieren. Durch diesen gemeinsamen Fokus aufeinander werden Teilnehmende an der Situation dann Teilnehmende an einem Gespräch, und da sie einander einbeziehen, werden sie voneinander gegenseitig als „ratified" (Goffman 1981) Teilnehmende anerkannt. Ein ratifizierter[4] Interaktionsteilnehmer besitzt dann in der sozialen Situation einen Status, der es ihm erlaubt, sich aktiv an der Kommunikation zu beteiligen. Dieser Status kann ihm direkt durch Ansprache zugeteilt werden, oder er kann diesen Status in generalisierter Form bereits in die soziale Situation ‚mitbringen' – meist in Form eines Status als Mitglied der Organisation, in deren Rahmen die Interaktion verortet ist (z. B. SchülerInnen und LehrerInnen im Schulunterricht, KollegInnen in der Teambesprechung). In Bezug auf die gemeinsame Aktivität des Gesprächs sind dann alle Anwesenden, die nicht adressiert sind, nicht-ratifizierte Teilnehmende (vgl. ebd.). Wichtig ist aber, dass sie dennoch Teilnehmende an der Situation bleiben und als solche auch die ins Gespräch Vertieften wahrnehmen und weiterhin von ihnen wahrgenommen werden können. Die ratifizierten Teilnehmenden besitzen nun einen Status, der es ihnen qua Adressierung und visuellem Fokus auf die andere Person einräumt, aktiv am Gespräch *als gemeinsame Aktivität* teilzunehmen. Dementsprechend sind die nicht-ratifizierten Teilnehmenden jene Anwesenden, die Zeugen einer fokussierten Interaktion sind, ohne unmittelbar an dieser gemeinsamen Aktivität teilzuhaben. In diesem Sinne sind sie Zuschauende, Beobachtende und Mithörende (vgl. ebd.; vgl. Clark 1997). Dieser Teilnahmestatus wird jedoch, im Gegensatz zur ratifizierten Teilnahme, nicht explizit über Adressierung zugewiesen, sondern ist ein Produkt der momentanen, situationsbedingten Nichtadressierung. Das bedeutet aber auch, dass der Status als nicht-ratifizierte Teilnehmerin nicht entzogen werden kann; und damit müssen wir davon ausgehen, dass auch diejenigen Anwesenden, die nicht direkt in die fokussierte Interaktion

---

4   Dabei ist „Ratifikation" hier als ausschließlich deskriptiver Begriff zu verstehen, der den momentanen Anspruch auf aktive Teilnahme an einem Gespräch bezeichnet. Es geht dabei nicht um eine grundsätzliche Legitimation, die bestimmte Personen kategorisch von der fokussierten Interaktion ausschließen würde; solche regelrechten Legitimationen sind der Interaktion stets vorgängig, z. B. im Gerichtssaal, wo Zuschauer nicht legitimiert sind, sich an der Zeugenbefragung oder an der Verkündung des Urteils zu beteiligen.

1 Interaktion

einbezogen sind, für die ratifizierten Teilnehmenden nicht vollkommen irrelevant werden können. So weist Herbert H. Clark (ebd.) auch darauf hin, dass Gespräche sich stets an allen situational zugewiesenen Teilnahmestatus orientieren und nicht nur an den ratifizierten Teilnehmenden: Unsere Äußerungen konzipieren wir so, dass diejenigen, die wir direkt ansprechen, sie unserer Einschätzung nach verstehen können, während wir in Kauf nehmen oder sogar beabsichtigen, dass nicht direkt Angesprochene im Zweifelsfall nur mutmaßen können, was wir mit unseren Äußerungen meinen. Letzteren gegenüber – den Mithörenden oder Lauschenden – sind wir nicht verpflichtet, uns verständlich zu machen, und dieser Umstand prägt die konkrete Formulierung unserer Äußerungen. Das Interessante – und für einen mikrosoziologischen Zugriff Hilfreiche – an diesem Konzept ist, dass es unter Anwesenden keine Nicht-Teilnehmenden an Interaktion gibt; es gibt nur Teilnehmende, die als solche bestätigt oder nicht bestätigt sind (vgl. Sürig 2011).

Teilnahmestrukturen der Ratifizierung und Nichtratifizierung sind nicht fix. Ein nicht-ratifizierter Teilnehmer kann sich in eine Unterhaltung einmischen und sich damit selbst einen Status als ratifiziert zuweisen, und eine ratifizierte Teilnehmerin kann einen beobachtenden, zuhörenden Anwesenden ansprechen und auf diese Weise für die fokussierte Interaktion ratifizieren. Die soziale Interaktion ist also im Hinblick auf Teilnahmestatus flexibel und dynamisch. Dies wird nicht zuletzt daran deutlich, dass gegenseitige Wahrnehmbarkeit unter der Bedingung von Anwesenheit verschiedene Modifikationen erfahren kann – an einem vollbesetzten Tisch kann eine alle einschließende Unterhaltung in Zwiegespräche zwischen einzelnen Teilnehmenden münden (und umgekehrt), und je mehr Einzelgespräche stattfinden, desto schwieriger – wenn nicht unmöglich – wird es, anderen Gesprächen zuzuhören (vgl. Kieserling 1999). In der Konzentration aufeinander liegt notwendigerweise immer auch eine gewisse perzeptive Abschottung von dem, was um uns herum geschieht (sonst könnten wir uns nicht angemessen auf unser Gegenüber konzentrieren), und oft markieren wir diese Abschottung für andere Anwesende auch dadurch, dass wir Gespräche in geringer Lautstärke führen, um sie möglichst am Zuhören zu hindern und/oder andere Konversationen oder Aufmerksamkeitsfoci nicht zu stören. Der kindliche Ausspruch „Flüstern ist Lügen!" gemahnt uns jedoch daran, dass wir ratifizierte Teilnehmende nicht einfach wieder aus unseren Unterhaltungen ausschließen können. In Anwesenheit Dritter ist regelrechtes Flüstern, also einer Person für die anderen unhörbar etwas ins Ohr sagen, ohnehin nur dann angezeigt, wenn wir dadurch eine Störung anderer Anwesender vermeiden. Andernfalls kann uns leicht unterstellt werden, dass wir etwas Ungehöriges oder Unwahres von uns geben, gerade weil wir es der Wahrnehmung der anderen Anwesenden bewusst entziehen. Interessanterweise kann auf diesem Weg dann genau das in der Interaktion relevant werden, was ausdrücklich nicht relevant gemacht wird.

So, wie wir also innerhalb der Interaktion bestimmte Charakteristika von Anwesenheit und Wahrnehmbarkeit identifizieren und zwischen verschiedenen Teilnahmestatus unterscheiden können, so können wir auch unterschiedliche Interaktionsformate unterscheiden. Hier wollen wir Goffmans Einteilung folgen, die er in „The Interaction Order" (1983) vorschlägt. Danach lassen sich fünf Interaktionsformate unterscheiden: Die bewegliche Einheit; der Kontakt; die konversationelle Begegnung; der Podiumsauftritt; und der festliche Anlass. In gewisser Weise kann man sagen, dass diese Interaktionsformate inkremental oder evolutionär aufeinander aufbauen (evolutionär in dem Sinne, dass ein Format sich zu einem anderen ‚weiterentwickeln' kann), wobei die Interaktion zwischen beweglichen Einheiten die basalste Form ist und der festliche Anlass die Interaktionsform, die gegebenenfalls alle anderen Interaktionsformen miteinschließt.

In der Öffentlichkeit können Menschen zunächst als sich bewegende Einheiten einzeln oder in Gruppen auftreten, und so lange wir uns in Bewegung befinden, sind unsere Interaktionen mit anderen sich bewegenden Einheiten minimal – meist belaufen sie sich auf das einander Ausweichen. Auf unseren Wegen durch die Fußgängerzone oder den Supermarkt bahnen wir uns einen Pfad durch die Menge, wir gewähren Vortritt oder bekommen ihn gewährt, wir halten körperlichen Abstand, rempeln niemanden an, stellen uns in der Warteschlange hinten an und passen uns, wenn wir aus Platzgründen nicht überholen können, dem Tempo der vor uns Gehenden an. So entsteht eine ganz basale Interaktionsordnung, die man am einfachsten damit beschreiben kann, dass man darauf achtet, einander nicht ins Gehege zu kommen und in den jeweiligen Wegen nicht zu beeinträchtigen. Um dies zu gewährleisten, müssen wir die anderen zwar physisch wahrnehmen und uns auf ihre vorübergehende Anwesenheit einstellen, doch eine regelrechte Kontaktaufnahme ist dazu nicht nötig. Deshalb unterscheidet Goffman (ebd.) dann zunächst auch zwischen den sich kontaktlos bewegenden Einheiten, für die die konkrete andere Person sozusagen nur als zu umgehendes Hindernis relevant ist, und dem singulären Kontakt – wobei er hier alle Begegnungen einschließt, die eine direkte, persönliche Anerkennung einer anderen Person beinhalten. Denn erst in dem Augenblick, da wir ein Gegenüber als solches anerkennen – und das kann schon durch einen einfachen Blick geschehen –, entsteht die Möglichkeit der Adressierung, weil wir nicht jemanden ansprechen können, ohne sie oder ihn zuvor als Person wahrgenommen zu haben. Hier geht es also noch nicht um den wechselseitigen Austausch, auch wenn dieser immer durch eine solche Anerkennung des Gegenübers geprägt bleibt, sondern um die Bedingung, unter der ein Austausch überhaupt möglich wird. Entsteht dann ein Austausch, ein Gespräch, ist dies ein weiteres Interaktionsformat, das der konversationellen Begegnung. Kennzeichnend hierfür ist die begrenzte Anzahl Teilnehmender, die bewusst und in Abhängig-

1 Interaktion

keit voneinander an einer gemeinsamen Aktivität partizipieren. Konversationelle Begegnungen können symmetrisch organisiert sein – alle Beteiligten haben prinzipiell den gleichen Status in und den gleichen Anteil an der Unterhaltung, – oder sie können einer asymmetrischen Ordnung folgen, wenn es, meist in formalen, institutionellen Zusammenhängen, einen Vorsitz gibt, also eine Person, die das Rederecht erteilt (s. Kap. 2).[5] Dies kennen wir zum Beispiel aus Klassenzimmern und Gerichtssälen. Nach Goffman können konversationelle Begegnungen aber auch nicht primär auf gesprochener Sprache beruhen; Beispiele sind das gemeinsame Spiel, das gemeinsame Essen oder die sexuelle Begegnung. Zwar verläuft diese Art gemeinsamer Aktivitäten nicht notwendigerweise (und vielleicht sogar eher selten) schweigend, aber hier ist es nicht das miteinander Sprechen, das die gemeinsame Aktivität konstituiert. Von dieser großen Gruppe der konversationellen Begegnungen lassen sich dann wieder solche Interaktionen unterscheiden, die vor einem Publikum stattfinden; Goffman (ebd.) nennt diese „platform performances", Podiumsauftritte, bei denen etwas auf einer (wie auch immer gearteten) Bühne für Zuschauende präsentiert wird – ein Vortrag, ein Theaterstück, ein Fußballspiel und so weiter. Dabei ist das Publikum von den Präsentierenden deutlich dadurch unterscheidbar, dass sich seine visuelle und kognitive Aufmerksamkeit auf das, was auf der Bühne geschieht, konzentriert; seine Aufgabe ist es, zuzuschauen, und nichts weiter. Das letzte Interaktionsformat, das Goffman identifiziert, ist der festliche Anlass als Zusammenkunft einer bestimmten Gruppe von Individuen unter gemeinsam gewürdigten Umständen. Das Besondere an diesem Interaktionsformat ist, dass hier nicht die gemeinsame Aktivität, sondern der wechselseitig anerkannte Anlass im Vordergrund steht. Teilnahme, Einbezug und gemeinsame Aktivitäten der zusammenkommenden Personen sind durch das Ereignis geprägt. So hat eine Beerdigung von vornherein einen anderen ‚Grundton' als eine Hochzeitsfeier, so dass schon bestimmte Stimmungen durch das Ereignis vorgegeben sind; aber auch Teilnahmebedingungen, Kleiderordnungen und die Form gemeinsamer Aktivitäten werden durch den Anlass begrenzt. In diesem Rahmen können dann jedoch auch alle der zuvor genannten Interaktionsformate vorkommen – einfaches aneinander Vorbeilaufen, Kontaktsituationen, konversationelle Begegnungen und auch Podiumsauftritte; das die Anwesenden verbindende und die Anwesenheit regulierende Element bleibt jedoch der Anlass, aus dem man zusammenkommt.

Sowohl bei der Interaktionsdefinition als auch bei der Kategorisierung von Interaktionsformaten fällt bis hierhin nun auf, dass die spezifischen Personen, die

---

5 Allerdings weist Kieserling (1999) darauf hin, dass das Interaktionssystem auch besonders anfällig ist für das Durcheinandergeraten vorgegebener Interaktionsrollen. Damit werden wir uns in Kapitel 6 beschäftigen.

daran teilnehmen, eine weniger wichtige Rolle zu spielen scheinen als das soziale Setting, in dem die Interaktion zustande kommt. Wir können festhalten, dass sowohl in Luhmanns (s. o.) als auch in Goffmans (s. o.) Konzeption von Interaktion viel davon abhängt, unter welchen Umständen Menschen einander begegnen und miteinander umgehen. So erfährt beispielsweise die spezifische Kommunikation am Cafétisch einiges von ihrer Spezifik eben dadurch, dass sie in einem gut besuchten Café, an einem von vielen Tischen und unter Anwesenheit Dritter, nicht direkt am Gespräch Beteiligter, stattfindet. Das Café als öffentlicher Raum determiniert eine ganze Bandbreite von Möglichkeiten, wie die konkrete Interaktion verlaufen kann; ein Kellner kann sich beispielsweise jederzeit bemerkbar machen, lautes Gelächter am Nebentisch kann einen Themenwechsel an diesem Tisch bewirken, delikate Angelegenheiten werden mit gedämpften Stimmen besprochen usw.

Wegen dieser Kontingenzen entstehen Techniken des sozialen Managements; und weil diese Kontingenzen universal sind, können wir davon ausgehen, dass auch in ganz unterschiedlichen Gesellschaften die Ordnung der Interaktion ähnlichen Mustern folgt (vgl. Goffman 1983). Mit den konkreten Mechanismen geordneter Interaktion werden wir uns im nächsten Kapitel beschäftigen.

Denkanstöße

In unserem Filmbeispiel „Vier Abenteuer von Reinette und Mirabelle: Der Kellner" kommt Mirabelle später hinzu und gibt den entscheidenden Impuls, die Zeche zu prellen. Hätte es einen Unterschied gemacht, wenn Mirabelle nicht persönlich aufgetaucht wäre, sondern Reinette diesen Ratschlag telefonisch erteilt hätte? Begründen Sie.

Die Anwesenheit ‚dritter', nicht unmittelbar an der Interaktion zwischen Reinette und dem Kellner beteiligter Personen wird an verschiedenen Stellen für das Gespräch zwischen den beiden relevant. Wie geht diese Relevanzsetzung vonstatten?

Grundlagentexte

Goffman, Erving (1983): The Interaction Order. American Sociological Review 48/1, S. 1-17.
Goffman, Erving (2010 [1966]): Behavior in Public Places. Notes on the Social Organization of Gatherings. New York: The Free Press. Darin: Introductory Definitions, S. 13-30.
Kieserling, André (1999): Kommunikation unter Anwesenden. Studien über Interaktionssysteme. Frankfurt a. M.: Suhrkamp. Darin: Bestimmung der Systemgrenzen, S. 62-85.

1 Interaktion

Luhmann, Niklas (1984): Soziale Systeme. Grundriß einer allgemeinen Theorie. Frankfurt a. M.: Suhrkamp. Darin: Kommunikation und Handlung, S. 191-241.
Luhmann, Niklas (1997): Die Gesellschaft der Gesellschaft. Zweiter Teilband. Frankfurt a. M.: Suhrkamp. Darin: Interaktion und Gesellschaft, S. 812-826.

Weiterführende Literatur

Clark, Herbert H. (1997): Dogmas of understanding. Discourse Processes 23, S. 567-598.
Goffman, Erving (1981): Forms of Talk. Philadelphia: University of Pennsylvania Press. Darin: Replies and Responses, S. 5-77.
Goffman, Erving (1966 [2010]): Behavior in Public Places. Notes on the Social Organization of Gatherings. New York: The Free Press. Darin: The Individual as a Unit, S. 3-27.
Luhmann, Niklas (1984): Soziale Systeme. Grundriß einer allgemeinen Theorie. Frankfurt a. M.: Suhrkamp. Darin: Doppelte Kontingenz, S. 148-190.
Luhmann, Niklas (1991 [1975]): Soziologische Aufklärung 2. Aufsätze zur Theorie der Gesellschaft. Opladen: Westdeutscher Verlag. Darin: Einfache Sozialsysteme, S. 21-38.
Schütz, Alfred (1974 [1932]): Der sinnhafte Aufbau der sozialen Welt. Eine Einleitung in die verstehende Soziologie. Frankfurt a. M.: Suhrkamp.
Sürig, Inken (2011): Students as Actors in Supporting Roles. Video Analysis of Classroom Interaction Systems as Multi-Participant Events. Osnabrück: Hochschulschriften der Universität Osnabrück.
Turkle, Sherry (2015): Reclaiming Conversation. The Power of Talk in a Digital Age. New York: Penguin Press.
Weber, Max (1980 [1922]): Wirtschaft und Gesellschaft. Grundriss der verstehenden Soziologie. Tübingen: J.C.B. Mohr. Darin: Soziologische Grundbegriffe, S. 1-30.

Sequentialität: Wie Interaktion als Prozess strukturiert ist 2

Wenn wir über Sequentialität sprechen, begeben wir uns ganz konkret auf die sprachliche Ebene der Interaktion und damit auf die Ebene der mündlichen Dialoge, der Alltagsgespräche. Besonders hier werden die zeitliche Dimension und damit die Prozesshaftigkeit des aufeinander bezogenen Handelns fassbar. Ein solches sprachliches Handeln verläuft nicht beliebig oder zufällig, sondern ist in verschiedener Hinsicht formal strukturiert und regelhaft, und diese formale Strukturierung ist der Grund dafür, warum wir soziale Interaktion als Prozess beobachten und beschreiben können – und warum nicht zuletzt auch konkrete Rollen-, Freundschafts- oder Familienbeziehungen im Interaktionsprozess Struktur gewinnen können. Fallspezifische Interaktions- und Beziehungsstrukturen werden in den folgenden Kapiteln immer wieder aufgegriffen.

Im Zusammenhang mit Gesprächen wurde der Begriff der Sequentialität in den 1960er und 1970er Jahren von Vertreterinnen und Vertretern der Konversationsanalyse („conversation analysis") geprägt – allen voran Harvey Sacks, Emmanuel Schegloff und Gail Jefferson.[6] Deren Interesse richtete sich vor allem auf die Frage, wie Konversationsteilnehmende ihren Sprechhandlungen gegenseitig Sinn zuschreiben – eine Frage, mit der sich auch Harold Garfinkel (1967) in seinen Ausführungen zur Ethnomethodologie ausführlich befasste. Tatsächlich werden Ethnomethodologie und Konversationsanalyse oft als eng miteinander verbunden betrachtet, da beide Ansätze auf der Annahme beruhen, dass die universalen (strukturellen) Regeln sprachlicher Handlungen kontextsensitiv realisiert werden, also unter Berücksichtigung der momentanen sozialen Situation, indem sie von den jeweiligen Interaktionsteilnehmenden wechselseitig und intersubjektiv verstehbar interpretiert werden. Durch den wechselseitigen Bezug entsteht Sequentialität als eine zusammenhängende, zeitliche Aufeinanderfolge von Sprechhandlungen. Wich-

---

6   Besonders zu nennen sind folgende Schriften: Sacks/Schegloff/Jefferson 1974; Schegloff/ Jefferson/Sacks 1977; Schegloff/Sacks 1973.

tig ist dabei, so Arnulf Deppermann (2008: 49), dass die Zeitlichkeit „keine dem Gespräch äußerliche Eigenschaft [ist], sondern sie ist unhintergehbare Bedingung und Ressource für die Gestaltung von Äußerungen, die Herstellung von Kontexten und Bedeutung sowie für die Entstehung von Intersubjektivität." Was das genau bedeutet, damit wollen wir uns im Folgenden beschäftigen.

Im vorherigen Kapitel haben wir bereits gesehen, dass gegenseitige Wahrnehmbarkeit im Allgemeinen gegenseitige Ansprechbarkeit erzeugt. Bevor diese aber in ein Gespräch übergehen kann, müssen die Interaktionsteilnehmenden zunächst einmal signalisieren, dass sie sich überhaupt in ihren Handlungen aufeinander beziehen, also auch von Handlungen absehen, die den Fokus auf die andere Person unterminieren würden, was bedeutet, wie Berens (1981: 402) es ausdrückt, dass sie „mit- und zueinander soziale und kommunikative Beziehungen aufbauen und aufrechterhalten müssen". Auch bei Henne und Rehbock (1979) ist die Gesprächseröffnung die Phase des Dialogs, in der sich die Interaktionsteilnehmenden situationsangemessen aufeinander einstellen. Diese Art der ‚Gesprächspartnerschaft' ist, wie schon im ersten Kapitel angesprochen wurde, der Minimalfall sozialer Beziehung: Im Gespräch treten wir selbst mit völlig Fremden, die wir vermutlich niemals wiedersehen werden, in eine soziale Beziehung ein, weil wir uns momentan aufeinander beziehen (vgl. ebd.).[7] Ansprechbarkeit kann dabei auf verschiedene Weise realisiert werden; es gibt ritualisierte Formen der Gesprächseröffnung wie das gegenseitige Grüßen oder das Sicherstellen wechselseitiger Gesprächsbereitschaft („Hast du mal kurz Zeit?")[8], aber auch Eröffnungen, die sich direkt auf etwas im gemeinsamen Wahrnehmungshorizont beziehen, ohne dass sie formal eingeleitet würden. Wichtig ist, dass bereits in der Gesprächseröffnung die Gesprächsteilnehmenden einander adressieren und sich in dieser Adressierung aufeinander beziehen. Diese beiden Prinzipien der Interaktion bilden vom Gesprächsanfang bis zum Gesprächsende die Grundstruktur jeder Unterhaltung.

Eine übliche Gesprächseröffnung unter Nichtanwesenden wie Anwesenden ist die Begrüßung, und im Deutschen gibt es eine Vielzahl von Begrüßungsformeln, die wir situationsangemessen verwenden – von „Hi" oder „Hallo" über „Servus", „Guten Tag" oder „Grüß Gott" usw. Werden wir mit einer Begrüßung angespro-

---

7 Während wir also alltagssprachlich das Wort ‚Beziehung' eher auf Freundschafts-, Partnerschafts- und Familienkonstellation anwenden, können wir den Begriff aus mikrosoziologischer Sicht tatsächlich auf jede Art zwischenmenschlicher Kooperation ausweiten. Dies werden wir ausführlich im Kapitel zum Thema Reziprozität behandeln.

8 Schegloff (2007) bezeichnet solche Gesprächsschleifen als „pre-expansions", mit denen kein regelrechtes ‚Gesprächsthema' eingeführt, sondern signalisiert wird, dass man über etwas sprechen oder etwas vorschlagen und sicherstellen möchte, dass die Ansprechpartnerin diese Einladung annehmen wird.

2 Sequentialität

chen, dann erwidern wir sie üblicherweise mit derselben Formel: Ein „Hi" wird im Normalfall mit einem „Hi" beantwortet (der sogenannte ‚Gegengruß'). Abweichungen von dieser Regel können durchaus bereits als Korrektur verstanden werden; darauf gehen wir später noch einmal genauer ein. Denn während man auf ein informelles „Hi" zwar mit einem ebenso informellen „Hey" antworten kann, würde man mit der förmlicheren Replik „Guten Tag" eine größere Distanz in der sozialen Beziehung markieren. Das wiederum kann im Goffmanschen (1982 [1967]: 20) Sinne als „Herausforderung" verstanden werden, die die Aufmerksamkeit auf das ‚Missverhalten' lenkt, mit „Hi" gegrüßt zu haben.[9]

Die Begrüßung ist also eine übliche Gesprächseröffnung, die aber unter der Bedingung von Anwesenheit im Hinblick darauf, wie man an dieser Stelle weitermacht, nicht notwendig schon einen Anschluss erfordert: Man kann sich ja auch im Vorbeigehen grüßen und einfach weitergehen. Doch bereits in dieser schlichten Anerkennung von Anwesenheit liegt die Anerkennung gegenseitiger Ansprechbarkeit, auch wenn sie nicht weiterverfolgt wird. Dies ist im Telefongespräch unter der Bedingung von Nichtanwesenheit nicht möglich, denn beim Telefonieren setzt das Anrufen und Anrufentgegennehmen eine Gesprächsabsicht voraus, die nicht durch einfaches Grüßen erfüllt wird. Auch können wir uns unter Anwesenden eine Vielzahl von Situationen vorstellen, in denen eine Begrüßung als Gesprächseröffnung nicht angezeigt scheint – beispielsweise, wenn man sich zuvor bereits begrüßt hat, ohne aber zu diesem Zeitpunkt ein Gespräch zu beginnen, oder wenn man sich schon länger im gegenseitigen Wahrnehmungshorizont befindet, aber zu Anfang auf eine Begrüßung verzichtet hat. Im ersten Fall könnte es sich um Kolleginnen handeln, die im selben Büroraum arbeiten und nach der morgendlichen Begrüßung eine Weile mit ihrer jeweils eigenen Arbeit beschäftigt waren. Diese beiden beginnen selbstverständlich nicht jedes ihrer nachfolgenden Gespräche – zum Beispiel darüber, ob man gemeinsam zum Mittagessen geht – mit „Hallo". Im zweiten Fall können wir uns Patientinnen in einem Wartezimmer oder Mitfahrende in einem Fahrstuhl vorstellen – beides Situationen, in denen es keine klare Konvention gibt, beim Eintreten einen Gruß auszusprechen. Auch in diesen Fällen würde man ein Gespräch – beispielsweise über die langen Wartezeiten bei dieser Ärztin oder den schlechten Zustand des Fahrstuhls, den man gerade gemeinsam benutzt – nicht mit „Guten Tag" beginnen.

---

9 Das bedeutet freilich nicht unbedingt, dass die „herausfordernde" Person auch „recht hat" in Bezug auf die Qualität der sozialen Beziehung, wie sie in der Begrüßung gekennzeichnet wird. Wenn beispielsweise eine Schülerin einen Lehrer auf sein „Guten Morgen" mit „Hallöchen" begrüßt, dann ist dies zwar eine Herausforderung, normativ betrachtet aber gleichzeitig auch ein Missverhalten.

Betrachten wir einmal das Cafészenario in unserem Filmbeispiel aus „Vier Abenteuer von Reinette und Mirabelle", und stellen wir uns vor, mehrere Personen säßen in Hör- und Sichtweite, als Reinette nach ihrem ersten Gespräch mit dem Kellner sagt: „Der ist verrückt." Wir haben bereits festgestellt, dass wir es in dieser sozialen Situation zunächst mit uneindeutigen Teilnehmerstatus zu tun haben – und zwar deshalb, weil Reinette niemanden adressiert. Eine ‚regelrechte' Gesprächseröffnung jedoch – das wissen wir schon aus unseren Alltagserfahrungen – braucht stets einen konkreten Ansprechpartner: Wer in einer bestimmten Situation ein Gespräch beginnen will, hat sich, wie im Telefongespräch, seine Gesprächspartnerin immer schon ausgesucht und macht dies nicht nur durch eine Äußerung, sondern insbesondere auch durch Blickkontakt deutlich. Ungeachtet der verschiedenen Motivationen, Konventionen und situationalen Einschränkungen, denen die Gesprächseröffnung unterliegt, können wir ganz allgemein formulieren, dass ein Gespräch durch gegenseitige Adressierung gekennzeichnet ist und dies bereits in der Gesprächseröffnung zum Ausdruck kommt. Das Gespräch als soziale Beziehung erfordert es dann, dass sich eine Person mit einer Äußerung an die andere wendet und die andere Person dies als Aufforderung zur Replik begreift. In unserem Beispiel muss die an niemanden gerichtete Äußerung „Der ist ja verrückt!" von den anderen Anwesenden nicht aufgegriffen werden, sie ist also keine Gesprächseröffnung. Aber sie kann als Anlass zur Gesprächseröffnung eingelöst werden – vorausgesetzt, sie wird als anschlussfähig oder einen Anschluss erfordernd verstanden. Wenn wir den Ausspruch „Der ist ja verrückt!" genauer untersuchen, dann stellen wir fest, dass es sich um eine Äußerung handelt, die Unmut, Irritation, vielleicht sogar Verzweiflung zum Ausdruck bringt. Da sich Reinette also in einer unangenehmen oder schwierigen Lage befindet, erscheint es nicht abwegig, ihre Unmutsäußerung aufzugreifen und sie anzusprechen – man könnte sogar sagen, dass wir uns aufgrund bestimmter sozialer Regeln (dazu mehr in Kapitel 7) sogar dazu verpflichtet fühlen könnten, etwas darauf zu sagen. Wenn wir den vorangegangenen Austausch zwischen Reinette und dem Kellner beobachtet haben, wissen wir ja auch, worauf sich ihre Äußerung bezieht; wir könnten also das Bedürfnis haben, uns mit ihr zu solidarisieren, ihr zuzustimmen oder sie zu trösten; wir könnten ihr beispielsweise auch Hilfe anbieten: „Ich kann Ihnen die zweihundert Francs wechseln, wenn Sie möchten." In jedem Fall würden wir uns direkt an Reinette richten, und diese direkte Adressierung müsste dann von ihr bereits als Replik aufgefasst werden. In diesem Fall hätte Reinette also sozusagen ex post ein Gespräch angefangen. Grundsätzlich aber gilt, dass nur die direkte Adressierung eine Replik erfordert, denn nur dann handelt es sich im Sinne Goffmans (1982 [1967]) um einen „obligatorischen Einbezug" („obligatory involvement").

2 Sequentialität

Diese Feststellung scheint nun im Widerspruch zu unseren Alltagserfahrungen zu stehen; wir können uns ja durchaus Situationen vorstellen, in denen die Gesprächseröffnung von der angesprochenen Person nicht angenommen wird. Bei genauerem Hinsehen sind diese Situationen jedoch extrem begrenzt, und dies aus einem einfachen Grund: Eine Gesprächseröffnung nicht anzunehmen, ist ein Verstoß gegen eine universale soziale Norm (vgl. ebd.); auf Normen und Regeln werden wir in Kapitel 7 ausführlich zu sprechen kommen. Das erkennen wir schon daran, dass die Person, die uns anspricht, darauf bestehen kann, dass wir etwas erwidern: „Hallo! Ich rede mit dir!" oder „Hey! Ich hab dich was gefragt!" sind dann typische Äußerungen, die vom Gegenüber Fokus und Replik einfordern. Gleichzeitig zeigen beide Äußerungen auch an, dass das Ignorieren einer Gesprächseröffnung überhaupt nur dann plausibel ist, wenn die betreffende Person die Ansprache tatsächlich nicht gehört hat – man versucht also nachdrücklich, ihre Aufmerksamkeit auf sich zu ziehen. Die Ansprache dann weiter zu ignorieren, also die Gesprächseröffnung abzuweisen („mit Schweigen antworten"), verweist auf einen manifesten Konflikt und entspricht einer bewussten Weigerung, mit dem Gegenüber zu kooperieren.

Der Regelfall ist also, dass wir etwas erwidern, wenn wir angesprochen werden; wir akzeptieren Gesprächseröffnungen und kooperieren somit als Gesprächspartnerinnen und Gesprächspartner (vgl. Berens 1981). So ist jeder Gesprächsanfang der Beginn eines kooperativen Handlungsverlaufs, und das Kooperationsprinzip gilt auch dann, wenn es sich um ein Streitgespräch oder sogar gegenseitige Beschimpfungen handelt: Auch um sich gegenseitig zu beleidigen, müssen die Gesprächspartner als solche kooperieren. Wir sehen also, dass Kooperation ein Strukturmerkmal von Interaktion ist; ob die Beteiligten dann auch ‚in der Sache' kooperieren, ist auf der inhaltlichen, nicht der Strukturebene angesiedelt.

Auf der ‚Makroebene' lässt sich der Gesprächsverlauf nach Henne und Rehbock (1979) in Phasen der Gesprächseröffnung, der Gesprächsmitte und der Gesprächsbeendigung einteilen. Diese allgemeine Einteilung verweist zunächst einmal auf die zeitliche Struktur, die im Gespräch beobachtbar ist; erst, wenn wir uns auf die darunterliegende Ebene begeben, können wir feststellen, dass und wie die einzelnen Gesprächsphasen zusammenhängen und aufeinander aufbauen. Sacks, Schegloff und Jefferson bieten in ihrem wegweisenden Aufsatz „A simplest systematics for the organization of turn-taking for conversation" (1974) einen Überblick über die Mechanismen der Gesprächsorganisation, mit denen wir uns hier näher befassen wollen.

Ein elementares Merkmal von Gesprächen ist, dass sie in „turns" oder „Zügen" organisiert sind: Es spricht nur ein Teilnehmer zur Zeit, und es gibt im Verlauf des Gesprächs einen wiederkehrenden Wechsel zwischen den verschiedenen SprecherInnen bzw. HörerInnen. Dies ist, so wollen wir hier argumentieren, mitnichten eine Regel, an die wir uns halten müssen, um einen geordneten Gesprächsablauf zu gewährleisten; es handelt sich vielmehr um eine Regel, die das Gespräch überhaupt erst konstituiert. Mit dem Unterschied zwischen ‚regulativen' und ‚konstitutiven' Regeln werden wir uns im nächsten Kapitel genauer befassen. Hier wollen wir feststellen: Selbst wenn die Redeanteile noch so ungleich verteilt sind, gibt es kein Gespräch ohne Züge und Sprecherwechsel. Interaktionen ohne Züge und Sprecherwechsel bezeichnen wir deshalb auch von vornherein nicht als Gespräche oder Konversationen, sondern zum Beispiel als Predigt, Vortrag oder Standpauke. Dass Gespräche nun in Zügen mit Sprecherwechseln organisiert sind, liegt an dem Erfordernis, sich im Gespräch aufeinander zu beziehen. Menschen sind rein kognitiv weder in der Lage, gleichzeitig zu sprechen und zuzuhören, noch sind sie fähig, gleichzeitig zwei verschiedenen Personen aufmerksam zuzuhören (vgl. Kieserling 1999). So banal es klingt, so wichtig ist es doch festzustellen, dass wir uns auf das, was die andere Person sagt, nur beziehen können, wenn wir hören, was sie sagt. Im Gespräch sind wir also potentiell immer beides, Sprechende und Zuhörende, und wir alternieren zwischen diesen beiden Rollen, indem uns entweder das Wort von unserer Gesprächspartnerin erteilt wird (Fremdselektion) oder wir von uns aus das Wort ergreifen (Selbstselektion). Dies sind die beiden Grundmechanismen des Sprecherwechsels in Gesprächen. Als Mechanismen sind sie störanfällig; sie sind aber auch reparierbar, wie wir im Folgenden sehen werden.

Sind nur zwei Personen am Gespräch beteiligt, verläuft der Sprecherwechsel in Form von Fremdselektion entweder explizit, indem die Sprecherin ihr Gegenüber direkt zum Sprechen auffordert („Was meinst du dazu?"), oder implizit, indem sie durch Intonation, Mimik oder eine inhaltlich abschließende Formulierung anzeigt, dass ihre Äußerung beendet ist. In beiden Fällen hört sie natürlich auch auf zu sprechen. Und damit unterliegt der Gesprächspartner einem regelrechten Zwang, die Sprecherrolle zu übernehmen. Normalerweise, das wissen wir aus unserem Alltag, verlaufen solche Eins-zu-Eins-Gespräche ziemlich reibungslos; meist entstehen keine längeren Pausen bei der Wortübergabe, sondern die Beteiligten wechseln mühelos zwischen den Rollen als Sprechende und Zuhörende. Außerdem kommt es selten und üblicherweise nur kurz zu Überlappungen, wenn die Sprecherin ihre Äußerung noch nicht ganz beendet hat und der Zuhörer in Antizipation des Sprecherwechsels schon anfängt zu reden. Das heißt freilich nicht, dass wir stets mühelos inhaltliche Anschlüsse an das zuvor Gesagte finden; doch selbst wenn wir beispielsweise auf eine Frage nicht spontan antworten können, machen wir dennoch sofort deutlich, dass wir wissen, dass wir am Zug sind, und wenn es nur in Form von „ähm" oder „tja" ist. Der hohe Koordinationsgrad des Eins-zu-eins-Gesprächs manifestiert sich also nicht erst auf der thematischen Ebene, sondern bereits im systematischen Wechsel zwischen Sprechen und Zuhören. Clark (1997) vergleicht sprachliche In-

2 Sequentialität

teraktion mit einem Duett: Man kann seinen Teil allein bis zur Perfektion üben, aber zusammen mit der Duettpartnerin ausgeführt, tauchen plötzlich Fehler und Probleme auf, die man allein nicht gehabt hat. Der Grund dafür ist, dass man sich in der gemeinsamen Aktivität auf die andere einstellen muss, man muss sie ununterbrochen beobachten und in Abhängigkeit von diesen Beobachtungen das eigene Handeln modifizieren. Sprechen und Zuhören sind daher keine autonomen Prozesse, sondern grundsätzlich aufeinander angewiesene Handlungen.

Sacks, Schegloff und Jefferson (1974) interessieren sich nun besonders für solche Gespräche, an denen mehr als zwei Personen beteiligt sind. Denn für Eins-zu-Eins-Gespräche können wir ja sagen, dass, wenn die eine Person aufhört zu sprechen, zwangsläufig die andere Person am Zug ist. Zwar muss auch in Eins-zu-eins-Gesprächen der Sprecher anzeigen, wenn seine Äußerung beendet ist, und die Zuhörerin muss diese Markierungen als solche deuten – doch im Anschluss kann es keinen Zweifel darüber geben, wer als nächstes an der Reihe ist. In einer Unterhaltung zwischen mehreren Personen dagegen zeigt das Ende einer Äußerung zunächst einmal nur an, dass ein Sprecherwechsel indiziert ist; es kann nicht automatisch klar sein, wer am Zug ist, denn alle ZuhörerInnen sind ja immer auch potentielle SprecherInnen. Hier gilt zunächst einmal die Regel, dass die Person, die gerade spricht, das Recht hat, so Sacks, Schegloff und Jefferson, die nächste Sprecherin oder den nächsten Sprecher auszuwählen – sie kann jemanden zum Beispiel direkt ansprechen, ihm zunicken oder auch einen thematischen Fokus wählen, zu dem nur eine bestimmte Person in der Runde etwas sagen kann. So kann es den AutorInnen zufolge auch nur unter der Bedingung, dass keine Fremdselektion stattgefunden hat, zu längeren Pausen im Gespräch kommen – sie bezeichnen solche längeren Pausen als „lapses", „Aussetzer". Denn findet eine Fremdselektion nicht statt – beendet eine Sprecherin ihre Äußerung also, ohne den nächsten Sprecher zu wählen –, muss einer der Zuhörer sich selbst zum Sprecher machen, das heißt das Wort ergreifen, ohne persönlich dazu aufgefordert worden zu sein. Diese Selbstselektion funktioniert nach einer zunächst recht einfachen Regel: Wer zuerst das Wort ergreift, hat auch das Recht zu sprechen. In Gruppengesprächen kommen Überlappungen dann häufig auch dadurch zustande, dass im momentanen Sprechakt bereits angezeigt ist, dass der Sprecherwechsel über Selbstselektion erfolgen wird, und die potentiellen nächsten Sprecherinnen folglich darum konkurrieren, als erste das Wort zu ergreifen. Sollten dann tatsächlich einmal alle gleichzeitig reden, heißt das, dass der Mechanismus der Fremd- bzw. Selbstselektion momentan nicht gegriffen hat und nicht klar ist, wer am Zug ist. Dies wird jedoch üblicherweise schnell von den Anwesenden geklärt („Du zuerst!" – „Nein, du zuerst!").

In diesem Zusammenhang weist André Kieserling (1999) allerdings darauf hin, dass, je größer die Gruppe der Anwesenden ist, desto größer auch die „Passivitätszumutung" wird – das heißt: Je mehr potentielle Sprecherinnen da sind, umso unwahrscheinlicher wird es für die einzelne Person, zu Wort zu kommen und das Gespräch aktiv zu gestalten und zu lenken.[10] Ist der Sprecherwechsel allein durch Selbstselektion geregelt, wird der Konkurrenzdruck zwischen den Teilnehmenden größer, was oft zu einer ungleichen Verteilung von Redeanteilen und damit auch von zugemuteter Passivität führt. Wir können uns vorstellen, dass dies in erster Linie dort geschieht, wo die Beziehungen zwischen den Teilnehmenden symmetrisch sind, wo es also keine Rangunterschiede gibt und niemand a priori das Recht hat, das Wort zu ergreifen oder zu erteilen – also beispielsweise im Gespräch unter FreundInnen oder gleichrangigen KollegInnen. Es gibt aber auch viele Zusammenhänge, in denen Selbstselektion als Mechanismus des Sprecherwechsels formal als unerwünscht markiert ist – und zwar immer dort, wo entweder nur eine bestimmte Person das Rederecht besitzt (z. B. die Pastorin bei der Predigt oder der Dozent in der Vorlesung) oder wo nur eine bestimmte Person das Recht besitzt, anderen das Wort zu erteilen (z. B. der Lehrer im Unterricht oder die Moderatorin in der Podiumsdiskussion). Hier wird die Interaktion auf eine Weise standardisiert oder formalisiert, die die ‚natürlichen' Mechanismen der Gesprächsorganisation, wie Sacks, Schegloff und Jefferson (1974) sie beschreiben, zumindest teilweise unwirksam machen (vgl. hierzu auch Luhmann 1987). Und dies gilt nicht nur für das Rederecht, sondern auch für die Redezeit. Sacks, Schegloff und Jefferson (1974) stellen fest, dass die Länge eines Gesprächszugs in natürlichen, nichtformalisierten Konversationen zwar von vielen verschiedenen Faktoren abhängt, in erster Linie aber auf Satzförmigkeit beruht, dass also, wenn der Satz beendet ist, üblicherweise auch die Äußerung beendet ist. Dabei können Sätze natürlich ganz unterschiedlich lang sein und in der gesprochenen Sprache auch ungeachtet syntaktischer Regeln einfach durch Intonation nachgerade unendlich ‚verlängert' werden. Wenn wir von einer Person sagen, sie rede „ohne Punkt und Komma", dann meinen wir damit natürlich nicht, dass sie beim Sprechen keine Zeichensetzung verwendet, die ja der Schriftsprache vorbehalten ist, sondern dass sie auf der prosodischen Ebene, der Ebene der Intonation, weder durch unterschiedliche Tonhöhen und Lautstärken noch durch Pausen das Ende eines Satzes kennzeichnet – und damit das Ende ihrer Äußerung. Was also in der Schriftsprache mehrere oder viele Sätze wären, kann sich in der gesprochenen Sprache wie ein einziger Satz anhören. So

---

10 Goffman (1982 [1967]) wiederum drückt dies so aus, dass, je mehr Teilnehmende anwesend sind, das soziale Ereignis umso weniger von einer einzelnen Person abhängt, so dass sich einzelne Personen auch kurzzeitig in untergeordneten Nebeninteraktionen, die mit dem Hauptereignis nichts zu tun haben, austauschen können. Ein typisches Beispiel dafür ist der Schulunterricht.

gibt es in natürlichen, nichtformalisierten Gesprächen keine definierbaren Regeln der Redezeit; allenfalls können gesprächsexterne Faktoren zur Geltung kommen, wenn man zum Beispiel generell nur wenig Zeit für das Gespräch hat und sich deshalb „kurz fasst". In formalisierten Interaktionen hingegen hat die Person, die das Rederecht erteilt, auf der Basis ebendieses Monopols zumindest implizit auch das Recht, das Rederecht zu entziehen. So kann der Lehrer die sprechende Schülerin und die Moderatorin den Diskutanten im Grunde jederzeit unterbrechen, um das Rederecht zunächst sich selbst und dann einer anderen Person zu erteilen. Dies ist jedoch allein dem übergeordneten Status des Lehrers oder der Moderatorin in diesen Interaktionsformaten geschuldet; in symmetrischen Interaktionen gilt die Regel, die andere Person ‚aussprechen' zu lassen.

Damit kommen wir zur letzten Form des Sprecherwechsels, mit der wir uns hier befassen wollen, nämlich dem Sprecherwechsel durch Unterbrechung. Hier können wir zwischen ‚unbeabsichtigter' und ‚beabsichtigter' Unterbrechung insofern unterscheiden, als nicht jede faktische Unterbrechung tatsächlich mit der Intention erfolgt, dem Sprecher das Rederecht zu entziehen. Denn gerade längere Äußerungen enthalten oft „transition-relevance places" (ebd.), übergangsrelevante Stellen, immer dort, wo ein Satz als beendet erscheint. Spricht eine Person im übertragenen Sinne also „mit Punkt und Komma", wird ihre Äußerung Marker enthalten, die ihr Gegenüber als Signal der Fremdselektion oder als Einstiegsmöglichkeit in Form einer Selbstselektion deuten kann, auch wenn die Äußerung aus Sicht der Sprecherin noch nicht beendet ist. In einem solchen Fall kann die Sprecherin den Unterbrechenden ausdrücklich darauf aufmerksam machen, dass sie weitersprechen will – „ich war noch nicht fertig" – oder einfach weiterreden, was das Gegenüber schnell zum Wiederverstummen bringt, denn die Unterbrechung war ja nicht beabsichtigt. Wenn wir dagegen jemandem bewusst „ins Wort fallen", findet dies eher nicht an übergangsrelevanten Stellen der Äußerung statt, sondern an Stellen, die aus unserer Sicht eine direkte Replik erfordern, mit der wir nicht warten wollen – beispielsweise einen Widerspruch, eine Frage oder eine Ergänzung. Solche Unterbrechungen können aber gerade deshalb auch als ‚Einwürfe' verstanden werden, die die Äußerung nicht endgültig abbrechen, sondern eine Gesprächsschleife evozieren, nach der die ursprünglich begonnene Äußerung fortgesetzt werden kann („Wo war ich?"). Auch in diesem Fall wird das Rederecht nicht mutwillig entzogen, um die andere Person am Weitersprechen zu hindern. Typisch für Letzteres wiederum sind Streitgespräche, in denen ums Rederecht konkurriert wird und die Unterbrechung auch jenseits ihres Inhalts als Angriff empfunden werden kann („Lassen Sie mich doch mal ausreden!").

So wird erstens deutlich, dass es nicht möglich ist, sich aufeinander zu beziehen, ohne die Handlung des anderen, in diesem Fall den Sprechakt, in seiner Gänze wahrzunehmen und zu verarbeiten; wir müssen wissen, worauf wir uns beziehen können, also sorgen wir dafür, dass eine Sprecherreihenfolge eingehalten wird. Man kann eben nur einer Person zur Zeit aufmerksam zuhören. Zweitens sehen wir hier auch, dass Sprecherwechsel meistens eben gerade nicht ausdrücklich ausgehandelt werden müssen, denn Sprechhandlungen sind formal so aufgebaut, dass sie immer auch den Hinweis darauf enthalten, wann sie beendet sind und eine ‚Antwort' erfordern und ergo jemand anderes an der Reihe ist. Formal betrachtet kommt ein Gespräch nur zustande, wenn ein Sprechakt die Markierung enthält, wann eine andere Person am Zug ist. Ein Sprechakt, der monologisch aufgebaut ist, enthält solche Marker nicht. Das heißt, es wird auf der sprachlichen Ebene nicht angezeigt, dass eine Äußerung zu Ende ist und nun einer Entgegnung bedarf. Es gibt jedoch nur wenige Interaktionsformate, die von vornherein nicht dialogisch organisiert sind – zu nennen wären hier Vorträge und Reden, die zumindest für die Zeit ihrer Dauer keine Anschlüsse durch ein Gegenüber vorsehen, womit die Zuhörenden die Rolle eines ‚Publikums' einnehmen.

Wir halten also fest, dass der Zusammenhang eines Dialogs ‚mechanisch' dadurch hergestellt wird, dass es einen organisierten Sprecherwechsel gibt. In jeder Äußerung, die dazu führt, dass jemand anderes das Wort ergreift, liegt eine Selektion und eine Adressierung der nächsten Sprecherin, die sich in ihrer Äußerung wiederum auf diese Selektion und Adressierung bezieht. Auf diese Weise entsteht eine Struktur der „Adjazenz", eine Nähe zwischen den aufeinanderfolgenden Äußerungen zweier Sprecher, indem der nächste Zug anzeigt, dass und wie der vorherige verstanden wurde – in Kapitel 1 wurde dies als die „Selbstbezogenheit" von Kommunikation angesprochen. Wenn dann von „Adjazenzpaaren" die Rede ist, so bezieht sich das auf die Qualität zweier Äußerungen, in direkter ‚Nachbarschaft' zueinander oder ‚zusammengenommen' auch dann (aber natürlich nicht *nur* dann) ‚sinnvoll' zu sein, wenn sie sich grammatisch nicht aufeinander beziehen; wie in der Sequenz „Ich habe Hunger." – „Es ist noch Suppe da." erschließt sich ihr Zusammenhang ausschließlich durch die direkte Aufeinanderfolge der Äußerungen, also durch ihr ‚paarweises' Auftreten. Schegloff (2007) benutzt den Begriff „nextness" (‚Nächstheit') zwar synonym mit „adjacency", allerdings kommen darin zwei Aspekte deutlicher zum Ausdruck: die zeitliche Ebene der Aufeinanderfolge zweier Äußerungen („next utterance") und der erforderliche Sprecherwechsel („next turn"). Allerdings stellt Schegloff (ebd.) auch fest, dass sich Adjazenz oder ‚Nächstheit' vor allem „rückwärts" erschließen lassen, weil eben erst in der nächsten Äußerung deutlich wird, wie das zuvor Gesagte verstanden wurde. Denn zum einen gibt es nur ganz wenige Äußerungstypen, in denen der Hinweis auf den Anschluss nur eine Möglichkeit zulässt – ein Beispiel sind, wie oben gezeigt, Grußformeln (zur Begrüßung oder zur Verabschiedung), die kaum alternative Anschlüsse erlauben und meist eben

2 Sequentialität

in der Form ‚Gruß – Gegengruß' vorkommen. Zum anderen gibt es jedoch auch nur wenige Möglichkeiten der Erwiderung, die die in einer Äußerung angezeigten Anschlussalternativen vollständig konterkarieren; Schegloff (ebd.) bezeichnet solche Anschlüsse als „counters", was wir als ‚Rückgabe' oder ‚Umkehrung' übersetzen können:

(1) A: Bist du glücklich mit mir?
     B: Bist *du* glücklich mit *mir*?
(2) A: Komm her!
     B: Komm *du* doch her!

Interessant ist hier, dass sich B durchaus auf As Äußerung bezieht und nur die in As Äußerung angezeigten Anschlussalternativen nicht aufgreift. Der Zusammenhang zwischen den Äußerungen bleibt in diesen Beispielen also unbeeinträchtigt davon, dass man eine andere Anschlussmöglichkeit als die ‚naheliegende' wählt. Dies zeigt einerseits noch einmal die in Kapitel 1 angesprochene „Kontingenz" der Interaktion auf: Wir können zwar erwarten, dass wir auf eine Frage eine Antwort erhalten, wir können aber nicht sicher damit rechnen. Andererseits wird aber auch deutlich, womit wir rechnen können: dass sich nämlich unser Gegenüber schon ‚irgendwie' auf das beziehen wird, was wir äußern.

Das ist vor allem deshalb möglich, weil der Zusammenhang eines Dialogs immer auch auf der thematischen Ebene erzeugt wird. Obwohl die formale Struktur des Gesprächs unabhängig von seinem konkreten Inhalt ist, ist es doch dadurch beschränkt, dass man immer nur über ein Thema zur Zeit sprechen kann. Natürlich kennen wir aus eigener Erfahrung das Phänomen, dass ein Gespräch von einem Thema zum anderen ‚übergehen' kann; die Unterhaltung über den Urlaub in Spanien kann in eine Diskussion über die Vor- und Nachteile verschiedener Fluggesellschaften übergehen. Das gelingt aber nur, wenn im Sprechakt der inhaltliche Bezug zwischen beidem hergestellt wird; andernfalls, und auch das kennen wir aus unserem Alltag, wird ein Themenwechsel ausdrücklich vorgeschlagen („Lass uns über was anderes reden."). Und auch hier muss gewährleistet sein, dass alle Teilnehmenden einen solchen Themenwechsel unmittelbar und zur gleichen Zeit nachvollziehen können (vgl. Kieserling 1999).

Durch den wechselseitigen Bezug auf bereits Gesagtes entsteht Sequentialität als zeitliche Strukturiertheit aufeinanderfolgender Sprechhandlungen. Bezeichnet wird damit die Prozesshaftigkeit des Gesprächs: Jeder Zug in der Interaktion impliziert eine Auswahl zwischen möglichen Alternativen, und diese Auswahl eröffnet selbst wiederum einen Raum für mögliche Reaktionen. ‚Struktur' entsteht dann in der Verknüpfung von Interaktionszügen, indem Äußerungen sich aufeinander beziehen. Dabei ergibt sich die Bedeutung jedes Zugs aus der jeweiligen Position in der Sequenz (vgl. Schegloff/Sacks 1973). So ist die Äußerung des Kellners in unserem Filmbeispiel „Und versuchen Sie nichts. Ich behalt Sie im Auge." isoliert betrachtet zwar formal als Warnung einordbar, wir können aber weder sagen, worauf sie sich bezieht, noch an wen sie sich richtet, noch wie der Adressat damit umgeht.

Denkanstöße

Spielen Sie verschiedene Szenarien durch, in denen die Äußerung „Und versuchen Sie nichts. Ich behalt Sie im Auge." vorkommen könnte. Worauf kann sich die Warnung beziehen? An wen kann sie gerichtet sein? Welche Anschlusshandlungen können sich für AdressatIn und SprecherIn ergeben?

Wir halten also fest, dass der Gesprächskontext, in dem wir etwas sagen, für ein gegenseitiges Verstehen zentral ist; dies betrifft nicht nur die Situation, sondern auch den Äußerungszusammenhang. Daraus können wir nun auch schließen, dass wir in der unmittelbaren Interaktion unsere Absichten, die wir in unseren Sprechhandlungen zum Ausdruck bringen, sequentiell verfolgen und modifizieren. In der Interaktion zwischen Gast und Kellner, wie sie in unserem Filmbeispiel gezeigt wird, ist die Warnung „Und versuchen Sie nichts. Ich behalt Sie im Auge." sicherlich kein sinnvoller Gesprächsauftakt (formal wird das schon durch das „und" angezeigt, das markiert, dass es hier einen Vorlauf gegeben hat), sondern verweist auf eine Entwicklung der Interaktion bis zu diesem Punkt, und nur in diesem interaktionalen Zusammenhang ist die Äußerung sinnvoll. Als Wissenschaftlerinnen gehen wir davon aus, dass es einen solchen Interaktionszusammenhang gibt; wir können ihn beobachten, beschreiben, definieren und interpretieren. Als unmittelbar Teilnehmende an Interaktion jedoch sind wir auf den Zusammenhang der Interaktion regelrecht angewiesen. Was auch immer wir persönlich in der Interaktion mit anderen ‚erreichen' wollen (dazu mehr in den nachfolgenden Kapiteln), wir erreichen es nur, indem wir zunächst einmal und ganz basal unsere Handlungen mit denen der anderen koordinieren.

Um ihre Handlungen zu koordinieren, müssen Teilnehmende an Interaktion sich gegenseitig vergewissern, dass sie ‚über dasselbe' sprechen; es muss also einen „common ground", einen gemeinsamen Nenner der Interaktion geben, über den alle Teilnehmenden verfügen. Denn Gespräche sind ja nicht einfach eine Serie von passenden Äußerungen zur passenden Zeit; in ihnen wird wechselseitig ein ‚Wissen' aufgebaut, von dem alle Gesprächsteilnehmenden annehmen können, dass

2 Sequentialität

alle Gesprächsteilnehmenden daran teilhaben. „Common ground" verweist damit auf die konkrete Koordination des Gesprächsinhalts (vgl. Clark/Brennan 1991) auf der Basis von geteilten Deutungen, über die man einander über den gesamten Gesprächsverlauf hinweg verbal und nonverbal informiert. Dieser „common ground" ist, wie das Beispiel von Reinette und dem Kellner zeigt, nicht fix, sondern verändert sich im Verlauf der Unterhaltung, wird erweitert und spezifiziert, so dass schließlich aus einer ganz alltäglichen Gast-Kellner-Unterhaltung sogar ein regelrechter Streit entstehen kann. Mit der „nextness" der jeweiligen Sprechakte wird dabei immer sichergestellt, dass eine Mitteilung verstanden und als progressiver Gesprächsbeitrag akzeptiert wird. Um dies nachzuvollziehen, muss man sich vergegenwärtigen, dass das Wissen darüber, ,worum es geht', selbst Bestandteil der Situation und respektive der Interaktion ist. Dies betrifft nicht nur thematisches Wissen, also wechselseitiges Zugänglichmachen von Sachinformation, sondern auch das Wissen um die Dynamik des Gesprächs selbst. Denn im Gespräch tun wir ja noch mehr, als uns aufeinander bezogen sprachlich zu äußern: Wir signalisieren, dass wir zuhören und verstehen, und wir achten bei unseren Zuhörerinnen auf diese Signale – wie nicken, den Kopf wiegen, die Stirn runzeln, die Augenbrauen hochziehen, unruhig auf seinem Sitz hin- und herrutschen usw. (vgl. hierzu auch die diesbezüglichen Anmerkungen in Kapitel 11). Clark und Krych (2004) und andere[11] weisen darauf hin, dass es ohne die Signale in der Mimik des Gegenübers, aber auch bestätigende und zum Fortfahren ermutigende Äußerungen wie „mhm", „ach so" oder ein einfaches „ja" für die Sprecherin schwierig wird, die Wirkung ihrer Äußerung zu überwachen. Gleichzeitig besitzt natürliche Rede viele verschiedene Marker, die uns das Zuhören und Verstehen erleichtern, so Clark (1997). Wenn unser Gegenüber zum Beispiel nach dem ,richtigen Wort' sucht, suchen wir in Gedanken mit und prozessieren auf diese Weise das Gesagte; und werden in natürlicher Rede gerade Pronomen oder Präpositionen wiederholt, kann das eine besondere Hervorhebung des nachfolgenden Satzteils bewirken („Du, du weißt doch gar nicht, wovon du redest"; „das habe ich von, von Silke gehört"). Was syntaktisch als Diskontinuität erscheint, hat in natürlicher Rede also oft einen informativen Wert für die Zuhörenden, der den „common ground" mit herstellt und absichert.

Was aber geschieht, wenn einmal nicht klar ist, worum es geht? Versprecher, Missverständnisse, mangelnde Informationen, Irrtümer, dies alles sind Phänomene, die dazu führen, dass die Adjazenz oder, allgemeiner gesprochen, der „common ground" der Interaktion gefährdet ist und man sich nicht mehr wechselseitig verständlich aufeinander beziehen kann. Solche Probleme werden aber meist auch direkt gelöst, und für diesen Vorgang haben Schegloff, Jefferson und Sacks (1977) den Ausdruck

---

11 Z. B. Bavelas/Coates/Johnson 2000; Clark/Brennan 1991; Clark/Carlson 1982.

„repair" (Reparatur) bzw. „correction" (Korrektur) geprägt. Eben weil der Ausdruck „Reparatur" darauf verweist, dass etwas zuvor Intaktes Schaden genommen hat und nun wiederinstandgesetzt wird, wollen wir ihn hier nicht auf sprachstrukturelle oder semantische Einzelphänomene reduzieren, sondern auf den ‚gemeinsamen Nenner' insgesamt beziehen; mit jeder Reparatur wird also angezeigt, dass der „common ground" beschädigt ist und nun in Ordnung gebracht werden muss. Dies kann, je nach Art der ‚Beschädigung', auf verschiedene Weise geschehen: Ein Versprecher wird durch das Nennen des richtigen Wortes behoben, eine mangelnde Information wird ergänzt, ein Missverständnis aufgeklärt, ein Irrtum berichtigt. Vor dem Hintergrund der Sequentialität ist dabei aber nicht nur von Interesse, wie repariert wird, sondern auch, wer repariert. Das liegt ganz einfach daran, dass Selbstkorrekturen und Fremdkorrekturen von unterschiedlichen Teilnehmenden geäußert werden und damit unterschiedliche ‚Züge' im Gespräch darstellen. So gibt es Fehler, die wir selbst bemerken und selbst korrigieren, wie in dem folgenden Beispiel:

(3)   A: Wir treffen uns um halb sieben, äh, halb acht.

Wir können aber auch von unserer Gesprächspartnerin auf einen Fehler oder Irrtum aufmerksam gemacht werden, um ihn dann selbst zu korrigieren:

(4)   A: Wir treffen uns um halb sieben.
      B: Um halb sieben?
      A: Äh, nee, halb acht.

Es kommen natürlich auch potentielle Irrtümer vor, von denen wir nicht sicher sind, ob es sich um solche handelt, also geben wir unserem Gesprächspartner die Möglichkeit der Korrektur:

(5)   A: Wir treffen uns um halb sieben, oder war's halb acht?
      B: Halb acht.

Schließlich existiert natürlich auch die Möglichkeit, dass die Korrektur unserer Äußerung sowohl von unserer Gesprächspartnerin initiiert als auch durchgeführt wird:

(6)   A: Wir treffen uns um halb sieben.
      B: Nee, wir hatten gesagt, halb acht.

Es gibt Hinweise darauf, dass wir in Gesprächen dazu neigen, der Selbstkorrektur Vorrang zu geben (ebd.), also als Zuhörende erst einmal abwarten, ob eine Sprecherin

2 Sequentialität

sich selbst korrigiert, bevor wir die Reparatur ‚an ihrer statt' übernehmen. Goffman (1982 [1967]) erklärt sich dies damit, dass es generell eine heikle Angelegenheit ist, andere Personen zu korrigieren, weil damit potentiell ein Moment der Peinlichkeit und des Affronts verbunden ist. Jemandem zu ermöglichen, sich selbst zu korrigieren, heißt dann, ihm zu ermöglichen, sein Gesicht zu wahren; und umgekehrt hat eine Fremdkorrektur immer das Potential, jemanden in Verlegenheit zu bringen. Das kann, so Goffman (ebd.), sogar dazu führen, dass wir Fehler oder Irrtümer unseres Gegenübers eher ignorieren und übergehen, statt sie zu benennen, um allen Beteiligten eine Peinlichkeit zu ersparen. Im Zusammenhang mit Sequentialität und „common ground" wollen wir hier aber davon ausgehen, dass fehlerhafte Äußerungen (ob nun grammatisch oder inhaltlich) der Interaktionsteilnehmenden nur dann übergangen werden können, wenn sie beides nicht nachhaltig beschädigen. So können wir beispielsweise davon absehen, unsere Gesprächspartnerin zu korrigieren, wenn sie „Authenzität" statt „Authentizität" sagt – so lange wir wissen, was gemeint ist (vgl. Clark 1997). Hingegen ist die Angabe einer falschen Uhrzeit für ein Treffen, wie in den Beispielen oben, selbstverständlich korrekturbedürftig, wenn man einander nicht verpassen möchte – und dies auch unter der Bedingung, dass die Person, die von der falschen Uhrzeit ausgeht, womöglich gerade vorher noch stolz verkündet hat, wie gut sie sich Dinge merken kann oder wie diszipliniert sie ihren Terminkalender führt. In diesem Sinne hat der gemeinsame Nenner in dem, worauf man sich bezieht, dann auch eine höhere Priorität als die Vermeidung von Gesichtsverlust. Dabei beziehen sich Reparaturen nicht immer nur auf ‚offensichtlich Falsches' wie falsche Informationen oder Versprecher; auch Neuformulierungen und Elaborierungen können Reparaturen sein, die das gegenseitige Verstehen wiederherstellen (vgl. Schegloff/Jefferson/Sacks 1977).

Denkanstöße

Zwischen Reinette und dem Kellner scheint es zu einem Missverständnis zu kommen, als der Kellner ihr unterstellt, sie könne die Person sein, die bei ihm schon einmal die Zeche geprellt hat. Wie versucht Reinette hier zu „reparieren", und warum gelingt es ihr trotzdem nicht, das Missverständnis aufzulösen?

Zusammenfassend können wir hier festhalten, dass das Reparieren des „common ground" einerseits ein ganz alltäglicher Bestandteil unserer Interaktionen ist; andererseits wird aber nicht jede Fehlleistung korrigiert und nicht jedes Missverständnis aufgelöst. Ein wichtiger Grund dafür ist, dass Teilnehmende sich aufeinander beziehen, darin aber auch auf Hintergrundannahmen, die in der Unterhaltung meist nicht explizit gemacht werden. Wir besitzen ein großes Repertoire an solchen Hintergrundannahmen, die in der Interaktion zum einen nur ganz fragmentarisch zum Ausdruck kommen können; zum anderen ist uns aber auch nie vollständig bewusst, worauf wir zurückgreifen, wenn wir interagieren. Das heißt, dass bei Weitem nicht alles, was für ein gegenseitiges Verstehen relevant ist, auch im Gespräch benannt wird; Annahmen über Anschlussmöglichkeiten in der konkreten Interaktion werden also nicht nur im Hinblick auf die direkte sprachliche Realisierung aufgestellt. Das liegt nicht nur daran, dass man thematisch gebunden ist; man wäre oft auch gar nicht in der Lage, genau zu benennen, was für das momentane Gespräch tatsächlich alles relevant ist. In einer Kultur beispielsweise, die von Geschlechterdualität geprägt ist, sind uns unsere impliziten Annahmen über all das, ‚was Frauen sind‘ und all das, ‚was Männer sind‘, meist gar nicht bewusst. Trotzdem beeinflussen solche nur latent vorhandenen Bedeutungsstrukturen auch unsere konkreten sozialen Interaktionen mit dem jeweils anderen Geschlecht. Ein Gespräch also, das von den jeweiligen Funktionsrollen (dazu mehr in Kapitel 6) geprägt sein ‚müsste‘ – zum Beispiel im beruflichen Kontext zwischen einer Lehrerin und einem Sozialarbeiter – wird immer auch ein Gespräch zwischen einer Frau und einem Mann mit allen latenten Hintergrundannahmen sein, selbst (oder gerade) wenn man dies zu vermeiden sucht.

Bis hierhin haben wir uns Gedanken darüber gemacht, wie Gespräche beginnen und wie sie aufgebaut sind. Zum Prozess des Gesprächs gehört aber anscheinend auch, dass es irgendwann endet: Wir sind uns, wenn wir ein Gespräch beginnen, bereits bewusst, dass es zu einem gegebenen Zeitpunkt zu Ende sein wird, denn ansonsten gäbe es ja keinen Grund, bestimmte Themen vorrangig anzuschneiden, sich kurz zu fassen oder sich ausführlich zu erklären, Informationen auszusparen oder auszuschmücken usw. In einem unendlichen Gespräch würde sowieso alles irgendwann zur Sprache kommen, wir stünden unter keinerlei Druck, das eine mehr, das andere weniger relevant zu setzen.[12] Auf der einen Seite scheint uns das ‚unendliche Gespräch‘ geradezu unvorstellbar – unvorstellbar anstrengend, weil wir schon rein physisch nicht dazu in der Lage wären; unvorstellbar unproduktiv, weil wir schließlich auch noch viele andere Dinge zu tun haben; unvorstellbar langweilig, weil wir auf einen einzigen Reiz beschränkt wären. Auf der anderen Seite führen

---

12 Wenn wir manchmal feststellen, dass uns in bestimmten Unterhaltungen „die Gesprächsthemen ausgehen", meinen wir damit also nicht, dass bereits über jedes Thema gesprochen worden ist – was ja vollkommen unmöglich ist. Was wir damit meinen, ist, dass es kein Thema mehr gibt, das wir und unser Gesprächspartner momentan ähnlich relevant setzen.

2 Sequentialität

wir jedoch alle eine mehr oder minder große Anzahl ‚unendlicher' Gespräche in dem Sinne, dass wir eine mehr oder minder große Anzahl sozialer Beziehungen führen, die über das unmittelbare Gespräch hinausgehen. Tatsächlich sind wohl die wenigsten Gespräche, die wir führen, dadurch determiniert, dass das, was wir jetzt nicht zueinander sagen, nie mehr gesagt werden kann. Wir könnten also auch umgekehrt argumentieren: Der Grund, warum wir bereit und darauf eingestellt sind, Gespräche zu beenden, ist, dass wir bereit und darauf eingestellt sind, weitere Gespräche zu führen, mit dieser Person und mit anderen.

Aber wie endet ein Gespräch? Rekapitulieren wir: In der Gesprächseröffnung vergewissern sich die Teilnehmenden gegenseitig, dass sie einander als Gesprächspartnerinnen akzeptieren. Im weiteren Gesprächsverlauf wird dann die thematische Ausrichtung relevant – man bespricht bestimmte Sachverhalte und tauscht spezifische Informationen und Meinungen aus, indem man sich in einer Aufeinanderfolge von Sprechhandlungen wechselseitig aufeinander bezieht und diesen Bezug fortwährend intersubjektiv sicherstellt. Theoretisch stellen sich damit zwei Probleme: Erstens ist es im Strukturmerkmal der Sequentialität selbst angelegt, dass ein Gespräch immer weitergeht, eben weil eine Äußerung im Gespräch immer ein Anschluss ist und immer einen nächsten Anschluss erfordert. Rein theoretisch kann man also gar nicht aufhören, miteinander zu reden. Zweitens hat bereits die Gesprächseröffnung eine momentane soziale Beziehung hergestellt, und rein theoretisch bedeutet das Ende des Gesprächs dann das Ende der sozialen Beziehung. Um ein Gespräch zu beenden, muss es also erstens gelingen, sich wechselseitig in den jeweiligen Anschlüssen darüber zu verständigen, dass es zu Ende gehen wird. Und es muss zweitens gelingen, dies in Anerkennung der sozialen Beziehung zu tun, die im Gespräch zum Ausdruck gekommen ist. Das sehen wir ganz einfach daran, dass wir nicht zu einem beliebigen Zeitpunkt im Gespräch aufstehen und gehen; ja, wir stehen nicht einmal zu einem beliebigen Zeitpunkt auf und verabschieden uns. Schegloff und Sacks (1973) beschreiben in ihrem Aufsatz „Opening up closings" das nicht schwierige (wir bewältigen es in unserem Alltag meist problemlos), aber durchaus komplexe Unterfangen, das Ende eines Gesprächs einzuleiten. Allgemein gesagt geht es dabei darum, dass die Gesprächsteilnehmenden wechselseitig zum Ausdruck bringen, dass sie ‚nichts mehr hinzufügen' möchten. Das heißt, die Gesprächspartnerin, die das Gespräch beenden möchte, zeigt in ihrer Äußerung an, dass sie selbst nichts mehr hinzuzufügen hat, und eröffnet gleichzeitig die Möglichkeit für die andere, doch noch etwas zu sagen. Solche „pre-closings", ‚Gesprächsausleitungen', sind typischerweise Äußerungen wie beispielsweise „okay" oder „also, dann", in denen die Person, die am Zug ist, den Regeln des Sprecherwechsels gemäß zwar etwas sagt, aber nichts Inhaltliches mehr anschließt. Es ist dann an der anderen Person, entweder ein neues Thema anzuschneiden oder die

Einleitung des Abschlusses anzunehmen, indem sie selbst nichts Thematisches hinzufügt. In letzterem Fall finden wir häufig eine Adjazenz ähnlich wie in der Begrüßung vor: Ein „okay" evoziert ein „okay", ein „also, dann" ein „also, dann". In Situationen, in denen die Einleitung des Gesprächsabschlusses auch das Ende der gegenseitigen Wahrnehmung einleitet – zum Beispiel am Telefon oder wenn einer der Gesprächspartner den Ort des Gesprächs verlässt – kennzeichnet der Abschiedsgruß dann das faktische Ende des Gesprächs:

(7) A: Also, dann.
B: Also, dann.
A: Dann mach ich mich mal auf den Weg.
B: Alles klar.
A: Tschüss.
B: Tschüss.

So können wir zum einen feststellen, dass die regelrechte Verabschiedung immer einen Vorlauf hat, in dem der Gesprächsabschluss als plausibler, wechselseitig akzeptierter Anschluss markiert wird. Zum anderen setzt die Verabschiedung aber auch voraus, dass die Teilnehmenden antizipieren, dass sie nicht im gegenseitigen Wahrnehmungshorizont verbleiben werden.

Denkanstöße

In unserem Filmbeispiel wird der Konflikt ums Bezahlen schließlich dadurch aufgelöst, dass die Interaktion abgebrochen wird – es kommt zu keinem sequentiell nachvollziehbaren „Gesprächsabschluss" zwischen Reinette und Mirabelle auf der einen und dem Kellner auf der anderen Seite. Kann man Reinettes und Mirabelles Flucht dennoch als „plausibel angeschlossenen Abschluss" der Sequenz deuten? Begründen Sie.

Aber warum eigentlich stehen wir üblicherweise nicht einfach auf und gehen? Warum leiten wir Gespräche ein und aus? Warum tragen wir nicht einfach unsere Ideen und Anliegen vor, sondern versuchen, uns auf unser Gegenüber darin zu beziehen? Was ist der unterliegende Sinn der ‚Mechanik' der Sequentialität? Um diese Fragen zu beantworten, müssen wir uns genauer mit der Frage der sozialen Beziehung befassen, die in der Interaktion zum Ausdruck kommt. Darum wird es in den folgenden Kapiteln in verschiedenen Hinsichten gehen.

Grundlagentexte

Clark, Herbert H. (1997): Dogmas of understanding. Discourse Processes 23, S. 567-598.
Sacks, Harvey/Schegloff, Emanuel A./Jefferson, Gail (1974): A Simplest Systematics for the Organization of Turn-Taking for Conversation. Language 50: 696-735.
Schegloff, Emanuel A. (2007): Sequence Organization in Interaction. A Primer in Conversation Analysis. Volume 1. Cambridge: Cambridge University Press. Darin: The Adjacency Pair as the Unit for Sequence Construction, S. 13-21.
Schegloff, Emanuel A./Sacks, Harvey (1973): Opening up Closings. Semiotica 8, S. 289-327.

Weiterführende Literatur

Bavelas, Janet/Coates, Linda/Johnson, Trudy (2000): Listeners as Co-Narrators. Journal of Personality and Social Psychology 79/6, S. 941-952.
Berens, Franz-Josef (1981): Dialogeröffnung in Telefongesprächen. Handlungen und Handlungsschemata der Herstellung sozialer und kommunikativer Beziehungen. In Peter Schröder/Hugo Steger (Hrsg.), Dialogforschung. Düsseldorf: Schwann, S. 402-407.
Clark, Herbert H./Brennan, Susan E. (1991): Grounding in Communication. In Lauren B. Resnick/John M. Levine/Stephanie D. Teasley (Hrsg.), Perspectives on socially shared cognition. Pittsburgh: University of Pittsburgh, S. 127-149.
Clark, Herbert H./Carlson, Thomas B. (1982): Hearers and Speech Acts. Language 58/2, S. 332-373.
Clark, Herbert H./Krych, Meredyth A. (2004): Speaking while Monitoring Addressees for Understanding. Journal of Memory and Language 50, S. 62-81.
Deppermann, Arnulf (2008): Gespräche analysieren. Eine Einführung. Wiesbaden: VS Verlag für Sozialwissenschaften.
Garfinkel, Harold (1967): Studies in Ethnomethodology. Englewood Cliffs, NJ: Prentice-Hall.
Goffman, Erving (1982 [1967]): Interaction Ritual. Essays on Face-to-Face Behavior. New York: Pantheon Books. Darin: On Face-Work, S. 5-45; Alienation from interaction, S. 113-136.
Henne, Helmut/Rehbock, Helmut (1979): Einführung in die Gesprächsanalyse. Berlin u. a.: de Gruyter.
Kieserling, André (1999): Kommunikation unter Anwesenden. Studien über Interaktionssysteme. Frankfurt a. M.: Suhrkamp. Darin: Differenzierte und undifferenzierte Sozialsysteme, S. 32-61.
Luhmann, Niklas (1987): The Evolutionary Differentiation between Society and Interaction. In Jeffrey C. Alexander/Bernhard Giesen/Richard Münch/Neil J. Smelser (Hrsg.), The Micro-Macro Link. Berkeley: University of California Press, S. 112-131.
Schegloff, Emanuel A. (2002): Beginnings in the Telephone. In James E. Katz/Mark Aakhus (Hrsg.), Perpetual Contact: Mobile Communication, Private Talk, Public Performance. Cambridge: Cambridge University Press, S. 284-300.
Schegloff, Emanuel A./Jefferson, Gail/Sacks, Harvey (1977): The Preference for Self-Correction in the Organization of Repair in Conversation. Language 53, S. 361-382.

Institutionen: Wie der Stoff beschaffen ist, aus dem soziales Handeln besteht 3

In den vorhergehenden beiden Kapiteln haben wir uns mit grundlegenden *formalen* Eigenschaften und Mechanismen von Interaktion befasst. So haben wir unter anderem behandelt, wie man überhaupt in Kommunikationen einbezogen wird und wie Interaktion zeitlich strukturiert ist. Auf die Frage nach dem „Wie" schließt sich jetzt die Frage nach dem „Was" an. Wir werden sie genauso grundlegend angehen und uns damit befassen, wie wir die *Gehalte* unserer Interaktionszüge zu verstehen haben. In ihnen beziehen wir uns auf Freundschaft, Familie, Eigentum, gesellige Abende, Opernaufführungen, Berufsarbeit, Fußball – kurz: Wir beziehen uns auf Dinge, die nur menschliche Gemeinschaften hervorgebracht haben. Und auch die Art, wie wir uns sprachlich darauf beziehen, unterscheidet sich grundlegend von Kommunikationen im Tierreich. Wie lassen sich diese Unterschiede theoretisch bestimmen? Wie ist der „Stoff" beschaffen, aus dem unsere Interaktionen bestehen? In dem Versuch, darauf eine Antwort zu finden, greifen wir auf einen Begriff zurück, der zu den Grundbegriffen der Soziologie gehört: den Begriff der „Institution" beziehungsweise der „Institutionalisierung". Allerdings verwenden wir ihn in einem Sinne, der weiter gefasst ist als üblich. Wir wollen die Gehalte von Interaktion generell als „institutionelle Tatsachen" beschreiben.

> „Wir leben in einem Meer von Tatsachen, die durch menschliche Institutionen geprägt sind. Vieles davon ist für uns unsichtbar. Genauso, wie es für die Fische schwierig ist, das Wasser, in dem sie schwimmen, wahrzunehmen, so fällt es auch uns schwer, den institutionellen Rahmen, in dem wir schwimmen, zu erkennen." (Searle 2012: 153)

Mit diesen Sätzen leitet der Sprachphilosoph John R. Searle ein Buchkapitel ein, das sich mit dem Gegenstand befasst, der auch uns im Folgenden beschäftigen soll. Der allgegenwärtige und unauffällige Charakter der angesprochenen Tatsachen wird deutlich anhand einer beispielhaften Alltagsszene, die er im weiteren Verlauf schildert. Dabei hat er die Art von Tatsachen, die ihn – und auch uns an diesem Punkt – besonders interessieren, kursiv gesetzt:

> „Morgens wache ich in einem Haus auf, das mir und *meiner Frau* gemeinsam *gehört*. Dann fahre ich zur *Arbeit* in die Universität, und benutze dazu ein Auto, das auf uns beide *zugelassen* ist. *Legal* ist diese Fahrt nur deshalb, weil ich einen *gültigen Führerschein* habe. *Illegal* ist hingegen, daß ich unterwegs einen Anruf von einem alten *Freund* auf meinem Handy entgegennehme. Sobald ich im *Büro* angekommen bin, nimmt das Gewicht der institutionellen Realität zu. Ich arbeite am *Philosophischen Seminar* der *University of California* in *Berkeley*. Umgeben bin ich da von *Studierenden, Kollegen* und *Universitätsangestellten*. An der *Universität* halte ich *Lehrveranstaltungen* ab und lasse dazu die *Studierenden* alle möglichen *Leistungsnachweise* erbringen." (ebd.)

Searle führt die Schilderung noch weiter, aber schon diese ersten Beispiele dürften ausreichen, eine Ahnung davon zu bekommen, um was es hier geht. Es wird auch schon deutlich, dass hier ein sehr weiter Begriff von ‚Institution' verwendet wird – es sind so verschiedene Dinge eingeschlossen wie Ehe, Privateigentum, Universitätsseminare oder Freundschaft. Was, so mag man sich fragen, sind dann keine Institutionen? Sind ‚Haus', ‚Auto' oder ‚Handy' nicht auch soziale Konzepte oder Gegenstände? In gewisser Hinsicht sind sie das, nämlich wenn man sie als sprachliche institutionelle Tatsachen betrachtet. Wir kommen darauf noch zurück. Man muss berücksichtigen, dass es hier um Referenz geht; es geht darum, auf was für eine Art von Gegenständen man mit sprachlichen Ausdrücken *verweist*. Und letztlich sind das im Fall von Häusern, Autos oder Handys physikalische bzw. physikalisch beschreibbare Dinge, während es sich bei den kursiv gedruckten Gegenständen in gewisser Hinsicht noch nicht einmal um Gegenstände im landläufigen Sinne handelt: Man kann sie weder sehen, fühlen noch riechen. Man kann ein Gebäude sehen und sagen „Das ist die Universität Bielefeld", aber was man wirklich sieht, ist ein (Universitäts-)Gebäude, nicht die Universität. Oder man kann auf eine Gruppe von Menschen zeigen und sagen „Das sind Studierende", aber was sie zu Studierenden macht, ist nicht wirklich das, was man sehen oder messen kann (ihr Alter, ihr Gewicht, ihre Blutgruppe etc.).

Trotz dieser Einschränkung auf nicht-sprachliche Tatsachen haben wir hier einen sehr weit gefassten Begriff von Institution. Wenn SoziologInnen diesen Ausdruck verwenden, dann meistens in einem engeren Sinn. Zum Beispiel sind oft Tatsachen gemeint, die auch von einem anderen Begriff mit abgedeckt werden, dem der Organisation, so etwa in der Rede vom „Vertrauen in Institutionen". Es sind dann soziale Einheiten bezeichnet, die über einzelne Personen und Kleingruppen hinausgehen (und von deren reibungslosem Funktionieren der Einzelne vertrauensvoll ausgeht): die katholische Kirche, der Bundestag, die Justiz, die

Polizei, die Gewerkschaften. Es sind dabei aber keine Personengruppen als solche angesprochen; die Laien und Kleriker, die Parlamentsangehörigen, die JuristInnen sind zwar Teil einer Institution, sie machen sie aber nicht aus. Auch konkrete Organisationen – ein bestimmter Verein, eine bestimmte Gewerkschaft, Partei usw. – werden in der Regel nicht als Institutionen bezeichnet.[13] Es geht vielmehr um abstrakte Einrichtungen, die ‚irgendwie' zu einem Gemeinwesen dazugehören, die zu seinem Funktionieren, seinem Erhalt und für seine besondere Erscheinungsweise als erforderlich angesehen werden. In diesem Sinne kann man auch von der Familie als Institution sprechen. Ein noch weiteres Verständnis vertritt etwa Mary Douglas (1986) in ihrem Buch „How Institutions Think": Institutionen sind hier Deutungskomplexe des Weltverständnisses, die kennzeichnend für eine bestimmte Kultur sind und die entsprechend auch die Weltsicht und das Denken der einzelnen Gesellschaftsmitglieder entscheidend prägen.

Im Allgemeinen aber deckt sich der soziologische Begriff von ‚Institutionen' weitgehend mit Verwendungsweisen, die auch die Alltagssprache kennt. Wenn wir beispielsweise sagen „Der Schorsch ist eine Institution im Dorf", dann sind mit einer solchen Rede mindestens diese zwei Dinge impliziert: Schorsch muss erstens für irgendetwas stehen, im weiteren Sinne eine Funktion haben, etwa weil er als Wirt der Dorfkneipe über alles im Dorf Bescheid weiß und alle zu ihm gehen, wenn sie auf dem Laufenden bleiben wollen. Und zweitens kennen ihn alle und wissen um diese Funktion. Ganz ähnlich wird der Begriff in der Soziologie verwendet. Sie versteht unter Institutionen soziale Einrichtungen, denen erstens eine herausgehobene gesellschaftliche Bedeutung zukommt und die zweitens allgemein anerkannt sind. Das trifft für die katholische Kirche, den Bundestag, die Justiz, die Post, die Arbeitsagentur usw. zu, allerdings nicht für Lehrveranstaltungen, Studierende oder Studiennachweise. Dass Searle dennoch diese und noch viel mehr Dinge zu den institutionellen Tatsachen zählt, liegt daran, dass für ihn das zweite Moment der allgemeinen Anerkennung entscheidend ist. Eine *herausgehobene* gesellschaftliche Bedeutung ist dann nebensächlich; Hauptsache, es gibt überhaupt eine gesellschaftliche Bedeutung.

Dieses Moment der allgemeinen Anerkennung tritt auch in der Soziologie in den Vordergrund, wenn man davon spricht, etwas sei „institutionalisiert". Man meint damit, dass ein konkreter Anspruch, ein Status, eine Zuständigkeit, eine Erwartung usw. in einem historischen Prozess fest verankert und etabliert wird, kurz: dass etwas *gilt*. Man kommt also zu einem ähnlich weiten Begriff von Institution.

---

13 Es gibt aber Ausnahmen. Wenn man zum Beispiel im Anschluss an Goffman (1973) von einer „totalen Institution" spricht, kann damit durchaus eine konkrete psychiatrische Anstalt oder ein konkretes Gefängnis gemeint sein.

Diesem Gedanken wollen wir im Folgenden weiter nachgehen und den Zusammenhang zwischen sozialen Gegenständen und allgemeiner Geltung untersuchen. Wir behandeln ‚Institution' damit als *den* soziologischen Schlüsselbegriff, das heißt als das, was soziale Tatsachen erst als eigenständige, als eine „Realität sui generis", wie Emile Durkheim (1984) das programmatisch benannte, ausweist. Das heißt, Institutionen sind objektive – weil allgemein geltende – Bedeutungsstrukturen.

Eine prominente Theorie, die Institutionen im Zusammenhang ihrer Genese behandelt, haben Peter L. Berger und Thomas Luckmann (1969) vorgelegt. Im Anschluss vor allem an Arnold Gehlen (1956) verstehen sie Institutionen im Wesentlichen als (Bündel von) Problemlösungen, die gesellschaftlich voreingerichtet sind und die Einzelnen situativ von Handlungsentscheidungen entlasten. Die Entstehung von Institutionen wird dabei an konkrete Entscheidungssituationen gebunden. Ausgangspunkt sind Handlungen, die man häufig wiederholt, die sich also als Lösungen in der Auseinandersetzung mit der natürlichen oder sozialen Umwelt bewährt haben. Diese Handlungen, so die Autoren, tendieren dazu, von den Handelnden wie ein Modell oder Muster behandelt zu werden; sie werden „habitualisiert", es bilden sich individuelle Routinen oder Gewohnheiten. Schon auf dieser ersten Ebene der Institutionalisierung findet sich ein Moment der Handlungsentlastung, das auch geeignet ist, den Prozess der Habitualisierung zu erklären. Denn der Vorzug einer modellhaften Reproduktion bewährter Handlungsweisen besteht darin, dass man nicht jedes Mal die Situation neu bestimmen und aufs Neue Handlungsalternativen erwägen und ausprobieren muss.

Institutionen sind aber, wie gesehen, keine individuellen, sondern über-individuelle Angelegenheiten. Nach Berger und Luckmann (ebd.) ist dafür zunächst eine zweite Ebene der Institutionalisierung erforderlich: eine wechselseitige Typisierung (siehe auch Kapitel 9) der habitualisierten Handlung durch die Handelnden. Dabei wird nicht nur die Handlung selbst als Muster aufgefasst (‚eine Handlung des Typus X'), sondern auch die Handelnden (‚Handelnde des Typus Y'). So wird beispielsweise aus einer bestimmten Art, mit Ton umzugehen, ‚töpfern', und aus der Person, die diese Handlungen ausführt, eine ‚Töpferin'. Derartige Typisierungen werden Allgemeingut, sie gehen in den allgemeinen Wissensvorrat ein. Dies jedenfalls unter der Bedingung, dass die betreffenden Handlungen für die Beteiligten in ihrer gemeinsamen Situation relevant sind. Die Muster stehen dann den Gesellschaftsmitgliedern als bewährte Weisen des Handelns zur Verfügung.

Auf dieser zweiten Ebene sind die Institutionen noch sehr an ihre Ursprungssituation gebunden; sie sind noch als Muster bewährter Problemlösungen erkennbar, die Handelnde gefunden haben. Nun kennzeichnet die vollentwickelte ‚institutionale Welt' aber ein erhebliches Maß an ‚Objektivität', das heißt, die Institutionen stehen den Gesellschaftsmitgliedern als eine gegebene Wirklichkeit – wie eine zweite Na-

3 Institutionen

tur – gegenüber. Dies führen die Autoren auf eine dritte, entscheidende Ebene der Institutionalisierung zurück: die Sozialisierung der Muster. Erst in der Weitergabe an die nächste Generation verlieren die Muster an Situationsgebundenheit, sie werden generalisiert und normativiert – und zwar auch für die Elterngeneration: „Aus dem ›Da wären wir wieder einmal‹ wird ein ›So macht man das‹." (Berger/Luckmann 1969: 63). Das, was ursprünglich eine tätige Auseinandersetzung mit bestimmten Handlungsproblemen war, wird im Gefolge eines solchen Institutionalisierungsprozesses den Gesellschaftsmitgliedern als zu befolgendes Muster normativ angesonnen. Der Problemlösungscharakter ist für die derart Einsozialisierten nicht mehr Teil ihrer lebendigen Erfahrung. Gleichwohl ist er aus der Perspektive beobachtender Dritter – eben aus der Perspektive von SoziologInnen – feststellbar.

Die Vorstellung, dass Institutionen voreingerichtete Lösungen für Probleme sind, die Gesellschaftsmitglieder regelmäßig vorfinden und zu bewältigen haben, aber eben jetzt nicht mehr selbst Energie dafür aufwenden müssen, eine Lösungsstrategie zu finden, hat einiges für sich. Man kennt das: Man betritt zu Semesterbeginn das erste Mal den noch leeren Seminarraum und muss sich einen Platz aussuchen. Dazu muss man die Kriterien, die man hat, in Anschlag bringen, abwägen und sich entscheiden. Beim nächsten Mal schon wird man dazu tendieren, denselben Platz zu nehmen – jedenfalls wenn die Bedingungen und die Kriterien die gleichen sind. Warum? Um sich die Mühe einer erneuten Entscheidungsfindung zu ersparen. Und so ähnlich kann man sich das auch bei einer Vielzahl gesellschaftlicher Einrichtungen vorstellen: ‚rechts vor links‘, ‚wer den Raum betritt, grüßt zuerst‘, ‚hinten anstellen‘ – all das lässt sich als Lösungen für typische Problemlagen verstehen. Das Modell lässt sich auch im größeren Maßstab denken. Politische Institutionen sind dann Lösungen für das Problem kollektiver (und bindender) Entscheidungsfindung, Gesetze sind Problemlösungen für immer wiederkehrende Konfliktfälle, Religionen sind Problemlösungen für individuelle Sinnfragen.

Aber dieses Konzept hat Grenzen. Zum einen lassen sich nicht alle Institutionen als Lösungen für *vorgefundene* Probleme verstehen. Für Berger und Luckmann (ebd.) bilden den Ausgangspunkt immer irgendwie ‚sachlich‘ gegebene Probleme in der Auseinandersetzung mit der natürlichen oder sozialen Umwelt. Aber wie wir sehen werden, gibt es auch Institutionen, die Handlungsprobleme überhaupt erst begründen, das heißt, analytisch betrachtet sind die Probleme ohne Institutionen gar nicht denkbar. Zum anderen ist in diesem Konzept unterbelichtet, was Institutionen *als Institutionen* kennzeichnet. Diese Frage ist in der Vermittlungskonzeption versteckt. Denn hier passiert noch mehr als eine symbolische Ausgestaltung und Ablösung vom Zusammenhang lebendiger Erfahrung. Die Weitergabe erfolgt von vornherein nicht im Modus von Erfahrungsbeständen, sondern im Modus eines kollektiven Wissens. Nicht ‚meine/unsere Erfahrung wird zu eurem Wissen‘, sondern es ist von vornherein ‚unser Wissen' bzw. ‚so, wie wir es machen'. Aber was ist es, das diese ‚Kollektivität' kennzeichnet? Mit anderen Worten: Wie müssen wir uns die soziale *Geltung* von Institutionen vorstellen?

Das ist der Punkt, an dem wir auf Searle zurückkommen. Die Theorie, die er über viele Jahrzehnte hinweg entwickelt hat (u. a. Searle 1969, 1994, 2012), vereint eine Reihe von Vorzügen. Sie stellt ein allgemeines Konzept bereit, das den engeren soziologischen Begriff von Institutionen mit umfasst; ein Konzept, das nicht nur beschreibt, was man unter Institutionen verstehen soll, sondern das ihre Struktur einschließlich ihrer Bedeutung für die Strukturbildung in Interaktionen erklärt. Dabei wird auch das Verhältnis von institutionellen Tatsachen und Sprache geklärt. Und schließlich versorgt die Theorie die Sozialwissenschaften mit einem eleganten Modell zur Bestimmung ihres Gegenstandsbereichs.

Searles Perspektive ist – wie vielleicht schon deutlich wurde – eine andere als die von Berger und Luckmann. Während Letztere sich im Grunde mit einem soziologischen Vorverständnis von sozialen Institutionen die Frage stellen, wie sie aus individuellem Handeln entstehen können und sukzessive einen ‚objektivierten' Status für die Gesellschaftsmitglieder gewinnen, fragt sich Searle grundsätzlicher, was eigentlich den Gegenstandsbereich der Sozialwissenschaften im Unterschied zum Gegenstandsbereich der Naturwissenschaften ausmacht. Was kennzeichnet soziale Tatsachen im Unterschied zu natürlichen Tatsachen? Ausschlaggebend ist dabei die Frage, ob die Tatsachen beobachterunabhängig sind oder nicht (Searle 1995). Ersteres ist bei den „brute facts", den ‚nackten Tatsachen' der natürlichen Welt der Fall, wie etwa in „Auf dem Gipfel des Kilimandscharo liegt Schnee" oder „Das Wasserstoffatom besitzt ein Elektron". Auch wenn derartige Tatsachen von ‚Beobachtern' gedacht und sprachlich formuliert werden, müssen wir davon ausgehen, dass das, was so gedacht und formuliert wurde, nicht aufhört zu existieren, auch wenn es menschliche Beobachter gar nicht mehr gäbe. Das ist bei institutionellen Tatsachen wie „Das ist eine 10-Euro-Note" anders. Beobachterunabhängig gibt es nur ein Stück Papier. Zu Geld wird es erst durch eine Art Übereinkunft der Beobachter: indem wir das Stück Papier als Geld ansehen. Das Gleiche gilt übrigens auch für Lehrveranstaltungen, Studierende und Studiennachweise – auch sie werden zu Tatsachen erst dadurch, dass wir sie dafür halten. Wie muss man sich dies genauer vorstellen?

Eine erste Voraussetzung für Institutionen ist die Zuschreibung von Status-Funktionen. Gemeint ist damit eine Fähigkeit, die humane Sozialität wesentlich von subhumaner Sozialität unterscheidet: Menschen können Dingen oder Personen Funktionen zuweisen, die diese Dinge oder Personen nicht allein aufgrund der ihnen eigenen physikalischen Eigenschaften erfüllen können. Das lässt sich am Beispiel der 10-Euro-Note gut verdeutlichen. Sicherlich hat dieses Stück Papier einige

3 Institutionen

Eigenschaften, die es gut als Geld qualifizieren, zumindest besser als andere Stücke Papier.[14] Aber was die Funktion eines allgemein geltenden Zahlungsmittels angeht, so folgt sie offensichtlich nicht aus diesen Eigenschaften. Jede Währungsreform kann einem das vor Augen führen. Oder nehmen wir einen Brief: Zur Status-Funktion des Briefs gehört, dass er nur für den Empfänger bestimmt ist. Aber auch dies folgt nicht allein aus der Eigenschaft des verschlossenen Umschlags, der den Inhalt ja nur begrenzt physisch schützt. Entscheidend ist wiederum die allgemeine Anerkennung der Status-Funktion. Sie bringt uns dazu, auch gänzlich ungeschützte Botschaften wie Postkarten nicht zu lesen, wenn sie nicht an uns adressiert sind.

Searles (2012) Beispiel zur Verdeutlichung des Unterschieds zwischen Funktionen qua physikalischen Eigenschaften und zugeschriebenen Status-Funktionen sieht so aus: Stellen wir uns eine Mauer um ein Dorf herum vor. Sie stellt vor allem eine physische Barriere dar, um wilde Tiere oder Feinde abzuhalten. Im Laufe der Zeit verfällt die Mauer, bis nur noch eine Steinreihe übrigbleibt. Jetzt ist es aber denkbar, dass diese Steinreihe von den Bewohnern weiter als etwas anerkannt wird, was sie physisch nicht mehr verkörpert: als eine ‚Grenze'. Entscheidend dafür ist nun allein die allgemeine Anerkennung. Das Grundmodell der Zuweisung von Status-Funktionen, die in allen Institutionen enthalten ist, wird von Searle in folgende Formel gebracht: Einem Gegenstand X (hier: der Steinreihe) wird im Kontext K (hier: des Dorfs) die Status-Funktion Y (hier: Grenze) zugewiesen.[15]

Es ist wichtig zu sehen, dass daraus etwas für das Handeln folgt. Die zugeschriebenen Status-Funktionen sind nicht ‚bloße Symbole', sondern sie sind generell mit – wie Searle es nennt – „deontischer Macht" („deontic powers", Searle 2012) versehen, das heißt, mit ihnen sind Rechte, Verpflichtungen, Ansprüche usw. verbunden. Indem wir Institutionen erzeugen, machen wir einen (praktischen) Unterschied im sozialen Leben. Und der Sinn einer konkreten Institution besteht in der spezifischen deontischen Macht, die mit ihr verbunden ist. Im Fall der durch die Steinreihe markierten Grenze des imaginären Dorfs wäre beispielsweise denkbar, dass man diesseits der Grenze zu Solidarleistungen gegenüber jeder Person verpflichtet ist und selbst einen entsprechenden Anspruch darauf hat, jenseits der Grenze aber nicht. In der tatsächlichen sozialen Welt ist mit der Status-Funktion des ‚Staatsbürgers' unter anderem das Wahlrecht, mit der Status-Funktion der ‚Freundin' unter

---

14 Eine dieser Eigenschaften ist, dass sie technisch gesehen nicht wirklich aus Papier besteht.
15 Es geht bei dem Beispiel nur um eine Veranschaulichung von physikalischen Eigenschaften von Dingen und der Zuschreibung von Status-Funktionen. Searle will damit weder die These vertreten, dass sich Status-Funktionen generell aus physikalischen Eigenschaften abgeleitet haben, noch soll damit im Sinne der Vorstellungen Bergers und Luckmanns nahegelegt sein, dass Institutionen grundsätzlich ihren Ausgangspunkt in der lebendigen Erfahrung Einzelner haben.

anderem die Verpflichtung zur Loyalität und mit der Status-Funktion des ‚Büros' unter anderem die Beschränkung auferlegt, hier keine privaten Partys zu feiern. Die Rede von deontischer *Macht* ist nicht metaphorisch zu verstehen. Mit Institutionen gehen verpflichtende Handlungsanforderungen einher, die von unseren subjektiven Neigungen und Wünschen unabhängig sind.[16] Sie folgen gleichsam unmittelbar aus den geltenden Status-Funktionen selbst. Wir müssen sie uns nicht erst zu eigen machen, unsere Haltung dazu prüfen, sie zum Motiv unseres Handelns machen usw., damit sie ihre interaktionsstrukturierende Kraft entfalten können, sondern das tun sie aus sich heraus. Wenn es die zugeschriebene Status-Funktion gibt, gibt es auch die mit ihr jeweils verbundenen Rechte usw., ganz unabhängig davon, wie wir uns dazu stellen. Wenn also zur Status-Funktion des Staatsbürgers das Recht, an Wahlen teilzunehmen, und die Verpflichtung, Steuern zu zahlen, gehören, dann *hat* die Person das Recht auf die Teilnahme an Wahlen und *ist* verpflichtet, Steuern zu zahlen, unabhängig davon, ob ihr persönlich Ersteres überhaupt wichtig ist und Zweiteres gefällt. Dabei ist die Quelle der deontischen Macht nicht eine rechtliche Sanktionierung, auch wenn viele institutionelle Tatsachen darüber verfügen, sondern die Geltung der zugeschriebenen Status-Funktion selbst. Wenn zur Status-Funktion der guten Freundin ein gewisses Maß an Loyalität und Solidarität gehört, dann *bin* ich als gute Freundin zu diesen Leistungen verpflichtet. Und wenn zur Status-Funktion des Büros gehört, hier keine privaten Partys zu feiern, dann *unterliege* ich dieser Beschränkung.

Dies ist nicht identisch mit ‚Konformität'. Wenn mit Status-Funktionen eine deontische Macht einhergeht, dann heißt das nicht, dass wir derartige Rechte, Verpflichtungen oder Ansprüche immer und in jedem Fall erfüllen. Wir können ihnen durchaus zuwiderhandeln. Aber erstens bedeutet nicht jede Verletzung von Rechten und Verpflichtungen eine Infragestellung ihrer Geltung. Ein Diebstahl ist in aller Regel gleichzeitig eine Verletzung des Eigentumsrechts einer anderen Person und eine Anerkennung der Institution des Privateigentums, denn die Diebin möchte das Gestohlene ja zu ihrem Privateigentum machen. Und ein Bigamist wird nicht damit rechnen, dass die zweite oder dritte Frau, die er heiratete, ebenfalls einen zweiten oder dritten Mann heiraten wird (oder schon geheiratet hat). Zweitens ist angesichts des „Meeres institutioneller Tatsachen", in dem wir schwimmen, die Verletzung institutioneller Anforderungen immer die Ausnahme. Wenn wir auch Rechte und Verpflichtungen, die mit bestimmten Institutionen verbunden sind, verletzen mögen, dann werden wir noch in den Akten der Verletzung wie selbstverständlich andere Institutionen anerkennen. Selbst wenn ‚für uns' das Privateigentum oder

---

16 Auf dieses Moment der Verpflichtung verweist auch der philosophische Begriff „deontisch" beziehungsweise „Deontologie".

3 Institutionen

die Exklusivitätsanforderung einer Ehe nicht gelten sollten, dann werden wir in unserem Handeln doch die Geltung der Institutionen ‚Führerschein', ‚Arbeit', ‚Büro' oder ‚Bundeskanzlerin' usw., einschließlich der mit ihnen verbundenen deontischen Macht, nicht in Frage stellen. Drittens ist im Unterschied zur Befolgung jede Zuwiderhandlung oder Verletzung von Rechten und Verpflichtungen begründungsbedürftig. Man kann daraus geradezu ein gedankenexperimentelles Testkriterium machen: Wenn man im Zweifel ist, ob eine Status-Funktion wirklich gilt, kann man sich fragen, welche darauf bezogenen Handlungsweisen begründungspflichtig sind und welche nicht. Nehmen wir die Frage, ob weibliche Erwerbstätigkeit mittlerweile institutionalisiert ist. Das würde bedeuten, dass zur Status-Funktion ‚vollgültiges Gesellschaftsmitglied' (Y) in modernen westlichen Gesellschaften (K), die Frauen (X) zugeschrieben ist, auch die Verpflichtung gehört, einen Beruf zu haben und einer Erwerbsarbeit nachzugehen. Um dies zu bestimmen, wäre die Frage dann, welches Handeln begründungsbedürftig ist: Ist es heutzutage begründungsbedürftig, als erwachsene Frau keiner Erwerbsarbeit nachzugehen (zum Beispiel in Form eines „Wenn ich arbeiten würde, anstatt mich um den Haushalt und die Kinder zu kümmern, würde sowieso das ganze Einkommen für Hort und Haushaltshilfe ausgegeben"), oder ist es begründungsbedürftig, einer Erwerbsarbeit nachzugehen (zum Beispiel in Form eines „Ich arbeite nur deshalb, weil das Einkommen meines Mannes im Augenblick für uns nicht reicht")?

Die deontische Macht, die mit der Zuschreibung ‚X gilt als Y im Kontext K' verbunden ist, ist keine ‚Norm' (siehe Kapitel 7), auch wenn mit Institutionen normative Erwartungen oder Ansprüche oftmals verbunden sind. Die Verpflichtung zur Abgabe von Steuern ist rechtlich – und damit normativ – sanktioniert; man kann sagen, dass Freunde zusammenhalten müssen, und es gibt auch Vorschriften darüber, was man im Büro nicht zu tun hat. Aber die Wirkungsweise ist grundlegender. Normen beziehen sich auf die deontische Macht von Status-Funktionen, aber nicht umgekehrt; die deontische Macht folgt also nicht aus den normativen Vorgaben oder Ansprüchen. Das werden wir im Folgenden versuchen, noch deutlicher zu machen. Hier soll zunächst der Hinweis genügen, dass man die grundlegendere Bedeutung institutioneller Handlungsanforderungen daran sieht, dass immer nur ein Teil von ihnen Eingang in normative Ansprüche gefunden hat. Ein Großteil dessen, was zur Staatsbürgerin, zum guten Freund oder zum Büro ‚dazugehört', bleibt implizit – aber deshalb nicht weniger handlungswirksam.

Bei all dem muss man natürlich berücksichtigen, dass man den deontischen Anforderungen von Institutionen nicht nur entsprechen oder zuwiderhandeln, sondern sie auch kritisieren kann. Selbstverständlich gibt es institutionellen Wandel, und zu einem großen Teil ist der Ausgangspunkt dieses Wandels die kritische

Überprüfung von Institutionen.[17] In der Folge können gänzlich neue Status-Funktionen geschaffen werden, der Geltungsbereich bestehender Status-Funktionen kann erweitert beziehungsweise eingeschränkt werden oder die mit der deontischen Macht verbundenen Rechte und Verpflichtungen können geändert werden. Darauf brauchen wir an dieser Stelle nicht einzugehen. Wichtig ist hingegen zu betonen, dass das ‚Zwingende' von Institutionen sich darin zeigt, dass auch die Kritik noch die Anerkennung der Geltung der kritisierten Status-Funktions-Zuschreibung notwendig miteinschließt. Wenn sie nicht gelten würde, bräuchte man sie ja gar nicht abzuschaffen. Und der Erfolg der Kritik spezifischer Institutionen hängt davon ab, ob im Rahmen sozialer Kämpfe die Veränderungen in der Formel ‚X gilt als Y im Kontext K' auch allgemeine Anerkennung finden.

Dieser Aspekt der wechselseitigen Übereinkunft, des Akzeptierens oder eben der allgemeinen Anerkennung ist also von entscheidender Bedeutung für das ganze Konzept institutioneller Tatsachen. Wie hat man das zu verstehen? Man könnte meinen, es gehe um eine Art wertendes Urteil, um eine Ja/Nein-Stellungnahme zu einem Geltungsanspruch, der erhoben wird. So, wie man Institutionen kritisieren kann, könnte man sich ja auch mit ihnen einverstanden erklären. Und wenn ein überwiegender Teil der Bevölkerung die Zuschreibung einer konkreten Status-Funktion befürwortet, hat sie dann nicht allgemeine Anerkennung gefunden? Interessanterweise ist das tatsächlich *nicht* der Fall. Natürlich kann man sich mit Institutionen wie Ehe, Privateigentum, Parlamentarismus oder Führerschein einverstanden erklären. Und unter dem Aspekt sozialer Integration ist es sicherlich wichtig, dass die entscheidenden politischen und rechtlichen Institutionen von einem möglichst großen Teil der Bevölkerung auch befürwortet werden. Aber das ist hier nicht mit ‚Anerkennung' gemeint. In der hier vertretenen Konzeption ist Anerkennung keine Frage des Grades, und es geht auch nicht um ‚billigen' oder ‚gutheißen'. Man muss sich die Geltung einer Status-Funktions-Zuschreibung vielmehr wie die Geltung einer Spielregel vorstellen, und die Anerkennung vollzieht sich, indem wir nach den Regeln spielen.

In diesem Zusammenhang ist die Unterscheidung von zwei Grundtypen von Regeln – konstitutiven und regulativen Regeln – wichtig, die Searle (1969) schon im Zusammenhang seiner Sprechakttheorie vorgestellt hat. Während regulative Regeln (wie die Regeln des Straßenverkehrs) eine schon vorgängig bestehende

---

17 Ohne diesen Punkt hier weiter verfolgen zu können: Eine Kritik kann sich unter anderem auch an Unklarheiten darüber entzünden, was alles zu den mit Institutionen verbundenen Anforderungen gehört. Es gibt immer auch unklare Fälle: Wo sind die Grenzen der staatsbürgerlichen Verpflichtungen? Wo endet die Loyalitätsverpflichtung in Freundschaften? Welche privaten Dinge kann ich legitimerweise im Büro erledigen?

3 Institutionen

Praxis regulieren, erzeugen konstitutive Regeln (wie die des Schachspiels) überhaupt erst die Praxis, die sie regulieren. Während regulative Regeln uns nahelegen, *dass und wie* wir bestimmte Dinge *tun sollen* („Bei Rot halten/bei Grün fahren", „Üb' immer Treu und Redlichkeit", „Lass dich nicht von Fremden ansprechen"), sagen uns konstitutive Regeln immer auch, *was* bestimmte Dinge *sind* („Ein Tor ist erzielt, wenn der Ball in vollem Umfang die Torlinie überschritten hat", „Der erstgeborene Sohn erbt den Hof").

Diese Unterscheidung ist von erheblicher Tragweite, aber nicht leicht nachzuvollziehen. Auch Anthony Giddens (1992: 71f.) hat seine Schwierigkeiten damit. Er vertritt die Ansicht, dass sich schon an der „etymologischen Schwerfälligkeit" des Begriffs der regulativen Regel zeige, dass daran etwas nicht stimme (in „regulativ" sei „Regel" ja schon enthalten). Es handle sich weniger um zwei unterschiedliche Typen von Regeln als eher um zwei Aspekte, die alle Regeln aufweisen: Sie verfügten sowohl über „sanktionierende" als auch „definierende" Aspekte. So würde etwa eine Regel, dass alle ArbeiterInnen um acht Uhr morgens die Stechuhr bedienen müssen, in die Definition eines Konzepts von industrieller Bürokratie eingehen. Damit geht Giddens davon aus, dass die Unterscheidung zwischen „regulativ" und „konstitutiv" beiseitegeschoben werden kann – aus mikrosoziologischer Perspektive allerdings um den Preis, dass er den entscheidenden Punkt dabei verfehlt und in seiner Sozialtheorie nicht nutzbar machen kann. Denn natürlich können uns alle möglichen Regeln etwas über soziale Praxis sagen, sie tragen zu ihrem Verständnis bei und wir können unsere soziologischen Konzepte mit ihnen entwickeln. Aber darum geht es bei der Unterscheidung nicht. Es geht vielmehr um unterschiedliche Arten, *in* sozialer Praxis zu *wirken*. Und in dieser Hinsicht unterscheiden sich die zwei Typen von Regeln grundlegend.

Wir wollen zur Verdeutlichung der Unterscheidung – wie in anderen Darstellungen auch – mit einem Beispiel aus dem Bereich ‚Spiel und Sport' beginnen, nämlich den Regeln des Fußballspiels. Was sind also hier konstitutive Regeln, die die Praxis des Fußballspiels erst erzeugen? Es ist zunächst erforderlich, genauer einzugrenzen, welche Praxis man in den Blick nehmen will: Straßenfußball, Hallenfußball oder Turnierfußball auf dem Platz? Nehmen wir Letzteres. Als nächstes muss man sich von der Vorstellung verabschieden, „konstitutiv" heiße, dass diese Regeln vor allem grundlegend für das *Erscheinungsbild* dieses Sports seien; denn dann käme ziemlich viel Heterogenes zusammen, von der Abseitsregel über die erlaubte Größe des Spielfeldes bis hin zur Konvention, dass Turnierfußball nicht in Badehosen gespielt wird. Die entscheidende Frage ist vielmehr, ob eine soziale Praxis (des Spiels) überhaupt *zustande kommt*.

Der gedankliche Test sieht dann so aus: Stellen wir uns zwei Mannschaften vor, von denen die eine unter Bedingungen der Geltung einer bestimmten Regelkombination spielt, die andere unter Bedingungen einer anderen. Beide treffen auf einem Allzweckspielfeld aufeinander, wie es sie auf Schulhöfen gibt, das heißt die äußeren Vorkehrungen (Markierungen, Körbe, Tore usw.) für unterschiedliche Mannschaftsspiele sind gegeben. Was passiert? Wenn Mannschaft A dem eigenen und unerschütterlichen Selbstverständnis nach Fußball spielen würde, während Mannschaft B ebenso unerschütterlich der Meinung ist, hier würde Basketball gespielt, würde kein einziger kooperativer Spielzug zustande kommen. Sobald die SpielerInnen der Mannschaft A den Ball mit dem Fuß kicken, würden die der Mannschaft B konsterniert auf dem Feld verharren, protestieren usw. Und sobald die SpielerInnen der Mannschaft B sich den Ball zuwerfen, würde Mannschaft A protestieren. Man sieht sofort den entscheidenden Punkt: Es würde gar nicht gehen. Es könnte keine gemeinsame Praxis zustande kommen, jedenfalls nicht im Sinne eines Spiels. Konstitutive Regeln sind die, die dafür entscheidend sind.

Umgekehrt kann man sagen, dass dann, wenn unterschiedliche Auffassungen hinsichtlich der Geltung einer Regel dazu führen, dass eine kooperative soziale Praxis nicht zustande kommen kann, dies ein Hinweis darauf ist, dass es sich bei dieser Regel um eine konstitutive Regel handelt. Nehmen wir zum Beispiel die Abseitsregel beim Fußball und stellen wir uns zwei Mannschaften vor, von denen eine unter Maßgabe der Geltung der Abseitsregel spielt, die andere nicht. Was würde passieren? Anders als beim ersten Beispiel würde das Spiel zwar eine gewisse Weile dauern. Aber mit der ersten Abseitssituation wäre es faktisch beendet, denn die eine Mannschaft würde dies grundsätzlich als regulären (bzw. irregulären) Spielzug ansehen und die andere nicht. Auch wenn es sich nur um eine Regel handelt, die sich auf bestimmte Spielsituationen bezieht, ist eine Basis für die Kooperation im Spiel grundsätzlich nicht gegeben.

Mit diesem Test kann man auch sehen, dass die Regeln der taktischen Aufstellung, die von erheblicher Bedeutung für das Erscheinungsbild des Spiels sind, dagegen keine konstitutiven Regeln sind, sondern regulative. Sie regeln das, was ein Fußballspiel (nach geltenden Turnierregeln) ist, indem sie die Mannschaften nach Kriterien der Effektivität organisieren. Das kann man machen, in dem man differenzierte Regeln für die Rollenzuweisung festlegt (Verteidigung, Mittelfeld, Sturm; Viererkette oder Libero, klassischer Sturm oder offensives Mittelfeld usw.). Man kann es aber auch so machen, dass man im Wesentlichen nur der Grundregel ‚immer nah am Ball sein' folgt, wie das manchmal bei Spielen der G-Jugend (die Spieler sind jünger als sieben Jahre) der Fall zu sein scheint. Es ist zweifelsohne sinnvoll, irgendeiner Regel zu folgen, die die Spielweise der Mannschaft organisiert. Entscheidend ist aber, dass dies unerheblich für den Ablauf der kooperativen Praxis des Spiels als solche ist. Das, was auf dem Platz geschieht, wenn zwei Mannschaften aufeinandertreffen, die in dieser Hinsicht unterschiedliche Regelvarianten gewählt

3 Institutionen

haben, mag kein schönes Spiel sein oder – aus Sicht einer Mannschaft – kein effektives, aber es ist eine im Prinzip erfolgreich ablaufende soziale Praxis, die nach neunzig Minuten ein Ende findet, und dann hat eine Mannschaft gewonnen oder es steht unentschieden.

Diese Beispiele sind auch geeignet, um noch einmal zu verdeutlichen, dass die Anerkennung von konstitutiven Regeln keine Frage des Grades oder der Zustimmung sein kann. Entweder sind die Regeln die Grundlage des Handelns oder sie sind es nicht, und dann ist es ein anderes Spiel. Für die Praxis ist es auch unerheblich, ob ich die Abseitsregel gut oder schlecht finde. Entscheidend ist, dass sie gilt und dass ich in meinem Handeln ihre Geltung bestätige. Das tue ich auch dann, wenn ich aus einer Abseitsposition heraus ein Tor erziele und dann akzeptiere, dass dieses Tor nicht gilt. Und wenn ich die Entscheidung akzeptiere, auch wenn ich nicht der Meinung bin, dass es sich um eine Abseitsposition handelte, dann bestätige ich eine andere konstitutive Regel – nämlich die, dass die Entscheidung der Schiedsrichterin in jedem Fall gilt.

Bei ‚Spiel und Sport' handelt es sich allerdings um besondere, außeralltägliche Praxisformen. Wie ist es nun im ‚wirklichen' sozialen Leben? Was sind konstitutive Regeln der alltäglichen Interaktion? Diese Frage ist aus mindestens zwei Gründen schwerer zu beantworten als im Fall von Spielregeln (und das ist wahrscheinlich auch der Grund, warum Letztere gern als Beispiel genommen werden). Zum einen spielen in alltäglichen Interaktionen eine größere Fülle institutioneller Tatsachen eine Rolle, von denen viele zudem nicht spezifisch für die konkrete Interaktion sind. So ist ‚Privateigentum' nicht nur für Geschäftsbeziehungen relevant, sondern auch dann, wenn ein Freund einen anderen zum Bier einlädt oder wenn eine Nachbarin einer anderen einen Eimer Pflaumen schenkt. Mit all diesen institutionellen Tatsachen sind Systeme konstitutiver Regeln verbunden. Wir leben eben tatsächlich in einem „Meer institutioneller Tatsachen". Das macht die Dinge sehr komplex. Es muss also klar sein, dass sich die Beantwortung der Frage immer nur auf einen Ausschnitt der jeweils betrachteten Interaktion beziehen kann. Zum anderen sind die konstitutiven Regeln, die alltägliche Interaktion strukturieren, meistens nicht kodifiziert. Es gibt kein ‚Regelwerk', an dem wir uns orientieren und auf das wir zurückgreifen können. Wir folgen ihnen in der Praxis primär so, wie wir den Regeln der Sprache folgen, nämlich ohne sie wirklich zu ‚kennen', das heißt ohne angeben zu können, wie die Regeln tatsächlich aussehen, denen wir folgen. Das ist die „Unsichtbarkeit", von der Searle (s. o.) in dem Zitat eingangs dieses Kapitels spricht. Wir nehmen die institutionellen Tatsachen als solche nicht nur deshalb nicht wahr, weil sie so allgegenwärtig sind und wir sie als so selbstverständlich, als quasi-natürlich ansehen. Sondern wir können sie nur deshalb so verstehen, weil ihre Wirkungsweise für uns in den allermeisten Fällen ‚latent' ist: Wir befolgen die Regeln, ohne bewusst über sie zu verfügen. Und doch ‚wissen' wir, um beim Beispiel der Sprache zu bleiben, sehr genau, ob ein Satz in unserer Erstsprache ‚richtig' – das heißt grammatisch – ist oder nicht. Genauso wissen wir in Interaktionen meistens, was ‚richtig' (der Situation und den darin relevanten Status-Funktionen angemessen) ist und was nicht.[18] Für die Beschreibung konstitutiver Regeln in konkreten Interaktionen bedeutet das vor allem, dass wir sie *explizieren* müssen; wir müssen das, was in unserem impliziten Regelwissen verborgen ist und unser Angemessenheitsurteil strukturiert, zu ‚heben' versuchen. Konkret müssen wir versuchen, die Bedeutung der institutionellen Tatsachen durch die Benennung der Dinge, die qua deontischer Macht ‚dazugehören', auszubuchstabieren.

Nehmen wir das einfache Beispiel einer Interaktion zwischen Verkäuferin und Kunde in einer Bäckerei. Dabei wollen wir die sprachlichen oder kommunikativen institutionellen Tatsachen (die konstitutiven Regeln der Interaktionseröffnung, des ‚turn-taking', der Reziprozität usw.) genauso außen vor lassen wie die nicht-sprachlichen Tatsachen, die – wie ‚Geld', ‚Privateigentum' oder ‚Vertrag' – in einer Vielzahl unterschiedlicher Interaktionstypen relevant sind, und schließlich wollen wir auch nicht darauf eingehen, welche Bedeutung die Status-Funktionen ‚Frau' und ‚Mann' hier haben könnten. (Dass diese Aspekte durchaus mitverhandelt werden könnten, gibt schon einen ersten Eindruck davon, wie komplex es in der wirklichen Welt hinsichtlich konstitutiver Regeln zugeht.) Was bleibt dann? Noch eine ganze Menge. Zunächst einmal ist ‚Bäckerei' selbst zweifelsohne eine institutionelle Tatsache, denn diese Status-Funktion ist nicht durch die physikalischen Eigenschaften des Gebäudes, in dem sie sich befindet, erschöpfend bestimmt. Man kann sich sehr unterschiedliche Gebäudeformen vorstellen, die als ‚Bäckerei' gelten könnten; ihnen gemeinsam wäre nur, dass sie irgendwo über einen Ofen verfügen müssten.[19] Was gehört sonst noch dazu? Eine Bäckerei ist nicht einfach ein Ort, an dem Backwaren

---

18 In der philosophischen und sozialwissenschaftlichen Diskussion hat sich für diese Art des nicht-bewussten Wissens der Ausdruck „tacit knowledge" oder „implizites Wissen" eingebürgert (vgl. Polanyi 1985).

19 ‚Gebäude' und ‚Ofen' verweisen darauf, dass zur sozialen Welt auch Artefakte gehören. Wir können an dieser Stelle auf diese interessante Kategorie von Dingen nicht weiter eingehen. Nur so viel: Searle (2012) zählt sie nicht zu den institutionellen Tatsachen. In seinem eingangs dieses Kapitels von uns zitiertem Beispiel erscheinen „Haus", „Auto" und „Handy" unmarkiert. Der Grund dafür könnte darin gesehen werden, dass sie ja ihre Status-Funktion gerade aufgrund der ihnen eigenen physikalischen Eigenschaften erfüllen. Anders als das bemalte Stück Holz, von dem ein Kind sagt, „Das ist mein Handy", ist ein Handy allgemein ein Objekt, dessen physikalische Eigenschaften es zu einem Handy machen. Gleichzeitig – so könnte man sagen – partizipiert es an der sozialen Welt in dem Sinne, dass ohne die Zuschreibung von Status-Funktionen diese physikalischen Eigenschaften gar nicht hätten entstehen können.

3 Institutionen

hergestellt werden, sondern es müssen zudem Backwaren auch verkauft werden. Zum ‚Verkaufen' gehört, dass im Prinzip jede Person diesen Ort betreten und unter der Bedingung von Geldzahlungen entsprechende Waren erwerben kann. Diese Adressierung von Fremden wird durch ein von außen lesbares Schild oder Zeichen markiert. Zu ‚Bäckerei' gehört – wie bei jedem Verkaufsgeschäft – zwingend die Interaktion (mindestens) im Rahmen des Rollenkomplements Verkäufer/Käuferin.[20] Es gehört des Weiteren dazu, dass wir als Käuferinnen in irgendeiner Weise über das Warenangebot informiert werden und wir die Gelegenheit haben, die Waren zu prüfen. Dafür gibt es jeweils eigene Regeln (Ausstellung von Waren in Regalen, Listen; Augenschein, Befühlen/Riechen, Proben usw.). Auch gibt es Regeln dafür, wie uns die Ware zur Verfügung gestellt und wie die finanzielle Transaktion geregelt wird (Bedienung am Tresen, Selbstbedienung; Bezahlung bei der Verkäuferin, Differenzierung von Verkäufer und Kassiererin usw.). Dazu gehören dann auch die Regeln der Preisfindung (Festpreise, Feilschen usw.).

Belassen wir es bei dieser Liste, die sicherlich nicht den Anspruch auf Vollständigkeit erheben kann. All das, was hier aufgeführt ist, ist scheinbar banal. Aber es ist wichtig zu sehen, dass es sich dabei um Regeln handelt, die uns in unseren Handlungsweisen festlegen; Handlungsweisen, die wir meist wie selbstverständlich einhalten, deren verpflichtender Charakter gleichwohl am Beispiel denkbarer abweichender Handlungsweisen deutlich wird. So wären wir unsicher, was es mit einem Gebäude auf sich hätte, das zwar erkennbar über Backwaren verfügt, aber kein Ladenschild hat. Die Unsicherheit wäre noch gesteigert, wenn vor dem Eingang Personen stehen würden, die wir als ‚Türsteher' identifizieren würden. Aufseiten der Verkäuferin würde es sicherlich deutliche Irritationen auslösen, wenn wir statt „Drei Brötchen, bitte" sagen würden „Hast du Lust, mir drei Brötchen zu verkaufen?". Und vermutlich würde sie mit Empörung reagieren, wenn wir wie selbstverständlich um den Tresen herumgehen, die Brötchen einzeln prüfen und selbst in eine Tüte packen würden. Wie diese Abweichungen von konstitutiven Regeln zeigen, gehen mit institutionellen Tatsachen Erwartungen in einem mehr als bloß kognitiven Sinne einher. Das ist das, was Searle mit „deontischer Macht" im Blick hat: Wir haben ‚ein Recht' auf bestimmte Verhaltensweisen, und dieses ‚Recht' speist sich aus den institutionellen Tatsachen selbst.[21] Sie sind Teil des ‚Spiels', das mit ihnen

---

20 Das gilt selbst für die Extremfälle des Automatengeschäfts oder des Online-Handels: Der Verkäufer ist hier der Automat beziehungsweise die Website mit ihrer Programmstruktur.

21 Auf die in diesem speziellen Sinne ‚normativen' Implikationen institutioneller Tatsachen ist der Sache nach schon Harold Garfinkel (1967) mit seinen berühmten „Krisenexperimenten" gestoßen, in denen er beispielsweise zeigen konnte, dass ein unbeirrbares und wiederholtes Nachfragen von Dingen, die wir als selbstverständlich und nicht

verbunden ist. Umgekehrt sind die genannten Abweichungen dadurch gekennzeichnet, dass gleichsam gegen die vorliegenden institutionellen Tatsachen ein anderes ‚Spiel' gespielt wird. Diese ‚Spiele' können wir auch identifizieren, da sie auf andere institutionelle Tatsachen und die dazugehörigen konstitutiven Regeln verweisen. Bei den oben genannten Abweichungen wäre das: das ‚Spiel' des Austauschs nicht zwischen Fremden, sondern zwischen Bekannten; das ‚Spiel' einer Bindung der Dienstleistung an ein bestimmtes Milieu; das ‚Spiel' der intimen Sozialbeziehung; das ‚Spiel' der Selbstbedienung.

Denn wenn wir in einem „Meer institutioneller Tatsachen" schwimmen, dann heißt das auch: Wir können nicht heraus. Institutionelle Tatsachen sind unser ‚Element'; unser Handeln in Interaktionen ist immer von ihnen geprägt; sie sind das, was unserem Handeln und den Situationen, in denen wir interagieren, zuallererst ‚Sinn' verleiht. Die zu ihnen gehörenden konstitutiven Regeln leiten unser Handeln an. Wir sind ihrer deontischen Macht in der Hinsicht unterworfen, dass wir gar nicht anders können, als uns darauf zu beziehen, auch im Fall des abweichenden Handelns, auch im Fall der Kritik. Dabei kommt den konstitutiven Regeln der jeweiligen Interaktionsform als nicht hintergehbare Grundlage des Handelns generell allgemeine Geltung zu. Das heißt jedoch nicht, dass sie überall und zu jeder Zeit gültig sind. Die Reichweite der Geltung kann variieren: Es gibt Institutionen, die nur in einem bestimmten Milieu oder in einer bestimmten Familie gelten, entscheidend aber ist, dass sie innerhalb dieses Rahmens als allgemein gelten.[22]

Eingangs dieses Abschnitts haben wir gesagt, dass Searle institutionelle Tatsachen von natürlichen dahingehend unterscheidet, dass erstere beobachterrelativ seien, letztere nicht. Wenn institutionelle Tatsachen nun – wie wir im Anschluss an Searle zu zeigen versucht haben – als soziale Tatsachen par excellence zu verstehen sind, wenn also sie es sind, die den Gegenstandsbereich der Sozialwissenschaften ausmachen, dann hat diese Unterscheidung ungemütliche Konsequenzen für diese Wissenschaftsbereiche. Man könnte nämlich grundsätzlich in Frage stellen, dass sie zu ‚Objektivität' fähig sind. Denn wenn der Gegenstandsbereich der Sozialwissenschaften grundlegend durch Beobachterrelativität gekennzeichnet ist, so heißt das, dass er ontologisch – also hinsichtlich seiner ‚Seinsweise' – im Unterschied zur Welt der Naturwissenschaften nicht ‚objektiv', sondern ‚subjektiv' verfasst ist. Sind die Sozialwissenschaften damit keine ‚wirklichen' Wissenschaften? Muss man an

---

erklärungsbedürftig beansprucht, für große Irritationen und aggressive Reaktionen in der Interaktion sorgt.
22 Zur Unterscheidung der Allgemeinheit der Geltung und der Reichweite der Geltung konstitutiver Regeln vgl. Oevermann 1986.

3 Institutionen

der alten angelsächsischen Unterscheidung zwischen „science" und „humanities" festhalten?

Die ‚Rettung' angesichts dieser ‚Bedrohung' kommt im Searleschen Theoriegebäude zunächst mit der Feststellung, dass ontologische Subjektivität nicht gleichbedeutend ist mit ‚epistemischer' (auf die Erkenntnis bezogene) Subjektivität. Die Tatsache, dass ein Gegenstand beobachterrelativ ist, heißt nicht zwingend, dass man keine wahrheitsfähigen Aussagen mit ihm verbinden kann. Soziale Tatsachen – als institutionelle Tatsachen – sind nicht wie Glücksgefühle oder Schmerzen in der Weise beobachterrelativ, dass man über sie nur subjektive Urteile („Ich bin sehr glücklich", „ich habe große Schmerzen") fällen kann. Sie ermöglichen vielmehr epistemische Objektivität; sie ermöglichen wahrheitsfähige Aussagen. Entscheidend dafür ist die allgemeine Geltung der konstitutiven Regeln, die ihnen zugrunde liegen. Der Rekurs auf diese Regeln ist entscheidend für die Wahrheitsfähigkeit empirischer Analysen in den Sozialwissenschaften. Das betrifft nicht nur solche Sätze wie „Konrad Adenauer war Bundeskanzler der Bundesrepublik Deutschland" oder „Dies ist eine Bäckerei". Insbesondere in Interaktionsanalysen müssen wir laufend auf konstitutive Regeln institutioneller Tatsachen zurückgreifen, um die Bedeutung der Handlungen zu bestimmen, mit denen wir in unserem Datenmaterial konfrontiert sind. Wir müssen wissen, was eine Bäckerei, ein Verkäufer, eine Bestellung, Geld, Eigentum usw. ist, um eine konkrete Interaktion in einer Bäckerei alltagspraktisch durchführen und soziologisch analysieren zu können. Und indem wir dabei auf allgemein geltende Regeln rekurrieren, legen wir gewissermaßen den Grundstein für die Wahrheitsfähigkeit unserer Behauptungen.

Aber mehr noch, und das bringt uns zu unserem letzten Punkt in diesem Kapitel: Wir müssen auch wissen, was eine Begrüßung und eine Verabschiedung sind, was Sprechakte wie „Bitte" oder „Danke" oder „Steht doch drauf. Sie können doch lesen" bedeuten, um darauf alltagspraktisch angemessen reagieren oder soziologisch angemessen analysieren zu können, was diese Handlungen in konkreten Interaktionen bedeuten. Die soziale Welt besteht nicht nur aus (nicht-sprachlichen) institutionellen Tatsachen, sondern auch aus sprachlichen Tatsachen. Diese müssen nicht nur ebenfalls als institutionelle Tatsachen verstanden werden, sie haben für die soziale Welt sogar eine herausgehobene Bedeutung: Denn die soziale Welt ist sprachlich konstituiert.[23] Damit soll nicht gesagt sein, dass kollektives Handeln, dass Kooperation nicht auch schon auf vorsprachlicher Ebene stattfinden kann (vgl. Tomasello 2008). Aber eine Welt voller institutioneller Tatsachen im hier be-

---

23 Ein erster Indikator für den grundlegenderen Stellenwert von Sprache lässt sich vielleicht so fassen: Sprache *wird* nicht institutionalisiert oder *ist* nicht institutionalisiert, weil eine gemeinsame Sprache zu sprechen immer schon Institutionalisiertheit miteinschließt.

handelten Sinn ist ohne Sprache nicht vorstellbar.[24] Von entscheidender Bedeutung ist für Searle (2012) hier ein besonderer Typ von Sprechakten: die Deklaration. Deklarationen sind solche Äußerungen, mit denen eine soziale Praxis geschaffen wird, die es vorher (so) nicht gab. Beispiele wären „Hiermit erkläre ich Sie zu Mann und Frau", „Hiermit erkläre ich die Olympischen Spiele für eröffnet" oder „Ich taufe dich auf den Namen Heinz". Ohne diese Äußerungen wäre das Paar nicht verheiratet, würden die Olympischen Spiele nicht beginnen oder hätte der Junge nicht den Namen Heinz. Die besonderen performativen Wendungen („hiermit erkläre ich" usw.) machen diese Realität erzeugende Kraft zwar besonders deutlich, sind dabei jedoch nicht entscheidend. Die Standesbeamtin hätte auch sagen können „Sie sind Mann und Frau", das Staatoberhaupt „Die Olympischen Spiele sind eröffnet" oder der Pfarrer „Du heißt Heinz". Das Eigentümliche dieser Sprechakte ist, dass sie gleichzeitig eine Beschreibung und eine Erzeugung eines Zusammenhangs darstellen. In dieser Hinsicht gleichen sie den Zuschreibungen von Status-Funktionen beziehungsweise den zugrunde liegenden konstitutiven Regeln. Sie haben die gleiche logische Form: ‚X gilt als Y im Kontext K'. Searles Annahme ist nun, dass nicht-sprachliche institutionelle Tatsachen dieser besonderen Art sprachlicher Repräsentation bedürfen. Manchmal ist das auch ausdrücklich so, denn manche institutionellen Tatsachen werden durch deklarative Akte erzeugt: Die Republik wird ausgerufen, der Präsident wird abgesetzt, eine Ministerin vereidigt, eine Firma gegründet. Aber auch dort, wo das nicht der Fall ist, ist die Schaffung und Aufrechterhaltung von institutionellen Tatsachen immer an die Repräsentation eines deklarativen Akts gebunden. Dies lässt sich so verdeutlichen: Immer, wenn wir in unserem Handeln auf institutionelle Tatsachen rekurrieren, wenn wir also „das Vokabular der Status-Funktionen benutzen" (Searle 2012: 176), ist gleichsam die Inanspruchnahme ihrer Deklaration ‚mitgedacht'. Wenn wir sagen „Dies ist eine Bäckerei" oder „Du, als mein Freund, bist natürlich eingeladen", dann ist damit immer ein „Wir erkennen kollektiv an: Dies ist eine Bäckerei" oder ein „Wir erkennen kollektiv an: Du bist mein Freund" mit enthalten. Jede sprachliche Inanspruchnahme von nicht-sprachlichen Institutionen in Interaktionen lässt sich damit als eine Stärkung ihrer Status-Funktionen verstehen. Der Geltungsanspruch der konstitutiven Regeln ist in jeder Sprechhandlung gleichsam mitformuliert und wird in der Interaktion – jedenfalls dann, wenn er nicht kritisiert wird – bestätigt.

---

24 Tatsächlich ist Searle (2012) der Meinung, dass aus menschlicher Sprache notwendig die Schaffung nicht-sprachlicher institutioneller Tatsachen folgt. Wir werden hier aber nicht auf diese starke These eingehen, sondern im Folgenden nur versuchen, kurz die schwächere Annahme zu plausibilisieren, dass Sprache die Voraussetzung zur Erzeugung nicht-sprachlicher institutioneller Tatsachen ist.

3 Institutionen

Für uns ist es im vorliegenden Zusammenhang vor allem wichtig festzuhalten, dass sprachliche Tatsachen selbst schon institutionelle Tatsachen sind. Sprechakte des Behauptens oder Versprechens beispielsweise gründen auf konstitutiven Regeln, die bestimmen, dass eine Äußerung (X) als Behauptung beziehungsweise Versprechen (Y) im Kontext der deutschen Sprache (K) gilt. Sie verfügen außerdem über eine Deontologie, ganz wie die nicht-sprachlichen institutionellen Tatsachen. Denn indem wir etwas versprechen oder etwas behaupten, legen wir uns auf etwas fest, nämlich auf die Einhaltung des Versprechens oder die Wahrheit unserer Behauptung. Man könnte auch sagen: Wir *werden, indem* wir die Sprechakte ausführen, *darauf festgelegt*. Denn die deontische Kraft konstitutiver Regeln der Sprache wirkt genauso wie die (nicht-sprachlicher) institutioneller Tatsachen unabhängig von unserem Willen. Wir können uns den Festlegungen, die mit unseren Sprechhandlungen verbunden sind, nicht entziehen, indem wir uns darauf berufen, wir hätten das Versprechen gar nicht ernst gemeint und seien von unserer Behauptung auch nicht überzeugt gewesen. Unaufrichtigkeit und Lüge ‚funktionieren' ja erst unter der Bedingung, dass für die Adressaten unserer Rede beziehungsweise für alle Beteiligten Aufrichtigkeit und Überzeugtheit als entscheidende Bedingungen unserer Sprechhandlungen gelten. Wir müssen entsprechend Begründungen dafür liefern, wenn wir unsere Versprechen nicht einhalten und wenn unsere Behauptungen nicht der Realität entsprechen.

Nicht nur die Versprechen, Behauptungen, Bitten, Danksagungen, Entschuldigungen usw. als solche, sondern auch deren Gehalte und die Art und Weise, wie die Sprechakttypen konkret realisiert werden, sind mit deontischer Macht versehen. Mit dem Sprachgebrauch geht in jedem Moment, an jeder Interaktionsstelle eine Fülle von institutionellen Festlegungen einher. Sie sind die Implikationen unserer Handlungen, die uns – und unsere InteraktionspartnerInnen, die auf unsere Sprechhandlungen reagieren müssen – in jeweils bestimmter Weise binden. Und damit sind sie nichts anderes als der Sinn dieser Handlungen. Der Sinn der Äußerung „Drei normale Brötchen, bitte" besteht darin, dass sie auf einen bestimmten Äußerungskontext (in dem der Verkauf oder zumindest die Verteilung von Brötchen voreingerichtet ist) verweist, von uns bestimmte Anforderungen erwarten lässt (wir wollen sie auch wirklich; wir haben Geld, um sie zu bezahlen) und unser Gegenüber und uns auf Anschlusshandlungen festlegt (Brötchen nehmen, verpacken, den Preis nennen, bezahlen). Dabei wird der Sinn von Äußerungen, einschließlich aller verwendeten sprachlichen und nicht-sprachlichen Institutionen, von den ihnen zugrunde liegenden konstitutiven Regeln erzeugt.

Wie wir noch behandeln werden (vor allem in Kapitel 12), sind diese Festlegungen nicht in dem Sinne eineindeutig, dass sie uns sagen könnten, was genau wir praktisch zu tun haben. Sie machen aus uns keine ‚Automaten'. Wir können „Drei normale

Brötchen, bitte" auch am Frühstückstisch zu unserem Lebensgefährten sagen, der Bäckereiverkäufer könnte auf die Bitte sagen: „Haben wir nicht mehr" oder auch „Tut mir leid, die sind aus. Möchten Sie vielleicht von denen mit Mohn?", und wir könnten die Brötchen nehmen und ohne zu bezahlen aus dem Laden laufen. Aber welche Bedeutung diese Handlungsweisen in jedem konkreten Fall auch haben, sie hängt immer davon ab, was die Äußerung, auf die sie sich beziehen – nach allgemein geltenden Regeln – bedeutet. Und auch unsere besonderen situativen Handlungsweisen werden vor dem Hintergrund ihrer allgemeinen Bedeutung verstanden. Wir schaffen in unserem Handeln Tatsachen, an die wir gebunden sind und auf die sich unsere InteraktionspartnerInnen beziehen müssen. Dabei ist die Art, wie wir das praktisch tun, also die Art, wie wir uns im Meer institutioneller Tatsachen bewegen, von unseren Entscheidungen (und denen unserer InteraktionspartnerInnen) abhängig. Was sie aber bedeuten, liegt nicht an uns, sondern an der institutionellen Welt, in der wir uns bewegen.

Denkanstöße

„Café", „Kellner" und „Kundin" sind sicherlich nicht-sprachliche Institutionen im hier verstandenen Sinn. Aber wie ist es mit „Verkehrsteilnehmer" oder „Spaziergängerin"?

Versuchen Sie einmal, die Deontologie des Sprechakts „Das soll wohl 'n Scherz sein?" auszubuchstabieren. Was sind die Erfüllungsbedingungen dieser Äußerung? Auf welche Situation(en) verweist sie? Was für eine Tatsache ist damit geschaffen? Ein Tipp: Das hat hier mit der Beziehung zu Reinette zu tun, und Rechte, Verpflichtungen usw. können nicht nur übertragen, sondern auch aberkannt werden.

Grundlagentexte

Berger, Peter/Luckmann, Thomas (1969): Die gesellschaftliche Konstruktion der Wirklichkeit. Eine Theorie der Wissenssoziologie. Frankfurt a. M.: Fischer. Darin: Institutionalisierung, S. 49-98.
Searle, John R. (2012): Wie wir die soziale Welt machen. Die Struktur der menschlichen Zivilisation. Berlin: Suhrkamp. Darin: Zielsetzung, S. 11-45; Allgemeine Theorie der Institutionen und der institutionellen Tatsachen. Sprache und soziale Realität, S. 153-207.

Weiterführende Literatur

Douglas, Mary (1986): How Institutions Think. Syracuse: Syracuse University Press.
Durkheim, Emile (1984 [1895]): Die Regeln der soziologischen Methode. Frankfurt a. M.: Suhrkamp.
Garfinkel, Harold (1967): Studies in Ethnomethodology. Englewood Cliffs, NJ: Prentice-Hall.
Gehlen, Arnold (1956): Urmensch und Spätkultur. Bonn: Athenäum.
Giddens, Anthony (1992): Die Konstitution der Gesellschaft (Studienausgabe). Frankfurt a. M.: Campus.
Goffman, Erving (1961): Asylums. Essays on the Social Situation of Mental Patients and Other Inmates. Garden City: Anchor Books.
Oevermann, Ulrich (1986): Kontroversen über sinnverstehende Soziologie. Einige wiederkehrende Probleme und Mißverständnisse in der Rezeption der ‚objektiven Hermeneutik'. In Stefan Aufenanger/Margit Lenssen (Hrsg.), Handlung und Sinnstruktur. Bedeutung und Anwendung der objektiven Hermeneutik. München: Kindt, S. 19-83.
Polanyi, Michael (1985): Implizites Wissen. Frankfurt a. M.: Suhrkamp.
Searle, John R. (1969): Speech Acts. An Essay in the Philosophy of Language. Cambridge: Cambridge University Press.
Searle, John R. (1995): The Construction of Social Reality. New York u. a.: Free Press.
Tomasello, Michael (2008): Origins of Human Communication. Cambridge etc.: The MIT Press.

4 Reziprozität: Wie aus gemeinsamem Handeln soziale Beziehungen entstehen

In den vorangegangenen Kapiteln haben wir gesehen, dass Kommunikation und Interaktion eine kooperative Grundstruktur aufweisen. Wir können auf eine an uns gerichtete Äußerung nicht nicht reagieren; wenn wir die Äußerung verstanden haben, ist alles, was wir tun, eine Reaktion darauf und wird vom Adressaten auch so verstanden. Die Eröffnung und Beschließung von Interaktionen ist eine wechselseitige Angelegenheit; die Fragende kann eine Antwort einfordern, und wir können ein Gespräch nicht einfach verlassen, wenn wir genug davon haben, sondern wir müssen auch darüber erst Übereinkunft erzielen. Der erste Zug macht einen zweiten erforderlich. Wenn dieser fehlt, liegt entweder ein Kommunikationsproblem vor (Sprachunkenntnis, Psychopathologie) oder ein Konflikt. Was aber ist, wenn der zweite Zug ein „Nein" ist? Wir sind zwar gezwungen zu kommunizieren, aber nicht, die Interaktion über ein Mindestmaß hinaus weiterzuführen. Aus der kooperativen Grundierung von Kommunikation den Schluss zu ziehen, dass auch Zusammenarbeit alternativlos ist, wäre offenkundig zu kurz gegriffen. Wir können Kooperationsangebote ablehnen, aus welchen Gründen auch immer. Und wir sind fähig zu einer Vielzahl feindseliger Handlungen, die die kooperative Grundierung der Interaktion verletzen.

Das wie selbstverständliche Eingehen (und Beendigen) von sozialen Beziehungen lebt jedoch davon, dass eine Haltung der Zusammenarbeit grundsätzlich eingerichtet ist. Es stellt sich nicht bei jeder Begegnung die Frage „Freund oder Feind?". Nur als Ausnahmeerscheinung, in besonderen Situationen, die dann eben nicht mehr alltäglich sind, fragen wir uns, ob unser Gegenüber uns feindlich gesonnen sein mag. Dass dies jedoch nicht selbstverständlich ist, kann man sich anhand zwischenstaatlicher Beziehungen verdeutlichen. Im Verhältnis zumindest mancher Staaten untereinander steht die Frage „Kooperieren oder nicht?" dauerhaft auf der Tagesordnung. Innerhalb einer Gesellschaft ist das nicht der Fall. Was aber sorgt dafür, dass wir hier grundsätzlich auf Kooperation eingestellt sind? Wie wird Kooperationsbereitschaft auf eine Weise voreingerichtet, dass wir bestimmte Kooperationsangebote zumindest auf ‚zivile' – und das heißt: in sich kooperative – Weise ablehnen („Möchten Sie einmal probieren?" – „Nein, danke"). Die Antwort ist: über Reziprozität, die in einer bestimmten Form des Tauschs zum Ausdruck kommt. Wenn wir heutzutage an ‚Tausch' denken, dann steht uns vermutlich zuerst so etwas wie Tauschbörsen vor Augen, auf denen Sammlerinnen und andere Privatleute Objekte anbieten, von denen sie sich trennen wollen, und dafür von Gleichgesinnten andere Objekte oder Geld bekommen. Das geschieht vermittelt über Internetplattformen und Zeitungen oder unmittelbar auf Wohltätigkeitsbasaren und Messen für Briefmarkensammlerinnen oder Modellbaufreunde. Ansonsten ‚tauscht' man die Plätze im Restaurant, die Tennisschläger im freundschaftlichen Match oder manchmal sogar die Familien, wenn Fernsehsender so etwas inszenieren. Aber auch ideelle Dinge werden ‚ausgetauscht': Meinungen, Erfahrungen, Informationen. So unterschiedlich die Tauschbeziehungen sein können, ihr Grundmuster ist immer das gleiche, und es ist einfach. Man gibt etwas her, das man entbehren kann, und bekommt etwas anderes, das man gut gebrauchen kann.

Auch wenn wir das üblicherweise nicht so bezeichnen (eine Ausnahme ist beispielsweise der englische Begriff *stock exchange*), sind doch alle unsere alltäglichen und außeralltäglichen Markttransaktionen im Prinzip Tauschvorgänge dieser Art. Vom Einkauf an der Supermarktkasse bis zum Hauskauf geben wir Dinge (Geld oder Lebensmittel) her, um andere Dinge (Lebensmittel, Häuser oder Geld) zu bekommen, von denen wir nicht genug zu haben glauben. Entscheidend ist in jedem Fall, dass die konkret ausgetauschten Dinge für die TauschpartnerInnen jeweils unterschiedliche Bedeutung haben. In der Terminologie von Karl Marx kann man sagen: Entscheidend ist die Differenz der „Gebrauchswerte" der Objekte. Entsprechend verbinden wir mit dem eingetauschten Objekt einen größeren Nutzen als mit dem weggegebenen. So tausche ich meine Arbeitskraft gegen Geld, das in dem Sinne einen größeren Nutzen für mich hat, als ich damit eine ganze Bandbreite von Konsumgütern erwerben kann (Nahrung, Unterhaltung, Statusgewinn usw.). Der Gebrauchswert des Sammelbildes von Manuel Neuer wiederum ist vergleichsweise gering, wenn ich schon drei davon habe, und deshalb und zu diesem Zweck gebe ich es für das Bild von Lukas Podolski her, das mir noch fehlt. Das ist der Grund, warum ich die Beziehung zu meiner Tauschpartnerin (bzw. die Beziehungen zu möglichen TauschpartnerInnen) eingehe. Die Beziehung zwischen Marktteilnehmenden beschränkt sich dann im Wesentlichen auf den Austausch, dem eine vertragsförmige Übereinkunft zugrunde liegt, die die Tauschmodalitäten spezifiziert. Der Austausch hat zudem üblicherweise die Form eines direkten Austauschs von Leistung und Gegenleistung. Das gilt auch für länger andauernde Tauschbeziehungen, etwa im Fall von Vermietungen. Das alles erscheint uns ganz banal und selbstverständlich. Es handelt sich um elementare Aspekte des Austauschs von

4 Reziprozität

Waren und Dienstleistungen. Diese ökonomischen Transaktionen sind für Gesellschaften, die Mehrprodukte, also tauschfähige Güter erzeugen, von grundlegender Bedeutung. Das gilt insbesondere für moderne, kapitalistische Gesellschaften. Doch wir wollen die Betrachtung des ökonomischen Austauschs an dieser Stelle gar nicht weiter vertiefen. Der ökonomische Austausch soll vielmehr nur dazu dienen, uns das Muster von Tauschvorgängen anderer Art zu vergegenwärtigen.

Denn tatsächlich gibt es Formen des Tauschs, die ganz anders strukturiert sind. In ihnen ist die *Differenz des Gebrauchswertes* der getauschten Objekte nicht entscheidend. Entsprechend geht es auch nicht primär um den *Nutzen* des jeweils empfangenen Objekts für die TauschpartnerInnen. Der Austausch ist *nicht nur ein unmittelbarer*, denn manchmal gehört es zum Tausch dazu, dass man erst später etwas bekommt, und unter Umständen von einer anderen Person als der, der man gegeben hat. Schließlich ist die *Beziehung nicht nur Mittel* zum Zweck, sondern der *Tausch ist immer auch Mittel für den Zweck der Beziehung*.

Hier geht es um Phänomene wie Weihnachts- und Geburtstagsgeschenke, um den Eimer Pflaumen, den man dem Nachbarn bringt, um die Einladung zum Abendessen und die Blumen, die die Eingeladenen dann mitbringen, um die Eingangstür, die uns aufgehalten wird und die wir den nach uns Eintretenden aufhalten. Derartige Transaktionen haben im Selbstverständnis moderner Gesellschaften keinen prominenten Stellenwert. Sie erscheinen als randständig, als Besonderheiten. Gleichwohl wird im Folgenden dargelegt, dass sie für ‚Gesellschaft' in einer bestimmten Hinsicht sogar grundlegender sind als die wirtschaftlichen Tauschbeziehungen – weil Letztere in ihrem Vollzug daran gebunden sind, dass Erstere bereits vollzogen worden sind.

Denn die Reibungslosigkeit, mit der wirtschaftliche Transaktionen in aller Regel stattfinden, ist bei genauerer Betrachtung doch erklärungsbedürftig. Wir gehen wie selbstverständlich davon aus, dass wir die gewünschten Brötchen auch bekommen, wenn wir das entsprechende Geld auf den Ladentisch legen – oder umgekehrt. Andernfalls sind wir zumindest sehr erstaunt und wahrscheinlich sogar erbost. Aber warum eigentlich? Es wäre doch nur zu unserem jeweiligen Nutzen, für die Brötchen weniger Geld zu geben oder statt der Brötchen den Pflaumenkuchen von gestern, den wir nicht mehr loswerden, in die Tüte zu tun. Und um ganz sicher zu gehen, dass der Tausch in unserem Sinne abläuft, müssten die getauschten Güter eigentlich zeitgleich übergeben werden – sonst macht sich möglicherweise die eine mit den Brötchen oder der andere mit dem Geld aus dem Staub. Solche Szenarien sind uns doch auch aus Spielfilmen bekannt: Verfeindete Nationen tauschen Spione aus, Entführer und Erpresste tauschen Geiseln gegen Lösegeld, aber niemand will den ersten Zug machen, weil das Vertrauen auf den Gegenzug fehlt. Das ist jedoch bei den kleinen oder größeren, unausgesprochenen oder schriftlich fixierten Vertragsgeschäften des Alltags anders. Vielleicht machen wir uns bei größeren Geldsummen oder bei Privatgeschäften Sorgen, ob auch alles ‚mit richtigen Dingen zugehen' wird, aber in aller Regel gehen wir von der Reibungslosigkeit der Transaktionen aus. An die Frage, warum das so ist bzw. worin die Grundlagen der Einhaltung von Verträgen bestehen, knüpfen sich viele philosophische, rechts- und sozialwissenschaftliche Diskussionen, etwa hinsichtlich der Bedeutung von Sanktionen oder der Bedeutung von Vertrauen aufseiten der TauschpartnerInnen. Wir vertreten hier eine Deutung, die insbesondere Emile Durkheim stark gemacht hat: Vertragliche Vereinbarungen jeglicher Art – und damit wirtschaftliche Tauschprozesse – beruhen immer auf Voraussetzungen, die nicht-vertraglicher Art sind (vgl. Durkheim 1991, 1992 [1893]). Der Vertrag selbst kann seine Einhaltung nicht garantieren, und auch der Verweis auf Sanktionen für die Nichteinhaltung von Verträgen verschiebt das Problem nur, jedenfalls dann, wenn man als Grundlage dieser Sanktionen wiederum eine vertragliche Übereinkunft ansieht. Denn was sichert dann deren Geltung ab? Kurz: Es geht um die Frage nach den sozialen Grundlagen von Kooperation. In dieser Hinsicht spielen Tauschvorgänge, die sich in der geschilderten Art von wirtschaftlichen Transaktionen unterscheiden, eine zentrale Rolle – die Rede ist vom Gabentausch.

Was hat es mit den Vorgängen auf sich, die man als Gabentausch bezeichnen kann? Warum tun wir das? Warum geben wir anderen etwas, ohne dass wir eine direkte Gegengabe – geschweige denn eine solche, die dem ‚Tauschwert' der unsrigen direkt entspräche – erwarten? Alltagspsychologisch könnte man von ‚Altruismus' sprechen, aber das ist soziologisch natürlich unbefriedigend, weil dies eine moralische Kategorie ist, die bestenfalls eine Handlungsorientierung markiert, aber die Struktur der Interaktion unberücksichtigt lässt. Doch auf genau diese Struktur zielt die Rede von einem ‚Tausch' auch in diesen Fällen, in denen wir keinen unmittelbaren Zweck mit unseren Transaktionen verbinden. Peter M. Blau (2005) spricht von einem „sozialen Tausch"[25] („social exchange"), den er von wirtschaftlichen Tauschvorgängen unterscheidet. Er vertritt allerdings die Ansicht, dass auch der soziale Tausch immer noch mit einer Orientierung an der Maximierung des individuellen Nutzens zusammenhängt, die die menschliche Natur (hier ist „Natur" zu betonen) kennzeichnet. Dementsprechend gibt es also einen übergreifenden oder unterschwelligen Zweck, dem der Gabentausch untergeordnet ist: Wir wollen mit Menschen in Kontakt treten, wenn wir uns von diesem Kontakt einen Nutzen versprechen. Der soziale Tausch dient in dieser Argumentation der Ermöglichung solcher Kontakte, denn er führt zu einer diffusen Verpflichtung zu zukünftigen

---

25 Schon diese Bezeichnung kann man unglücklich nennen, denn sie impliziert, dass ökonomische Tauschvorgänge per se nicht sozial sind.

4 Reziprozität

Gegenleistungen. Nach Blau (ebd.) ist es dann vorteilhaft, von sich aus Leistungen für andere zu erbringen, da das Gegenüber dadurch verpflichtet ist, sich für die eigenen Vorteile zu revanchieren. So wird in diesem Theorieangebot zwar ein Charakteristikum des Gabentauschs klar benannt: Im Unterschied zu wirtschaftlichen Transaktionen gibt es hier weder eine feste Abmachung noch spezifizierte Leistungen, vielmehr existiert eine zeitlich unbestimmte und inhaltlich diffuse Verpflichtung zur Gegenleistung, und genau diese Verpflichtung zu Gegenleistungen macht die Handlungen zu Tauschvorgängen. Jedoch hat Blaus Konzeption gleich mehrere Haken: Das Moment der Verpflichtung wird nicht erklärt, sondern vorausgesetzt; es bleibt unklar, warum der (übergreifende) Nutzen überhaupt verdeckt ist; und schließlich – aber das wird im Folgenden noch deutlicher – ist gar nicht ausgemacht (und auch nicht entscheidend), dass die Gabe für den Empfänger wirklich einen eigenen Vorteil einschließt.

Befassen wir uns zunächst mit dem Moment der Verpflichtung zur Gegenseitigkeit, das im Zentrum der Theorie Alwin W. Gouldners (1984) steht. Er betrachtet in seiner Analyse unterschiedliche Tauschprozesse: den ökonomischen Äquivalententausch, den Gabentausch, aber auch asymmetrische Tauschprozesse, in denen Machtbeziehungen zum Ausdruck kommen. Seiner Meinung nach resultiert die Verpflichtung zur Gegengabe nicht (allein) aus ökonomischen Vorteilen oder Zwängen der Arbeitsteilung. Vielmehr müsse man eine übergreifende, allgemeine moralische Verpflichtung zur Rückzahlung von Leistungen annehmen, die an die „Vorgeschichte der Interaktion" (ebd.: 97) anknüpfe und Ausdruck einer allgemeinen Norm der Reziprozität sei. Diese soziale Norm, die vor allem festlegt, dass man diejenigen, die einem geholfen haben, unterstützen und anerkennen soll, sei universell und in allen bekannten Kulturen verbreitet. Mit seinem Konzept der „Reziprozitätsnorm" unternimmt Gouldner hier den Versuch einer genuin soziologischen Erklärung, denn Normen sind keine quasi-natürlichen Orientierungen, wie die an der Maximierung des individuellen Nutzens, sondern zentrale Elemente von ‚Gesellschaft' (siehe dazu ausführlich Kapitel 7). Die Erklärung ist zudem alltagsweltlich intuitiv – schließlich kennen wir eine Vielzahl von Rechts- und Sinnsprüchen, die diese Norm zum Ausdruck bringen: „pacta sunt servanda"[26], „do ut des"[27], „die eine Hand wäscht die andere", „I scratch your back, you scratch mine". Wenn bei der Metzgerin kleine Kinder eine Scheibe Wurst bekommen, folgt darauf häufig der belehrende Spruch der Eltern: „Wie sagt man?". Es gibt also zweifelsohne Normen (im Plural) der Reziprozität. Es ist uns gegenwärtig, dass wir zu einer Gegengabe verpflichtet sind (darauf hofft auch die Metzgerin) –

---

26 Lat.: „Die Verträge sind einzuhalten."
27 Lat.: „Ich gebe, damit du gibst."

oder zumindest zu Dank. Das Problem an dieser Theorie ist jedoch, dass sie die Verpflichtung als *Folge* von Vergesellschaftung ausweist; Normen sind Ausdruck davon, dass die Gegenseitigkeit bei Tauschvorgängen in der Gesellschaft fest etabliert ist. Hier scheint es jedoch sinnvoll, den Gabentausch als *Mechanismus* der Vergesellschaftung selbst zu betrachten.

Dies ist der Weg, den insbesondere die Ethnologen und Kulturanthropologen Marcel Mauss und Claude Lévi-Strauss beschritten haben. Die mit „Gabentausch" bezeichneten Vorgänge sind für sie nicht nur Ausdruck eines sozialen Bandes zwischen den Tauschenden, sondern Interaktionen, die ein solches Band erst entstehen lassen.[28] Maßgeblich ist hier der berühmte Essay „Die Gabe" (Mauss 1978 [1923/24]). Mauss vergleicht darin eine Fülle von Riten, Praktiken und Deutungen von Tauschvorgängen in Stammesgesellschaften aus allen Weltregionen – vom *Potlatch* der nordamerikanischen Indianer, bei dem die ProtagonistInnen sich durch wechselseitige Gaben oder die zeremonielle Zerstörung wertvoller Dinge wie Kupferplatten und Decken zu überbieten suchen, bis zum *Kula* der MelanesierInnen, bei dem Stämme in überseeischen Expeditionen untereinander vor allem wertvolle Halsketten und Armreife austauschen. All diesen Praktiken gemeinsam ist, dass sie sich dem Muster ökonomischer Tauschvorgänge moderner Gesellschaften in der schon geschilderten Weise nicht fügen: Auch wenn es sich um wertvolle Dinge handeln mag, ihr Nutzen steht nicht im Vordergrund. Der Wert der Dinge wird zuweilen heruntergespielt, teilweise werden die Beschenkten nicht als ihre EigentümerInnen angesehen und manchmal werden die Dinge sogar zerstört. Im *Potlatch* ist die Gabe kein gewährter Vorteil (vgl. Blau 2005), sondern eine Herausforderung an die Beschenkten, die mit ihrer späteren ‚Gegengabe' die Schenkenden zu übertrumpfen versuchen müssen. Eine direkte Gegengabe (äquivalenter Güter) ist dabei allerdings nicht vorgesehen, würde sie doch der Logik dieser Tauschvorgänge widersprechen, die in langfristige Sozialbeziehungen eingebunden sind.

Dass eine direkte Gegenleistung die Logik der Gabe verletzt, kann man sich auch an einem unscheinbaren Beispiel aus heutiger Zeit vergegenwärtigen. Stellen wir uns vor, wir hätten einen Garten mit Obstbäumen und brächten in der Erntezeit unserer Nachbarin einen Eimer Pflaumen; wir würden es als einen erheblichen Affront empfinden, wenn die Nachbarin uns dafür noch an der Tür etwas anderes – ein Stück Kuchen oder gar Geld – geben würde. Etwas ganz anderes wäre es, wenn

---

28 Es ist diese grundlegende Bedeutung, die in den letzten Jahren zu einer Renaissance der Beschäftigung mit „Reziprozität" und mit dem Werk von Marcel Mauss geführt hat. Vgl. Adloff/Mau 2005; Moebius 2006; Hillebrandt 2009 und den von Dirk Quadflieg (2010) herausgegebenen Schwerpunkt zu Marcel Hénaffs Thesen zu Gabentausch und sozialer Integration (WestEnd. Neue Zeitschrift für Sozialforschung, 7 (2010), Heft 1).

4 Reziprozität

die Nachbarin uns daraufhin zum Kaffee einladen und uns dabei auch ein Stück Kuchen anbieten würde. Warum? Weil das Kaffeetrinken nicht auf die Pflaumen bezogen ist, sondern eine Gabe eigener Art darstellt. Man würde dann auch nicht sagen „Komm, dafür bekommst du Kaffee und Kuchen", sondern so etwas wie „Komm doch rein, magst du einen Kaffee mit mir trinken?". Das ist dann eine Einladung (und damit eine Gabe), die wir wiederum annehmen können oder nicht.

Die Riten und Praktiken des Gabentauschs, die Mauss (1978 [1923/24]) untersucht, sind für ihn keine ethnologischen Kuriositäten, sondern elementarer und universaler Bestandteil sozialer Integration zumindest für diese Gesellschaftsformen. Das zeigt sich schon daran, dass man sie nicht isoliert betrachten kann; sie sind nicht, wie in modernen Gesellschaften, Teil eines Funktionssystems ‚Wirtschaft', sondern umfassen alle gesellschaftlichen Institutionen: religiöse, rechtliche und ökonomische. Sie sind daher, so Mauss, „totale" soziale Phänomene. Ihre Beschreibung mit dem Begriffspaar Egoismus/Altruismus würde schon deshalb keinen Sinn ergeben, weil diese Praktiken immer auch ‚egoistisch' genutzt werden können, etwa zum Erwerb von sozialem Status und Macht. Aber gleichzeitig ist das nicht der Schlüssel zu ihrer Struktur. Deren herausstechendes Merkmal ist vielmehr die Etablierung eines sozialen Bandes: Der Gabentausch bindet Individuen und soziale Gruppen in eine Beziehung, in der die Beteiligten gleichzeitig und auf dauerhafte Weise GläubigerInnen und SchuldnerInnen zugleich sind. Die Gabe verpflichtet zur Gegengabe, die wiederum eine Verpflichtung begründet.

Für Mauss (ebd.) ist nun die entscheidende Frage, wie die Verpflichtung zur Gegengabe entsteht, welche Kraft der gegebenen Sache eigen ist, dass sie das bewirkt. Anders als Gouldner (s. o.) konzentriert er sich aber nicht nur auf die Position der Beschenkten, sondern betrachtet den Gabentausch als Interaktionszusammenhang. Eine Erklärung von Reziprozität über soziale Normen wird dann schon allein deshalb hinfällig, weil dieser Zusammenhang auf widersprüchliche Weise Freiwilligkeit und Verpflichtung verbindet. Allerdings unterscheidet Mauss (ebd.) im Gabentausch zunächst nur drei Arten von Verpflichtungen: die Verpflichtung zu geben, die Verpflichtung zu nehmen und die Verpflichtung zu erwidern. Faktisch scheint es auch in den von ihm untersuchten Gesellschaften in allen Hinsichten normative Vorgaben zu geben. Es droht der Verlust von Status und Anerkennung, man verliert sein Gesicht, wenn man sich in bestimmten Situationen nicht als freigiebig erweist, die Gabe nicht annimmt und würdevoll erwidert. Man muss jedoch berücksichtigen, dass schon die Unterteilung des Interaktionszusammenhangs in drei separate Interaktionszüge – denn darum handelt es sich letztlich – immer auch schon ein Moment der Freiwilligkeit impliziert. Das gilt insbesondere für den ersten Zug, das Geben. Zeitpunkt, Art der Gabe und ihre AdressatInnen sind anscheinend nie vollständig zeremoniell vorbestimmt und unterstehen somit der

Initiative der Gebenden. Wenn dann auch das Annehmen der Gabe einen eigenen Interaktionszug darstellt, setzen die Gebenden keinen Automatismus in Gang, sondern sie exponieren sich. Gerade in dieser eigenständigen Bedeutung dieses Zugs der Gabenannahme wird die Differenz zum ökonomischen Tausch moderner Prägung besonders deutlich, wo er ganz einfach fehlt; vor dem Hintergrund einer vertraglichen Übereinkunft des Tauschs äquivalenter, aber gebrauchswertdifferenter Dinge oder Leistungen ist bestenfalls eine Ablehnung sinnvoll (wenn das Ding nicht der Vereinbarung entspricht), aber nicht eine Annahme als eigener Akt. In der Logik des Gabentauschs bedeutet hingegen die Entscheidung über Annahme/Ablehnung, dass der erste Zug des Gebens gerade als ‚freiwillig‘, das heißt als Gabe verstanden wird. Sicherlich bedeutet eine Ablehnung einen Affront gegenüber den sich exponierenden Gebenden, aber das ist in der Logik des Gabentauschs eben möglich – wie Mauss selbst bemerkt, ist diese Entscheidung beispielsweise im *Potlatch* auch nicht ungewöhnlich. Und auch der dritte Interaktionszug, die Erwiderung, lässt Raum für die Initiative der Gebenden, gerade weil der Zeitpunkt und die Art der Gegengabe nicht vollständig determiniert sind. Das ist es, was die Gegengabe zur Gabe macht und nicht zur Begleichung einer Schuld.

Der Gabentausch lässt sich somit mit Mauss als grundlegender sozialintegrativer Mechanismus verstehen, mit dem Kooperationsbereitschaft dadurch eingerichtet wird, dass die Beteiligten zueinander dauerhaft in ein Verhältnis eintreten, in dem sie GläubigerInnen und SchuldnerInnen zugleich sind. Die Frage ist dann, wie diese verpflichtende, sozialintegrative Kraft wirkt. Für Mauss ist hier die gegebene *Sache* entscheidend, genauer gesagt die Verbindung zwischen Person und Tauschobjekt. In den Stammesgesellschaften würden die Dinge nämlich in gewisser Weise als belebt angesehen, und dieses Leben erhalten sie durch eine innige Beziehung zwischen ihnen und ihren Besitzern. Mauss knüpft hier vor allem an den Maori-Begriff des *Hau* an, der die Seele einer Sache bezeichnet und in Beziehung zur Person setzt, die sie besitzt, er findet aber auch in anderen Kulturen ähnliche Vorstellungen einer dauerhaften Verbindung zwischen der Person und den Dingen ihres Besitzes. Darin liegt für ihn die verpflichtende Kraft des Gabentauschs begründet:

> „Es ist vollkommen logisch, daß man in einem solchen Ideensystem dem anderen zurückgeben muß, was in Wirklichkeit ein Teil seiner Natur und Substanz ist [...]" (Mauss 1978 [1923/24]: 26)

Tatsächlich sei es nachgerade gefährlich, die angenommenen Dinge aufzubewahren, denn das *Hau* eines anderen längerfristig zu behalten, bedeutet, ihm Macht über sich zu geben. Diese Deutung ist allerdings nicht nur inkompatibel mit bestimmten Formen des verallgemeinerten Tauschs, in denen der Empfänger nicht der Geberin, sondern einer dritten Person etwas gibt, sie widerspricht auch der Logik der Etablierung eines dauerhaften Bandes, denn wenn ich ein spezifisches Ding dem ‚eigentlichen' Besitzer *zurück*-gebe, dann kommt dieser Gabe eben kein verpflichtendes Moment mehr zu. Man kann es dann eher wie eine Leihgabe betrachten; gibt man das Geliehene unversehrt zurück, ist der Tauschzyklus geschlossen, es werden keine künftigen Verpflichtungen hergestellt.

Die Kritik von Claude Lévi-Strauss (1978) setzt noch grundlegender an. Für ihn ist Mauss' Erklärung zu rationalistisch, vor allem aber unnötig. Man dürfe die Tauschzyklen nicht in Einzelelemente zergliedern und nach einem „affektiven und mystischen Kitt" (ebd.: 27) suchen, der sie zusammenhalte. Es komme vielmehr darauf an, sie als ein System von Relationen zu sehen, und als solches fungiere es wie symbolisches Denken, wie Sprache überhaupt. Diese Argumentation ist nicht leicht nachvollziehbar. Als eine Brücke bietet sich eine Studie an, die auf den ersten Blick wenig geeignet scheint: Theodore Caplow, ein Soziologe, der eigentlich eher makrosoziologisch forschte, hat im Rahmen einer großangelegten Sozialstrukturanalyse einer amerikanischen Stadt unter anderem auch die Praktiken der BewohnerInnen rund um das Weihnachtsfest erhoben und analysiert (Caplow 1984). Dabei entdeckte er eine Reihe von Regeln, die mehr oder weniger als Gabentauschregeln verstanden werden können, so zum Beispiel „the tree rule" (Familien müssen einen Weihnachtsbaum haben, Alleinstehende und Paare ohne Kinder nicht), „the wrapping rule" (Weihnachtsgeschenke müssen für die Bescherung verpackt sein), „the scaling rules" (die Art und vor allem der Wert des Geschenks bemisst sich an dem Verhältnis zwischen den Tauschenden und an der Position in diesem Verhältnis (Asymmetrien)), „the gift selection rules" (in der Art und dem Wert der Geschenke drückt sich der emotionale Wert der Beziehung aus) und – natürlich – „the reciprocity rule" (die Teilnehmenden an einem familialen Geschenksystem müssen allen anderen Teilnehmenden mindestens ein Weihnachtsgeschenk pro Jahr schenken).

Caplow, der es als Sozialstrukturforscher gewohnt war, statistische Zusammenhänge mit diffizilen Berechnungsmethoden zu ermitteln, war vor allem verblüfft über den fast vollständigen Grad der Konformität mit diesen Regeln. Beinahe die gesamte untersuchte Bevölkerung der Stadt befolgte sie. Entsprechend stellte sich für ihn die Frage, wie das möglich sein könne, denn diese Regeln wurden nicht sanktioniert; die Konformität konnte also nicht als Ergebnis von Mechanismen sozialer Kontrolle verstanden werden. Mehr noch: Den Akteuren war in den meisten Fällen nicht einmal bewusst, dass es diese Regeln gibt. Wie können sie sie dennoch – und in so einheitlicher Weise – befolgen? Vor diesem Hintergrund kommt Caplow zu dem scharfsinnigen Ergebnis, dass wir uns die Wirkungsweise dieser Regeln des weihnachtlichen Gabentauschs nach Art der Wirkung von Sprache vorstellen müssen, deren Regeln uns auch weitgehend verschlossen sind und die wir dennoch befolgen:

„Gift exchange, in effect, is a language that employs objects instead of words as its lexical elements. In this perspective, every culture [...] has a language of prestation to express important interpersonal relationships on special occasions, just as it has a verbal language to create and manage meaning for other purposes." (Caplow 1984: 1320)

Vielleicht ist es das, was Lévi-Strauss im Auge hatte: Wir brauchen nicht nach einem ‚tieferen Grund', nach einer ‚letzten Kraft' zu suchen, die den Gabentausch als System wechselseitiger Verpflichtungen in Gang hält. Die Regeln der Reziprozität ‚wirken' genauso wie die anderen Regeln geteilter Symbolsysteme.

Diese Analogie zur Sprache ist überzeugend, sie hat aber auch Grenzen. Denn sowohl Mauss (s. o.) wie Lévi-Strauss (s. o.) geht es nicht allein um kulturelle, sondern vor allem auch um praktische Integration. Mauss macht das am Ende seines Essays sehr deutlich:

„Die Gesellschaften haben in dem Maße Fortschritte gemacht, wie sie selbst, ihre Untergruppen und schließlich ihre Individuen fähig wurden, ihre Beziehungen zu festigen, zu geben, zu nehmen und zu erwidern. Um zu handeln [in einem ökonomischen Sinn (Anm. der AutorInnen)], mußten die Menschen es zunächst fertigbringen, die Speere niederzulegen. Dann konnte es ihnen gelingen, Güter und Personen auszutauschen, und zwar nicht nur zwischen Clans, sondern zwischen Stämmen und Nationen und vor allem zwischen Individuen. Und erst dann konnten sich die Leute Interessen schaffen, sie gegenseitig befriedigen und sie verteidigen, ohne zu den Waffen zu greifen." (Mauss 1978: 141)

Und auch Lévi-Strauss (1981: 118) betont eine „Grundsituation", in der offen ist, ob eine Beziehung durch Feindschaft oder durch Freundschaft gekennzeichnet sein wird. Es geht darum, ein soziales Band erst zu stiften; es geht darum, Sicherheit zu gewinnen. Dies ermöglichen die Reziprozitätsregeln des Gabentauschs. Der zweckfreie Tausch von Dingen ist auch für ihn *die* Form der Kooperation, die weitere Kooperation ermöglicht. Das ist genau das, was wir mit ‚Herstellung von Kooperationsbereitschaft' meinen.

In dieser Hinsicht ist es von Vorteil, dass die getauschten Dinge nicht bloß Symbole sind. Denn – philosophisch gesprochen – ist in den Dingen das „Sein für Andere" (Quadflieg 2014: 186) materialisiert. Oder etwas einfacher – und vielleicht etwas verkürzend – ausgedrückt: In den Dingen, die wir geben, ist dauerhaft repräsentiert, dass wir etwas für den anderen zweckfrei *tun* und – falls die Gabe angenommen wird – *getan haben*. Denn das ist essentiell für Reziprozität: Es geht hier nicht um Sequentialität oder um Adjazenz, sondern um eine bestimmte *Füllung*

4 Reziprozität

dieser formalen Struktur, die Anschlussinteraktionen zu späteren Zeitpunkten erst möglich macht. Dabei besteht der erste Zug darin, dass man etwas ‚von sich aus' für den anderen tut; ökonomisch gesprochen muss man in Vorlage treten, man muss Kredit geben. Dies lässt sich gut veranschaulichen in Lévi-Strauss' (1981) berühmtem Beispiel eines Brauchs, den er in einfachen südfranzösischen Lokalen beobachtet hat: Wenn sich zwei Fremde an einem engen Tisch gegenübersitzen, beide mit einer kleinen Flasche Wein, die im Preis des Tagesgerichts mit enthalten ist, vor sich, gießen sie sich wechselseitig von ihrem Wein ein. Die Situation ähnelt, so Lévi-Strauss, in gewisser Weise der „Grundsituation" (s. o.), denn die große räumliche Nähe erzeugt eine gewisse Besorgnis im Hinblick darauf, welche Unannehmlichkeiten die Begegnung mit sich bringen mag. Diese Unsicherheit wird durch den Austausch des Weins beseitigt. Dabei exponiert sich auch hier die Person, die die Initiative ergreift, denn das Kooperationsangebot kann auch abgeschlagen werden, die andere Person kann weniger geben oder sie auch überbieten. Falls sie jedoch die Geste auf die gleiche Weise erwidert, wird das Nebeneinander durch ein Miteinander ersetzt.

> „Und die Annahme dieses Angebots ermächtigt zu einem weiteren Angebot, dem der Unterhaltung. So spinnt sich durch eine Reihe alternierender Schwingungen ein ganzes Geflecht zarter sozialer Bindungen, indem man ein Recht erwirbt, wenn man anbietet, und eine Verpflichtung eingeht, wenn man empfängt, und zwar in beiden Fällen über das hinaus, was gegeben oder akzeptiert wurde." (Lévi-Strauss 1981: 117)

Wenn wir nun also feststellen, dass der Gabentausch, die Logik zweckfreier Reziprozität, am Anfang von Kooperationsbeziehungen steht, könnte man doch einwenden, dass dies vor allem archaische Stammesgesellschaften betrifft oder allgemein Gesellschaften mit einem geringen Grad sozialer Integration, deren Einheiten sich – wie in dem obigen Zitat von Mauss – gerade aufeinander zubewegen. Tatsächlich sind moderne westliche Gesellschaften in einem Maße sozial integriert, dass ihre einzelnen Einheiten von der Stiftung kooperativer Beziehungen durch den Gabentausch durchaus entlastet sind. Von entscheidender Bedeutung dürften hier die politische Vergemeinschaftung mit ihren Institutionen im Kontext des Nationalstaats sein, die Etablierung eines staatlichen Gewaltmonopols, die Rechtsstaatlichkeit, die Institutionalisierung der Partizipation an politischer Willensbildung. Besonders deutlich wird dieser entlastende Rahmen an der Figur der oder des ‚Fremden', die es in Stammesgesellschaften so nicht geben kann (vgl. Oevermann 1983). Gemeint sind hier die Fremden im öffentlichen Raum, d. h. die Menschen, denen wir in Fußgängerzonen, auf öffentlichen Plätzen, in Fußballstadien und Museen, in Kaufhäusern und Universitäten begegnen. Wir müssen nicht zu jedem dieser Menschen eine Kooperationsbeziehung qua Gabentausch aufbauen.

Wir befinden uns nicht mehr in der Situation der Gesellschaften, die Mauss und Levi-Strauss im Blick hatten, und für die sich nur die Alternative Freundschaft oder Feindschaft, „volles Vertrauen oder volles Mißtrauen" (Mauss 1978: 140) stellte. Die ‚Fremden' stellen in dieser Hinsicht den ‚Mittelweg', den Neutralzustand dar, den Stammesgesellschaften nicht kennen. Entsprechend können wir mit ihnen auch ohne besondere Vorkehrungen wirtschaftliche Transaktionen durchführen. Aber das ist nur ein Rahmen. Gänzlich auf zweckfreie Reziprozität verzichten können wir in modernen Gesellschaften anscheinend auch nicht. Wir hatten en passant schon verschiedene Phänomene des Gabentauschs angesprochen, und die Liste lässt sich problemlos verlängern.[29] Da sind natürlich die vielen institutionalisierten Anlässe des Schenkens: Weihnachten, Ostern, Valentins-, Mutter- und Vatertag, Geburtstage, Jubiläen, Ausstände und Einstände, die Mitbringsel und Postkarten aus Urlauben. Die Partys, die wir geben, die Essenseinladungen, die wir aussprechen, die Runden, die wir ausgeben, sind natürlich ebenso Phänomene des Gabentauschs. Es gibt Genussmittel, die geradezu verlangen, dass man sie mit anderen teilt, wie Sekt und wertvolle Weine.[30] Und in den konkreten Praktiken des Schenkens finden sich viele Aspekte, die das Zweckfreie daran betonen, die explizit machen, dass es gerade nicht um den Nutzen der getauschten Dinge geht. Wir können uns zu Weihnachten gegenseitig die gleichen Dinge schenken, und doch handelt es sich um einen vollgültigen Gabentausch. Wir schenken gerne Dinge, denen per se kein (besonderer) Gebrauchswert zukommt; es gibt ganze Ladenketten, die derartige ‚Geschenkartikel' vertreiben. Schnittblumen, die wir bei Einladungen überreichen, sind in ähnlicher Weise ein vergänglicher Luxus. Und das Geschenkpapier, das auch aus ‚sinnvollen' Dingen überhaupt erst Geschenke macht, ist a priori der Zerstörung anheimgestellt. Die Beispiele lassen sich verlängern bis hin zu Anlässen kollektiver Verschwendung: das Silvesterfeuerwerk, die „Kamelle und Strüssje" der Rosenmontagsumzüge, das Champagnerbad im Anschluss an ein Formel-1-Rennen.

Wenn „kleine Geschenke die Freundschaft erhalten", wie das Sprichwort sagt, dann gilt das für den Bereich von Intimbeziehungen allgemein. Paar- und Familienbeziehungen sind gesellschaftlich herausgehobene Orte des Gabentauschs. So leben Paarbeziehungen davon, dass man nicht nur als Kollektiv kooperiert (vgl. Maiwald 2013), sondern das emotionale Band dauerhaft durch wechselseitige Gaben aufrechterhält, in denen man die andere oder den anderen in ihrer oder seiner Individualität, in ihrer oder seiner besonderen Bedürfnisstruktur anerkennt (vgl.

---

29 Vgl. auch die vielen Beispiele in Lévi-Strauss 1981.
30 Wenn Sekt das Getränk kollektiven Feierns par excellence ist, dann haftet der Pikkoloflasche etwas objektiv Tragisches an.

4 Reziprozität

Honneth 2003). Das können individuelle Geschenke oder Zärtlichkeiten sein, aber auch unscheinbare, alltägliche Leistungen, die gegenüber der in einer Paarbeziehung geltenden Arbeitsteilung ein ‚Extra' markieren und die Grundlage für eine „reiche Ökonomie der Dankbarkeit" abgeben können (vgl. Hochschild 1989). Mehr noch: Gaben, die Ausdruck der Liebe sind, können mit emotionaler Zuwendung erwidert werden (vgl. Nelson 2004, 2011), die Interaktion stellt dann selbst eine Quelle liebevoller Zuwendung dar (vgl. Maiwald 2007).

Aber der Gabentausch in modernen Gesellschaften beschränkt sich nicht nur auf herausgehobene Gelegenheiten und besondere Sozialbeziehungen. Beziehungen zwischen Individuen und Kollektiven können anscheinend generell kaum auf Elemente des Gabentauschs zur Herstellung von Kooperationsbereitschaft verzichten. Auch wenn diese Gaben unscheinbar sind, finden sie sich doch in jeder Eröffnung einer Face-to-Face-Interaktion; der Austausch von Begrüßungshandlungen lässt sich in dieser Hinsicht als zweckfreie Reziprozität verstehen (vgl. Oevermann 1983; vgl. Bergmann 1994). Jede Begrüßung ist ein Kooperationsangebot, mit dem sich die Grüßenden exponieren, denn die Begrüßten können das Angebot im Prinzip auch ablehnen, sie können den Handschlag zurückweisen oder einfach weitergehen. Nehmen wir das Angebot jedoch an und erwidern den Gruß, dann ist damit ein Kooperationsraum eröffnet, den die Beteiligten mit Anschlussinteraktionen füllen oder es auch einfach lassen können.

Was aber macht die Begrüßungshandlung zur Gabe? Tatsächlich kommt es dabei sehr darauf an, was wir konkret tun. Wenn wir mit unbewegtem Gesicht „Hallo" sagen, ist es schwer, daran etwas zu finden, das man als Gabe verstehen könnte. Aber in aller Regel tun wir das nicht. Wir werden das „Hallo" anders betonen, als wir das tun, wenn wir in einem Telefongespräch ungewiss sind, ob die Verbindung noch besteht. Und wir werden der Adressatin ‚ein Lächeln schenken', das heißt, wir bringen mimisch zum Ausdruck, dass die Gegenwart der anderen für uns ein Grund zur Freude ist, auch wenn wir sie gar nicht kennen. Und was machen wir, wenn wir ‚klassische' Grußformeln verwenden? Wir wünschen unseren Gegenübern generalisiert Wohlergehen („Guten Tag") oder Gottes Segen („Grüß Gott"), wir interessieren uns für ihre Befindlichkeit („How are you?") – und all das, ohne zu wissen, ob die konkreten Personen dessen überhaupt ‚wert' sind. Kurz: Wir geben Kredit; wir speisen in die Interaktion ein Moment der personalen Zuwendung ein, ohne dass die Interaktion dies von ihrem faktischen Verlauf her gerechtfertigt hat.

Zwingend erforderlich – in einem funktionalen Sinn – ist das nicht, jedenfalls nicht in rollenförmigen Sozialbeziehungen (siehe Kapitel 6). Das gilt auch für andere gabentauschförmige Handlungsweisen in unseren alltäglichen Geschäftskontakten. Mit „Ich hätte gern" und „bitte" tun wir so, als sei die Dienstleistung des Bäckereiverkäufers eine Gabe, eine Erfüllung unseres Wunsches; indem wir uns für das

Wechselgeld bedanken, tun wir so, als sei es nicht selbstverständlich, dass wir es bekommen. Aber das ist es natürlich. Die situative Rahmung der Bäckerei als Geschäftsort, die Rollen von Käuferin und Verkäufer, die wir wie selbstverständlich darin einnehmen, die Logik vertraglicher Übereinkunft, die unser Handeln dann regiert, all dies lässt eine ‚Minimalinteraktion' wie „Drei Brötchen!" – „Einsfünfzig!" (Brötchen werden gegeben, Geld wird gegeben) im Prinzip zu. Aber wir agieren anders. Und sei es nur deshalb, weil die Formen, derer wir uns dabei bedienen, deutlich machen, dass die wirtschaftliche Beziehung eben nur ein Sonderfall von Sozialbeziehung ist, und weil wir ein Gefühl dafür haben, dass sie immer eingebettet ist in eine Beziehung anderer Art, eine Beziehung, die Kooperation verbürgt, auch über das konkrete Geschäft hinaus.

Denkanstöße

Das Verhalten des Kellners in unserem Filmbeispiel ist dadurch gekennzeichnet, dass er eine Reihe von Reziprozitätsregeln verletzt. Welche sind das im Einzelnen?

In welcher Weise wird generell bei einem Cafébesuch ‚Kredit gewährt' bzw. was kann man als Gast alles wie selbstverständlich tun, ohne dass schon ein Geschäft abgeschlossen wurde? (Ein Tipp: Achten Sie auf die Szene mit dem Stuhl!)

Wie würden Sie die Frage des Kellners an die Gäste des Nebentischs („Was darf ich den Herrschaften bringen?") unter dem Gesichtspunkt des Gabentauschs interpretieren? (Ein Tipp: Um das herauszufinden, müssen Sie die Äußerung wörtlich nehmen.)

Grundlagentexte

Gouldner, Alvin W. (1984 [1959]): Reziprozität und Autonomie. Frankfurt a. M.: Suhrkamp. Darin: Die Norm der Reziprozität. Eine vorläufige Formulierung, S. 79-117.

Lévi-Strauss, Claude (1981 [1949]): Die elementaren Strukturen der Verwandtschaft. Frankfurt a. M.: Suhrkamp. Darin: Kapitel V, Das Prinzip der Gegenseitigkeit, S. 107-127.

Lévi-Strauss, Claude (1978 [1950]): Einleitung in das Werk von Marcel Mauss. In Marcel Mauss. Soziologie und Anthropologie. Bd. I. Frankfurt a. M.: Ullstein, S. 7-41.

Mauss, Marcel (1978 [1923/24]): Soziologie und Anthropologie. Bd. II. Frankfurt a. M.: Ullstein. Darin: Die Gabe. Form und Funktion des Austauschs in archaischen Gesellschaften, S. 11-144.

Weiterführende Literatur

Adloff, Frank/Mau, Steffen (Hrsg.) (2005): Vom Geben und Nehmen. Zur Soziologie der Reziprozität. Frankfurt a. M.: Campus.
Bergmann, Jörg R. (1994): Kleine Lebenszeichen. Über Form, Funktion und Aktualität von Grußbotschaften im Alltag. In Walter M. Sprondel (Hrsg.), Die Objektivität der Ordnungen und ihre kommunikative Konstruktion. Frankfurt a. M.: Suhrkamp, S. 192-225.
Blau, Peter M. (2005 [1968]): Sozialer Austausch. In Frank Adloff/Steffen Mau (Hrsg.), Vom Geben und Nehmen. Zur Soziologie der Reziprozität. Frankfurt a. M.: Campus, S. 125-137.
Caplow, Theodore (1984): Rule Enforcement without Visible Means: Christmas Gift Giving in Middletown. American Journal of Sociology 89, 6, S. 1306-1323.
Durkheim, Emile (1991): Physik der Sitten und des Rechts. Vorlesungen zur Soziologie der Moral. Frankfurt a. M.: Suhrkamp. Darin: Die Vertragsmoral (Fortsetzung), S. 245-269.
Durkheim, Emile (1992 [1893]): Über soziale Arbeitsteilung. Frankfurt a. M.: Suhrkamp. Darin: Organische Solidarität und Vertragssolidarität, S. 263-286.
Hansen, Karen V. (2004): The Asking Rules of Reciprocity in Networks of Care for Children. Qualitative Sociology 27, 4, S. 421-437.
Hillebrandt, Frank (2009): Praktiken des Tauschens. Zur Soziologie symbolischer Formen der Reziprozität. Wiesbaden: VS Verlag für Sozialwissenschaften.
Hochschild, Arlie R. (1989): The Economy of Gratitude. In David D. Franks/E. Doyle McCarthy (Hrsg.), The Sociology of Emotions: Original Essays and Research Papers. New York: JAI Press, S. 95-113.
Honneth, Axel (2003): Kampf um Anerkennung. Zur moralischen Grammatik sozialer Konflikte (erw. Ausg.). Frankfurt a. M.: Suhrkamp.
Maiwald, Kai-Olaf (2007): Die Liebe und der häusliche Alltag. Überlegungen zu Anerkennungsstrukturen in Paarbeziehungen. In Christine Wimbauer/Annette Henninger/Markus Gottwald (Hrsg.), Die Gesellschaft als „institutionalisierte Anerkennungsordnung" – Anerkennung und Ungleichheit in Paarbeziehungen, Arbeitsorganisationen und Sozialstaat. Opladen und Farmington Hills: Barbara Budrich, S. 69-95.
Maiwald, Kai-Olaf (2013): Solidarität in Paarbeziehungen. Eine Fallrekonstruktion. In Dorothea Christa Krüger/Holger Herma/Anja Schierbaum (Hrsg.), Familie(n) heute – Entwicklungen, Kontroversen, Prognosen. Weinheim und München: Juventa, S. 324-342.
Moebius, Stephan (2006): Die Gabe – ein neues Paradigma der Soziologie? Eine kritische Betrachtung der M.A.U.S.S.-Gruppe. Berliner Journal für Soziologie 16, 3, S. 355-370.
Nelson, Margaret K. (2004): Reciprocity and Romance. Qualitative Sociology 27, 4, S. 439-459.
Nelson, Margaret K. (2011): Love and Gratitude. Single Mothers Talk about Men's Contributions to the Second Shift. In Anita Ilta Garey/Karen V. Hansen (Hrsg.), At the Heart of Work and Family. Engaging the Ideas of Arlie Hochschild. New Brunswick u. a.: Rutgers University Press, S. 100-111.
Oevermann, Ulrich (1983): Zur Sache: Die Bedeutung von Adornos methodologischem Selbstverständnis für die Begründung einer materialen soziologischen Strukturanalyse. In Ludwig von Friedeburg/Jürgen Habermas (Hrsg.), Adorno-Konferenz 1983. Frankfurt a. M.: Suhrkamp, S. 234-292.
Quadflieg, Dirk (2014): „Vom Geist der Sache". Zur Dialektik der Verdinglichung nach Hegel und Mauss. Frankfurt a. M.: unv. Habilitationsschrift.

Perspektivenübernahme: Wer wir sind, was die anderen betrifft 5

Wir haben im letzten Kapitel gesehen, wie man sich die Grundlage von Kooperation vorstellen kann und wie es möglich ist, diese Grundlage interaktiv herzustellen. Um sich aber überhaupt auf angemessene Weise an kooperativen Prozessen beteiligen zu können, muss man auch in der Lage sein, die Perspektive oder Position der Tauschpartnerin einnehmen zu können. Wie sollte man sonst wissen, welche Gabe in welcher Situation sinnvollerweise gegeben werden sollte und geeignet wäre, angenommen und erwidert zu werden? Wenn wir uns vorstellen, die Perspektive von jemand anderem zu übernehmen, dann fällt uns vielleicht zunächst das ein, was wir mit dem Begriff ‚Empathie' assoziieren: die Welt aus den Augen einer anderen zu sehen, sich in die Schuhe von jemand anderem zu stellen, sich in jemanden hineinzuversetzen, sich in die Lage von jemandem zu versetzen. All dies bezeichnet alltagssprachlich, wie es uns gelingt, Verständnis zu erlangen für die Handlungen einer anderen Person, wenn diese Handlungen uns fremd oder nicht nachvollziehbar erscheinen, aber auch, wenn unser Gegenüber sich in einer emotionalen Lage befindet, die wir im entsprechenden Moment nicht teilen. Empathie wird deshalb oft auch als Mitgefühl verstanden und hat immer eine moralische Konnotation.

Im mikrosoziologischen Sinne jedoch ist mit Perspektivenübernahme nicht gemeint, dass man mit jemanden ‚mitfühlt' und Verständnis für ihn oder sie aufbringt. Tatsächlich ist es ja auch so, dass Menschen diese Fähigkeit nicht ununterbrochen einsetzen. Es gibt etliche Situationen, in denen wir uns nicht bemühen, verständnisvoll zu sein (z. B. für die lange Schlange im Supermarkt), und etliche Personen, mit denen wir umgehen, in deren Lage wir uns nicht hineinversetzen, um deren Dilemma oder Glück nachzufühlen (z. B. wenn wir erwarten, dass jemand seine Aufgaben erfüllt, egal, wie sie oder er sich gerade fühlt). Das folgende Beispiel für eine alles andere als empathische Interaktion leihen wir uns von Erving Goffman (1981: 124). Es handelt sich um einen Zeitungsausschnitt, in dem über ein Ereignis im Jahr 1973 berichtet wird; Hauptprotagonist ist der damalige Präsident der USA, Richard Nixon.

„[...] After a bill-signing ceremony in the Oval Office, the President stood up from his desk and in a teasing voice said to UPI's Helen Thomas: ›Helen, are you still wearing slacks? Do you prefer them actually? Every time I see girls in slacks it reminds me of China.‹ Miss Thomas, somewhat abashed, told the President that Chinese women were moving toward Western dress. ›This is not said in an uncomplimentary way, but slacks can do something for some people and some it can't.‹ He hastened to add, ›but I think you do very well. Turn around.‹ As Nixon, Attorney General Elliott L. Richardson, FBI Director Clarence Kelley and other high-ranking law enforcement officials smiling [sic], Miss Thomas did a pirouette for the President. [...]"[31]

Heutzutage würden wir das Verhalten des damaligen US-Präsidenten allgemein als sexuelle Belästigung kritisieren.[32] Die Journalistin wird vor einem männlichen Publikum jenseits ihrer Berufsrolle auf eine sexualisierte Weise adressiert. Sie muss nicht nur Bemerkungen über ihre Kleidung (lange Hosen), sondern auch Urteile über ihre Attraktivität ertragen und wird schließlich regelrecht ‚vorgeführt'. Wir haben es hier also nicht mit Empathie zu tun, sondern im Gegenteil mit einer massiven Herabwürdigung einer Journalistin. Gleichwohl – auch diese aggressiven Akte, die objektiv einen Übergriff darstellen, operieren noch unter den Bedingungen einer Perspektivenübernahme, wie wir im Folgenden darlegen werden. Wir verstehen dabei Perspektivenübernahme als ein strukturelles Merkmal der Interaktion, als eine Leistung also, die eine unabdingbare Grundlage jeder Interaktion darstellt, die immer und unabhängig vom jeweiligen Gegenüber und seiner speziellen Lage erbracht wird und in diesem Sinne auch nicht moralisch geleitet ist. Sie bildet vielmehr die Grundlage jeder ‚avancierteren' Empathie. Die Frage, die uns in diesem Kapitel beschäftigen wird, lautet also: Wie wird in der Interaktion die Perspektive des anderen zur Geltung gebracht?

Vorreiter solcher Überlegungen ist George Herbert Mead, der sich unter anderem in seinem Werk „Mind, Self and Society"[33] (1992 [1934]) mit der Frage beschäftigt, wie die Psyche des Menschen funktioniert, dass es ihm möglich ist, sich überhaupt

---

31 Wir verwenden hier nur einen Ausschnitt des Zeitungsausschnitts, den Goffman selbst nicht unter dem Aspekt der Perspektivenübernahme betrachtet, sondern als ein Beispiel für etwas, das er als Wechsel des „footing" von Interaktionen bezeichnet. Dabei handelt es sich im Wesentlichen um Änderungen der Rahmung (siehe Kapitel 8) von Interaktionen in der Interaktion selbst.

32 Immerhin war es auch 1973 eine Zeitungsnotiz wert. Das Ereignis wurde also als etwas Besonderes ‚gewürdigt'. Allerdings ermöglicht die Art der Berichterstattung – so wird etwa auch die Bekleidung von Frau Thomas geschildert – auch eine Lesart der ‚Komplizenschaft' mit der chauvinistischen Handlungsweise des Präsidenten.

33 Bei diesem Buch ist zu beachten, dass Mead es nicht selbst geschrieben hat; vielmehr handelt es sich um eine Sammlung von Aufzeichnungen und Mitschriften seiner Studierenden aus seinen Vorlesungen.

5 Perspektivenübernahme

als soziales Wesen zu verhalten. Nun begreift Mead sich selbst als „Sozialbehavioristen", ordnet sich also einer naturwissenschaftlich orientierten Denkschule zu, die menschliches Verhalten in Form von Reiz-Reaktions-Schemata zu erklären versucht – eine theoretische Richtung, die heute nur noch mit Einschränkungen und tiefgreifenden Modulationen verfolgt wird. Seinen Pionierleistungen hinsichtlich des Phänomens der Perspektivenübernahme tut dies jedoch keinen Abbruch. Tatsächlich verfolgt Mead – wie im Folgenden noch deutlich werden wird – auch keine reduktionistische Erklärungsstrategie, sucht also keine naturwissenschaftliche Erklärung für gesellschaftliche Phänomene. Ihm ist im Gegenteil sehr an einer möglichst genauen Bestimmung des Unterschieds zwischen tierischer und menschlicher Kommunikation gelegen.

Soziales Verhalten interessiert Mead vor allem als sprachliches Verhalten, denn unser sprachliches Verhalten ist jenes Verhalten, das wir am ehesten an uns selbst beobachten können: Während wir uns selbst nicht oder nur eingeschränkt sehen, wenn wir handeln, so hören wir uns doch, wenn wir sprechen. Das bedeutet für Mead, dass im Sprechen mit anderen schon rein physikalisch stets die Möglichkeit der Selbstbeobachtung eingeschlossen ist. Doch im Unterschied zur „vokalen Geste" bei Tieren wird diese Möglichkeit nur in der menschlichen Kommunikation realisiert. Die Grundannahme ist dann, dass man im Sprechen immer sich selbst wie die anderen adressiert. In Begriffen der Verhaltenstheorie stellt unser Sprechakt damit nicht nur einen Reiz für unser Gegenüber dar, sondern auch für uns selbst. Gleichzeitig ist die Selbstadressierung die Bedingung für Bewusstsein, für Denken. Diese Annahme wiederholt Mead (1992 [1934]; 1964) in seinen Werken oftmals in unterschiedlichen Variationen. Hier ein paar zentrale Stellen:

> „That is, we can hear ourselves talking, and the import of what we say is the same to ourselves that it is to others." (ebd.: 62)
> „We are unconsciously putting ourselves in the place of others and acting as others act. […] We are, especially through the use of the vocal gestures, continually arousing in ourselves those responses which we call out in other persons, so that we are taking the attitudes of the other persons into our own conduct." (ebd.: 69)
> „When we speak of the meaning of what we are doing we are making the response itself that we are on the point of carrying out a stimulus to our action." (ebd.: 72)
> „Where the response of the other person is called out and becomes a stimulus to control his action, then he has the meaning of the other person's act in his own experience. That is the general mechanism of what we term ›thought‹, for in order that thought may exist there must be symbols, vocal gestures generally, which arouse in the individual himself the response which he is calling out in the other […]." (ebd.: 73)
> „It is not until an image arises of the response, which the gesture of one form will bring out in another, that a consciousness of meaning can attach to his own gesture. The meaning can appear only in imaging the consequence of the gesture." (Mead 1964: 111)

„In the process of communication the individual is an other before he is a self. It is in addressing himself in the role of an other that his self arises in experience." (ebd.: 312)

Das Ausgangsargument erscheint noch intuitiv plausibel: Wenn wir sprechen, nehmen wir selbst diesen kommunikativen Akt in ganz ähnlicher Weise wahr wie die AdressatInnen der Rede. Wenn wir sagen „Turn around", dann scheint uns diese Äußerung auf eine andere Weise ‚verfügbar' als der kommunikative Akt einer Gebärde. Jedenfalls wäre es bei einem Augenzwinkern weniger naheliegend zu sagen, wir würden uns dabei immer auch selbst zuzwinkern. Eine vokale Äußerung steht gewissermaßen ‚im Raum', eine Geste oder Gebärde ist ‚gerichteter'. Aber was aus diesem Unterschied folgen soll, ist nicht so leicht zu verstehen. Zudem ist offensichtlich die Möglichkeit der Selbstbeobachtung im Sprechen für Mead in einen komplexen Zusammenhang von Handlungskoordination und -kontrolle, Bedeutung und Bewusstsein eingebunden. Versuchen wir, uns diesen Zusammenhang sukzessive zu erschließen, und fragen wir uns in einem ersten Schritt, welche Voraussetzungen erfüllt sein müssen, damit es überhaupt möglich ist, dass wir in uns selbst denselben Reiz, dieselbe Handlungsneigung auslösen wie in unserem Gegenüber. Hier geht es um grundlegende Eigenschaften der menschlichen Sprache.

Menschen sortieren die Eindrücke, die sie aus ihrer Umwelt empfangen, und die Beobachtungen, die sie machen, indem sie sie voneinander unterscheiden und bezeichnen. Damit findet eine Abstraktion statt von dem, was wir konkret beobachten und erfahren, zu einem Symbol – einem ‚Wort' –, das die Beobachtung repräsentiert. Das Wort ist nicht identisch mit dem Objekt, wohl aber ruft das Wort die Assoziation mit dem so bezeichneten Objekt, Sachverhalt oder Gefühl hervor und umgekehrt. Während jedoch theoretisch jeder Aspekt menschlicher Wirklichkeit von jedem anderen Aspekt unterscheidbar und daher benennbar ist, dient die sprachliche Abstraktion von Beobachtungen auch dazu, sie zusammenzufassen und zu kategorisieren: Kein Blatt an einem Baum gleicht dem anderen, und doch haben wir nicht für jedes Blatt an jedem Baum ein eigenes Wort. Das heißt selbstverständlich nicht, dass wir die einzelnen Blätter nicht sprachlich voneinander unterscheiden könnten – wir können beispielsweise durchaus zwischen ‚diesem' Blatt und ‚jenem' Blatt trennen, zwischen dem ‚Eichenblatt, das ich als Lesezeichen verwende' oder dem ‚rot gesprenkelten Ahornblatt, mit dem ich den Tisch dekoriert habe'. Dabei steht es der betreffenden Person natürlich frei, das spezielle Eichenblatt, das sie als Lesezeichen verwendet, zum Beispiel „Kro" zu nennen – nur würde sie im Gespräch mit anderen auf diesen Namen nicht zurückgreifen können: „Mit meinem Kro weiß ich immer, auf welcher Seite im Buch ich gerade bin" oder „Ich habe mein Kro verloren, haben Sie es zufällig irgendwo gesehen?" sind so lange unverständliche Äußerungen, bis die Gesprächspartnerin darüber aufgeklärt wurde, was „Kro" ist – und dies funktioniert nur, wenn auf *miteinander geteilte* sprachliche Symbole zurückgegriffen wird. Nur solche sprachlichen Symbole, die auch andere verstehen, sind deshalb in der Meadschen Terminologie „signifikant", was hier wörtlich zu nehmen ist: Sie sind ‚bezeichnend'. So mag „Kro" zwar für eine einzelne Person etwas bezeichnen, es ist aber nicht bezeichnend in dem Sinne, dass für alle Mitglieder der Sprachgemeinschaft unverkennbar wäre, was damit gemeint ist, was es ‚bedeutet'.

Denkanstöße

Wie wichtig es ist, dass Menschen sich darüber einig sind, was mit Wörtern gemeint ist und was sie bedeuten, lässt sich nicht nur an Phantasiewörtern zeigen: In unserem Filmbeispiel spricht der Kellner an einer Stelle von Reinette im Gegensatz zu den „richtigen Gästen". Was meint er damit, welche Unterscheidung führt er damit ein? Überlegen Sie, welche Konsequenzen es hätte, wenn die hier in Anschlag gebrachte Definition von „Gast" und „Kundschaft" in einer Sprachgemeinschaft universal gültig wäre.

Hier geht es Mead jedoch nicht einfach um Verständigung in dem Sinne, dass alle Mitglieder einer Sprachgemeinschaft dieselben Wörter benutzen und ihnen dieselbe Bedeutung zuweisen. Dies ist nur die Grundvoraussetzung für das, was das ‚signifikante Symbol' tatsächlich leistet. Ähnlich wie Searle (s. Kap. 3) geht Mead davon aus, dass es Interaktion strukturiert, indem es eine objektive Bedeutungsstruktur zur Verfügung stellt, die Konsequenzen für das konkrete Handeln der Beteiligten hat. Wir müssen also, um bei unserem Eingangsbeispiel zu bleiben, davon ausgehen, dass das, was Nixon sagt, für ihn und für Thomas (und auch für uns) die gleiche Bedeutung hat. „Are you still wearing slacks?" („Tragen Sie immer noch lange Hosen?") ist damit für beide eine Frage, die unter anderem einen vergleichsweise intimen Beziehungskontext impliziert, und „Turn around" („Drehen Sie sich um") ist allgemein eine Aufforderung, die unter anderem beansprucht, dass der Sprecher in irgendeiner Weise dazu ermächtigt ist, dies von seinem Gegenüber zu verlangen. Aber anders als bei Searle spielt für Mead die Reaktion unserer Gegenüber in der Interaktion eine Schlüsselrolle: Erst in der Reaktion der anderen auf das, was man sagt, wird die Bedeutung dessen, was man sagt, manifest.

Bevor wir uns mit der Bedeutung der Reaktionen unserer Gegenüber befassen, müssen wir jedoch in einem zweiten Schritt klären, was damit gemeint sein kann, dass wir, laut Mead, während unseres Sprechens in uns selbst denselben Reiz auslösen wie in unserem Gegenüber. Denn um einen direkten Reiz kann es sich ja kaum handeln. Wenn Nixon sagt „Turn around", dann wird er das kaum als eine unmittelbare Handlungsaufforderung an sich selbst erleben, zumal er dann eine entsprechende Reaktion seinerseits irgendwie unterdrücken beziehungsweise der Neigung widerstehen müsste, sich selbst umzudrehen. Es scheint also naheliegend, dass Mead etwas im Blick hatte, das er mit der Begrifflichkeit des Sozialbehaviorismus nur ungenügend ausdrücken konnte. Wir folgen hier der Deutung Wolfgang Ludwig Schneiders (2002), der Mead in diesem Zusammenhang so liest, dass mit der akustischen Wahrnehmung dessen, was wir zu anderen sagen, tatsächlich eine „Selbstadressierung" einhergeht (wir adressieren uns selbst, indem wir hören, was wir sagen). Dies muss jedoch so verstanden werden, dass wir uns beim Sprechen mit anderen stets auch selbst vergegenwärtigen, was wir mit unserer Äußerung beim Gegenüber hervorrufen werden. Das wiederum heißt, dass wir uns damit in die Lage versetzen zu antizipieren, wie die oder der andere auf unsere Äußerung reagieren wird – nämlich so, wie wir selbst darauf reagieren würden, wenn diese Äußerung an uns gerichtet würde. Die Bedeutung unseres Sprechakts ist dann im Moment des Sprechens in uns selbst als vorhersagbare Verhaltenstendenz des Gegenübers repräsentiert.

Dazu ein weiteres Beispiel: Wenn eine Person A eine Person B dazu auffordert, das Fenster zu schließen, dann heißt das nicht, dass Person A damit selbst dazu ‚tendiert', das Fenster zu schließen. Vielmehr übernimmt Person A in dieser Situation im Sprechen insoweit die Perspektive von Person B, dass sie *als Person B* das Fenster nach einer solchen Aufforderung schließen würde – und sie andernfalls gar nicht erst dazu auffordern würde. Wir können uns verschiedene Szenarien vorstellen, in denen es plausibel erscheint, warum Person A das Fenster nicht selbst schließt, sondern Person B darum bittet. Beispielsweise könnte Person B direkt neben dem Fenster stehen und Person A am anderen Ende des Raumes, so dass es ökonomischer ist, wenn B das Fenster schließt und A nicht eigens dazu herüberkommen muss. Oder Person B ist diejenige, die das Fenster überhaupt geöffnet hat, dann wäre es in ihrer Verantwortung, es auch wieder zu schließen. Person A könnte aber auch im Rang höher stehen als Person B und ihr deshalb gegenüber weisungsbefugt sein – zum Beispiel als Lehrer gegenüber einer Schülerin –, also das Recht haben, Person B Befehle zu erteilen. In all diesen Fällen jedoch, das ist die Idee, berücksichtigt Person A im Sprechen die Position von Person B, und sie würde Person B nicht dazu auffordern, das Fenster zu schließen, wenn sie nicht davon ausgehen würde, dass Person B dieser Aufforderung auch nachkommt. Mit dem, was wir als Reaktion antizipieren, haben wir dann in gewisser Weise auch schon ‚festgelegt', was eine angemessene Reaktion auf unsere Rede ist.

5 Perspektivenübernahme

In welcher Weise wird Richard Nixon bei seinem „Turn around" also die Position von Frau Thomas berücksichtigt haben? Er könnte erwartet haben, dass sie als Journalistin – und als Frau – einer Aufforderung des Präsidenten der USA – und eines Mannes – auch dann Folge leisten wird, wenn sie offenkundig den Rahmen seiner allgemeinen und situativen Befugnisse (mit Searle (1969) können wir sagen: den Rahmen der deontischen Macht der von ihm verkörperten Institution) überschreitet. Denkbar wäre auch, dass er sich aufgrund seiner Bekanntschaft mit ihr in die konkrete Position von Frau Thomas versetzt und entsprechend eine kritische Äußerung im Namen der Gleichberechtigung der Frau antizipiert. In jedem Fall aber wird Nixon erwartet haben, dass seine Äußerung ihn in der Position von Thomas in eine sehr unangenehme Situation bringen wird – und das ist das objektiv Aggressive daran.

Um die Bedeutung dieses Moments der Perspektivenübernahme richtig einzuschätzen, ist es wichtig, sich zu vergegenwärtigen, dass es um mehr geht als um bloße Antizipation des erwartbaren Verhaltens. Denn eine solche Antizipation muss man ja auch schon im Vorfeld der faktischen Äußerung unterstellen. Ohne sie könnten wir keine Satzpläne entwerfen, die wir dann im Sprechen realisieren. Der entscheidende Unterschied besteht darin, dass das, was intendiert und damit gleichsam noch hypothetisch war, im Sprechen real wird. Wir hören dann, was wir tatsächlich tun, beziehungsweise genauer: was wir getan haben. Mit Perspektivenübernahme ist damit ein Moment der Reflexivität bezeichnet, das in die Interaktion selbst eingelassen ist, eine Reflexivität, die insofern wie ein ‚Reiz' wirkt, als sie uns mit den kommunikativen Folgen dessen konfrontiert, was wir faktisch zum Ausdruck bringen. Sich selbst genauso wie sein Gegenüber zu adressieren kann also so verstanden werden, dass man sich *beim Sprechen immer an der Perspektive des Gegenübers orientiert und reflektiert, wie das, was man sagt, auf einen selbst wirken würde, wäre man in der Position der anderen Person.*

Aus unserer eigenen Alltagserfahrung wissen wir nun, dass Perspektivenübernahme nicht immer ein bewusster Prozess sein kann; gemessen an der Menge unserer täglichen sozialen Interaktionen geraten wir tatsächlich nur selten in die Situation, bewusst darüber nachdenken zu müssen, wie wir anstelle unseres Gegenübers auf uns selbst reagieren würden. Auch haben wir bereits in Kapitel 1 verstanden, dass Interaktion unter der Bedingung von Anwesenheit wenig Raum für ausführliche Reflexion bietet, im Gegensatz zum Beispiel zum Briefeschreiben, wenn wir die Zeit haben, an Formulierungen zu feilen und darüber nachzudenken, wie wir etwas am besten (am unmissverständlichsten) ausdrücken können. ‚Reflexivität' ist also von ‚Reflexion' als einem bewussten Prozess zu unterscheiden. Meads Äußerungen dazu – das zeigen schon die oben angeführten Zitate – sind uneinheitlich. Einerseits spricht er davon, dass wir uns unbewusst („unconsciously") in die Position der anderen versetzen, andererseits geht für ihn gerade mit der Perspektivenübernahme ein Bewusstsein der Bedeutung von Äußerungen einher. Man kann diesen Widerspruch dahingehend auflösen, dass uns im Sprechen die Perspektive der Interaktionspartnerin *präsent* ist. Wir haben damit die Möglichkeit, uns auf unsere Sprechhandlungen zu beziehen. Das ist gemeint, wenn Mead (1992 [1934]: 73) in dem oben angeführten Zitat von einem „stimulus to control [our] action" spricht. Empirisch zeigt sich diese Reflexivität als Möglichkeit kontinuierlicher Selbstbeobachtung nicht nur in Situationen, in denen die Wahrnehmung dessen, was wir sagen, Anstoß zu expliziten Reflexionen gibt („Was habe ich da nur gesagt!"), sondern vor allem in den vielen Satzplanänderungen und Selbstkorrekturen, die wir oft noch während des Sprechens selbst unternehmen, wenn wir bemerken, dass das, was wir sagen, nicht dem entspricht, was wir zum Ausdruck bringen wollen. Selbst Nixons Interaktion mit der Journalistin enthält ein solches Moment der Selbstkorrektur: „This is not said in an uncomplimentory way [...]".

Es ist also wahrscheinlich nicht übertrieben zu sagen: Die Perspektivenübernahme im Sprechen bringt uns in die Lage, dass wir wissen, was wir tun. Wir sprechen nicht ‚auf Geratewohl', wir testen nicht Bedeutungen oder Bedeutungsnuancen nach Art eines Trial-and-error-Verfahrens, sondern uns ist die Bedeutung dessen, was wir faktisch sagen, präsent, weil wir im Sprechen antizipieren, wie wir an der Stelle unseres Interaktionspartners handeln würden. Perspektivenübernahme schließt Reflexivität in dem Sinne ein, dass uns die Bedeutungen unserer Äußerungen im Sprechen im Prinzip verfügbar (im Sinne von „awareness") sind. Aber die Perspektive der Adressierten wird in der Interaktion nicht nur durch die jeweils Sprechenden zur Geltung gebracht. Wir korrigieren uns ja nicht nur selbst, sondern wir bekommen in der unmittelbaren Interaktion die Reaktion unseres Gegenübers postwendend präsentiert. In der Kommunikation unter Anwesenden sind unsere Äußerungen unmittelbar der Reflexion durch andere ausgesetzt; wenn wir beispielsweise ein vulgäres Wort benutzen, zeigt uns schon die Reaktion unseres Gegenübers an, ob er oder sie dieses Wort als angemessen oder unangemessen auffasst, und im letzteren Fall scheint unsere folgende Selbstkorrektur (z. B. als Entschuldigung) wiederum eine unmittelbare Reaktion auf diese Reaktion zu sein. Das bringt uns zurück zur Frage nach der Rolle der Reaktion des anderen. Was wir aber schon jetzt festhalten können: Wie immer die Reaktion auch aussieht, ihre Bedeutung könnten wir nicht einschätzen, wenn wir sie nicht schon im Sprechen selbst in Anschlag gebracht hätten. Perspektivenübernahme befähigt uns zu einem ‚Beziehungsgespräch'. Die erwartete Reaktion ist dabei die Folie, im Hinblick auf die wir die faktische Reaktion unserer InteraktionspartnerInnen bewerten. Sie erscheint uns als wie selbstverständlich ‚adäquat', wenn wir sie so oder so ähnlich erwartet haben, und sie kann uns zu einer Korrektur, einem ‚Reparaturversuch', aber auch

5 Perspektivenübernahme

zu Kritik veranlassen, wenn sie von dem Erwarteten abweicht – je nachdem, ob wir die Reaktion im Lichte unseres die Sprechhandlung begleitenden Verständnisses als adäquat oder inadäquat einschätzen.[34]

Wie wir gesehen haben, spielt für Mead die Reaktion unseres Interaktionspartners auf unsere Äußerungen eine grundlegende Rolle. Erst durch sie werde ihre Bedeutung manifest. In einem dritten Schritt müssen wir nun klären, was damit gemeint sein kann. In diesem Zusammenhang ist es sinnvoll, auf den Symbolischen Interaktionismus zu rekurrieren, denn Perspektivenübernahme ist der zentrale Grundgedanke dieser Denkschule, die maßgeblich auf Mead zurückgeht. Herbert Blumer (1986 [1969]), ein Schüler Meads, baut darauf ein Konzept auf, das auf der Idee beruht, dass Bedeutung *in Interaktion* entsteht und modifiziert wird. Er wendet sich damit gegen Vorstellungen, die die Bedeutung von Objekten – in einem weiten Sinne, der natürliche und soziale Dinge einschließt – entweder in den Objekten selbst oder in den psychischen Zuständen von Personen verorten, sondern betont zu Recht den eigenen Stellenwert von – so würden wir sagen – ‚Sinnstrukturen'. Des Weiteren verwirft er die Annahme, dass Interaktion in der bloßen Anwendung („application") vorab festgeschriebener („preestablished") Bedeutungen bestehe. Bedeutungen würden vielmehr von den Handelnden im Lichte der Situation, in der sie sich befinden, und im Hinblick auf die Richtung ihres Handelns ausgewählt, geprüft, verworfen, neu formiert und transformiert. Generell gilt Blumer die Interaktion als Quelle der Entstehung von Bedeutungen. Dies geschieht vor allem, und darin greift er auf die Figur der Perspektivenübernahme zu, indem Menschen die Handlungen ihres Gegenübers interpretieren und sich damit in seine oder ihre Lage versetzen. Auch er versteht „Interpretation" dabei nicht als einen zeitlich nachgeordneten Akt der Sinnauslegung, sondern als eine handlungsbegleitende Verstehensleistung.

Um nachzuvollziehen, in welcher Weise tatsächlich in Interaktionen Bedeutungen entstehen oder – um eine von Anhängern des Symbolischen Interaktionismus viel gebrauchte Redewendung aufzugreifen – ‚ausgehandelt' werden können, sind aber Differenzierungen erforderlich. Nehmen wir als Beispiel Nixons Aufforderung „Turn around". Im Prinzip ist es vorstellbar, dass in der Interaktion die allgemeine Bedeutung dieser Äußerung in Frage steht. So wäre es durchaus denkbar, dass es in dieser Hinsicht Unklarheiten gibt; zum Beispiel könnte Thomas darauf zurückfragen: „Is there something going on behind my back?", oder: „Do you mean a half turn or a full turn?". Generell können wir aber – mit Searle und auch mit Mead – davon

---

34 Und manchmal erwarten wir die kritisierende Reaktion der anderen, weil wir uns schon während des Sprechens der Unangemessenheit unserer Äußerung bewusstgeworden sind.

ausgehen, dass grammatisch korrekte Äußerungen von den Mitgliedern einer Sprachgemeinschaft auch auf eine gleiche Weise verstanden werden. Äußerungen wie „Turn around" sind, wie wir in Kapitel 3 gesehen haben, institutionelle Tatsachen, deren Bedeutung von konstitutiven Regeln erzeugt wird, die allgemeine Geltung besitzen. In diesem Sinne ist ihre Bedeutung tatsächlich ‚vorab festgeschrieben', das heißt, sie gilt vor jeder konkreten Interaktion. Das wiederum heißt nicht, dass die Reaktion der so Adressierten in der Interaktion keine Rolle spielen würde. Wie wir gesehen haben, können institutionelle Tatsachen in der Interaktion durchaus kritisiert werden. Das gilt auch für sprachliche institutionelle Tatsachen. So könnte eine junge Frau auf die Anrede „Fräulein" mit „Sagen Sie nicht Fräulein zu mir" reagieren, und derartige Interaktionen können sukzessive dazu führen, dass dieses Wort aus dem aktiven Wortschatz des Deutschen verschwindet – und so ist es ja auch geschehen. Umgekehrt kann man die situative ‚Akzeptanz' von institutionellen Tatsachen im Sinne Searles auch als ein ‚Auffrischen' ihrer Geltung verstehen, und Thomas' ‚Pirouette' ist sicherlich eine solche Bestätigung der allgemeinen Bedeutung von „Turn around". Allerdings wäre das auch mit der denkbaren Reaktion „Mister President, with all due respect, I will not do that" geschehen. Und dennoch würde sie etwas ganz anderes bedeuten.

Dies bringt uns zu der Überlegung, dass mit dem ‚Aushandeln von Bedeutungen' auch etwas anderes, Naheliegenderes gemeint sein kann. Denn entscheidend für die Interaktion ist ja nicht (nur), was eine Äußerung *allgemein* bedeutet, sondern was sie *in ebendieser Interaktion* und *für die konkrete Beziehung der InteraktionspartnerInnen* bedeutet. „Turn around" beispielsweise würde etwas ganz anderes meinen, wäre es von einer guten Freundin von Frau Thomas gesagt worden, mit der sie einkaufen gegangen wäre und der sie in der Anprobe eine der ausgesuchten Hosen präsentieren würde. Von ihr als Freundin und in der konkreten Situation wäre dies eine ganz unproblematische, angemessene Äußerung; schließlich geht es ja um das Anprobieren und die Begutachtung von Kleidungsstücken, und dieser Zusammenhang bringt die Freundin in die Position, eine solche Aufforderung äußern zu können. Eine anschließende, wie selbstverständliche ‚Pirouette' würde dann nicht nur zum Ausdruck bringen, dass Frau Thomas verstanden hat, was „Turn around" bedeutet, sondern sie würde vor allem auch zum Ausdruck bringen, dass diese Aufforderung im Rahmen ihrer Sozialbeziehung und der konkreten Situation adäquat wäre. Kurz: Die Reaktion ‚macht' die Aufforderung zu einem Teil der kooperativen Aktivität der beiden Freundinnen. Präsident Nixons Aufforderung ist demgegenüber, aus einer Beobachterperspektive betrachtet, inadäquat; sie entspricht weder den Befugnissen eines Präsidenten der USA noch den Gegebenheiten der konkreten Situation. Gleichwohl hat Thomas – das ist das Fatale an ihrer Reaktion im Oval Office – sie genau dazu gemacht. Indem sie der Aufforderung tatsächlich

5 Perspektivenübernahme

und ohne Kritik nachkommt, ‚bestätigt' sie Nixons Äußerung als adäquat. Durch ihr Verhalten erkennt sie seine Perspektive auf ihre Position an und bringt damit zum Ausdruck: ‚Unsere soziale Beziehung ist der Art, dass Sie dies zu mir sagen können'. Hätte sie die große Courage besessen, die Aufforderung abzulehnen, vielleicht auch noch die Schlagfertigkeit, dies mit einer Formulierung zu tun, die weniger brüsk gewesen wäre als die von uns vorgeschlagene – sie hätte ihre Beziehung zu Präsident Nixon auf eine andere Weise gestaltet.[35]

Das ist es, worum es an dieser Stelle geht: Indem wir interagieren, gestalten wir die Beziehungen zu unseren InteraktionspartnerInnen. Wir tun dies, indem wir auf allgemein geltende Bedeutungsstrukturen rekurrieren. Aber das, was wir sagen, hat immer auch eine konkrete Bedeutung für die konkrete Sozialbeziehung, in der wir uns gerade befinden. Und gerade weil wir wissen, was „Turn around" – oder irgendein anderer Sprechakt – allgemein bedeutet, wissen wir auch, was er in der konkreten Situation und für die konkrete Sozialbeziehung bedeuten kann. In dieser Hinsicht spielt die Reaktion unserer InteraktionspartnerInnen eine entscheidende Rolle. Hier ist die Rede von einer ‚Aushandlung von Bedeutungen' besonders am Platz. In Interaktionen erheben wir fortwährend Ansprüche an die Gestaltung der Beziehungen, und in ihren Reaktionen gehen unsere InteraktionspartnerInnen mit diesen Ansprüchen um. Ob sie wollen oder nicht – in dem, was sie daraufhin tun, werden die Bedeutungen unserer Äußerungen im Hinblick auf die Beziehung geprüft, verworfen, neu formiert oder transformiert. Für uns wiederum ist die Reaktion eine unmittelbare Reflexion auf das von uns Gesagte und damit ein ‚Test' unserer Perspektivenübernahme.

Unser Vorschlag besteht also darin, deutlicher, als dass bei Mead und bei Blumer der Fall war, zwischen zwei grundlegenden Arten oder Ebenen der Bedeutung von Sprechhandlungen zu unterscheiden. Gemäß dieser Unterscheidung muss auch die Rolle der Reaktionen unserer Interaktionspartner theoretisch unterschiedlich gefasst werden. Sie besteht nicht nur in der Akzeptanz oder Zurückweisung *allgemeiner Bedeutungsstrukturen*, sondern auch und vor allem in der Verhandlung *interaktionsbezogener Bedeutungsstrukturen*, also derjenigen Bedeutungsimplikationen, die unsere Handlungen für die je konkrete Sozialbeziehung in einer je konkreten Situation haben. So können wir sagen, dass Beziehungsstrukturen tatsächlich in Interaktion ‚gemacht' werden. Im Gefolge dieser Unterscheidung

---

35 Die missachtende Handlung wiegt für die Missachtete wahrscheinlich besonders schwer, wenn sie sich mit ihrem eigenen Handeln daran beteiligt. Umgekehrt kann man vermuten, dass dies gerade den wirklichen Triumph für den aggressiven Akt Nixons darstellte: Thomas hat ihn in einem (männlichen) Machtanspruch bestärkt, der über sein Amt hinausgeht.

lässt sich nun aber auch das, was mit der Perspektivenübernahme geleistet wird, differenzierter fassen. Denn es wird mit der Betrachtung des Wechselspiels von Perspektivenübernahme im Sprechen und Reflexion des Gesprochenen durch die Reaktion der Interaktionspartner deutlich, dass Perspektivenübernahme immer in Abhängigkeit von der *je konkreten Beziehung* zu unseren InteraktionspartnerInnen erfolgt. ‚Die Person' in dem ‚Ich anstelle der Person würde so reagieren' kann dabei in manchen Situationen einen allgemeinen, unpersönlichen Anstrich haben. Das ist dann der Fall, wenn wir in Sozialbeziehungen, die stark durch eine soziale Rolle (s. Kap. 6) strukturiert sind, mit vergleichsweise anonymen InteraktionspartnerInnen interagieren – wie zum Beispiel in einem Café als Gast mit einem Kellner. Wenn wir sagen „Einen Espresso, bitte", dann ist es vergleichsweise unerheblich, was für ein Café das ist und welche Person uns als Bedienung gegenübersteht. Es geht vor allem darum, inwieweit die Äußerung der Rollenbeziehung adäquat ist. Das ist in solchen Interaktionen anders, die an vorangehende Interaktionen anknüpfen und voraussichtlich eine ‚Interaktionszukunft' haben, wie jene mit Kolleginnen, mit denen wir zusammenarbeiten, aber vor allem im Rahmen von Freundschafts- und Familienbeziehungen. Die besondere „Interaktionsgeschichte" (vgl. Luhmann 1976) geht dann in die Perspektivenübernahme (und dementsprechend in meine Äußerungen) mit ein: ‚Ich anstelle von Helga würde im Rahmen unserer Beziehung so reagieren'. Und die Adäquanz meiner Äußerungen bemisst sich daran, ob und inwieweit sie im Rahmen dieser konkreten Sozialbeziehung anschlussfähig ist.

Bislang haben wir die Reflexivität, die mit der Perspektivenübernahme im Sprechen einhergeht, wie eine ‚Einbahnstraße' behandelt. Die initiale Äußerung eines Sprechers erschien gleichsam als ‚gesetzt', und die begleitende Reflexivität wie auch die Reflexion durch die Reaktion der anderen wurden nur daraufhin bezogen betrachtet. Es muss aber auch berücksichtigt werden, dass die Reaktionen unserer InteraktionspartnerInnen auch im Hinblick auf den Fortgang der Interaktionsgeschichte und damit der Beziehung relevant sind. Denn die Art und Weise, wie das, was vom jeweiligen Sprecher gesagt *wurde*, interaktiv verhandelt wird, hat auch Auswirkungen auf das, was zukünftig gesagt *werden wird* und welche Perspektive damit eingenommen wird. Beispielsweise wird Präsident Nixon nach der Reaktion der Journalistin in der zukünftigen Interaktion mit ihr berücksichtigen, dass er ‚so etwas zu ihr sagen kann', und ähnliche Übergriffe folgen lassen. Hätte Thomas anders reagiert, müsste in späteren Interaktionen in der Perspektivenübernahme des Präsidenten zumindest ein Moment des Konflikts mit präsent sein – an das dann auch die Journalistin in ihren Reaktionen anknüpfen könnte (im Stil eines „Ich hatte Ihnen doch deutlich gemacht …").

Der Aspekt der Rückwirkung der Reaktionen unserer InteraktionspartnerInnen ist insbesondere im Prozess der frühkindlichen Sozialisation von besonderer Bedeutung. Spracherwerb und die Bildung und Weiterentwicklung von Beziehungen hängen davon ab, dass die Perspektivenübernahme besonders empfänglich für die Aufnahme von Input aus den Reaktionen der relevanten InteraktionspartnerInnen ist. Martin Dornes (1993) zeigt dies an der Interaktion zwischen Kleinkind und Elternteil, in der das Kind nicht nur in die Richtung schaut, in die der Vater zeigt, sondern sich anschließend durch ein wieder Zurückblicken ins Gesicht des Vaters vergewissert, dass es auch tatsächlich in die gemeinte Richtung (auf den angezeigten Sachverhalt) geschaut hat. Darin kommt, so Dornes, zunächst einmal das Bedürfnis zum Ausdruck, gemeinsam das Gleiche zu sehen und die Aufmerksamkeit für den jeweiligen Sachverhalt zu teilen. Dabei orientiert sich das Kind im Kleinkindalter vor allem in seinen Affekten an denen des Elternteils: Stellen wir uns zum Beispiel ein Kleinkind vor, das bei einem Spaziergang neugierig auf eine im Gras liegende Schlange zuläuft, um sie näher zu betrachten. Plötzlich hört es seinen erschrockenen Vater rufen: „Vorsicht!". Es bleibt stehen, wendet sich zum Vater um und sieht dessen ängstlichen Gesichtsausdruck, den das Kind nun als die angemessene Reaktion auf den Sachverhalt deutet; es stimmt seine eigene Reaktion darauf ab und wird sich selbst nun eher ängstlich als neugierig verhalten. Eine solche ‚Affekteinstimmung' muss wiederum eine Schleife der Rückversicherung oder Bestätigung durchlaufen; weicht das Kind vor der Schlange zurück, könnte der Vater zum Beispiel eine Erklärung zur potentiellen Gefährlichkeit von Schlangen abgeben und damit die Gefühle des Kindes als adäquat bestätigen. Das Kind macht hier nicht die Erfahrung, dass Schlangen gefährlich sind (die Schlange liegt ja einfach nur im Gras und rührt sich nicht), sondern dass man beim Anblick einer Schlange ängstlich ist, und zwar indem es die erschrockene Perspektive seines Vaters auf sein eigenes unerschrockenes Verhalten übernimmt.

Wir können dies als die ‚Urform' der Perspektivenübernahme verstehen, in der es noch nicht um das sprachliche, sondern um das affektive Verhalten geht. Dies zeigt, dass wir von Anfang an unbewusst davon ausgehen, dass andere Menschen, zumindest aber unsere Eltern und in der Erweiterung dann später auch Angehörige unserer eigenen Sprachgemeinschaft den gleichen kognitiven Prozessen unterliegen wie wir selbst, so dass unsere Interpretation der Perspektive des anderen übertragbar und sozusagen allgemeingültig ist. Perspektivenübernahme ist damit das entscheidende Prinzip, das *Intersubjektivität* ermöglicht: die geteilte Einschätzung eines Sachverhalts durch verschiedene Individuen.

Michael Tomasello (2008), der die Gestenkommunikation von Primaten (einschließlich von Menschen) erforscht, spricht in diesem Zusammenhang von „geteilter Intentionalität", die gemeinsames Handeln, also: Kooperation erzeugt. Wenn wir unsere InteraktionspartnerInnen über etwas informieren, dann informieren wir sie gleichzeitig auch darüber, dass wir sie über etwas informieren wollen; die

Zurkenntnisnahme der Information durch den anderen ist dann stets auch die Zurkenntnisnahme unseres Bedürfnisses zu informieren. So geht auch Searle (1969) davon aus, dass der globale Sinn unserer Sprechhandlungen darin besteht, *verstanden zu werden*. Indem wir die Aufmerksamkeit unseres Gegenübers auf einen bestimmten Sachverhalt lenken oder ihr ein bestimmtes Verhalten nahelegen, machen wir deutlich, dass wir den Sachverhalt oder das Verhalten für die andere Person als wichtig erachten; und umgekehrt geht auch die andere Person davon aus, dass unser Anliegen, das wir an sie richten, für sie relevant und wichtig ist. Im Meadschen Sinne übernimmt sie also unsere Perspektive – und legt damit den Grundstein für Kooperation. Tomasello erkennt hier eine genuine, wechselseitige Neigung von Menschen, einander darin zu vertrauen, dass sie eine grundsätzliche Motivation zu kooperieren miteinander teilen. Goffman (1982 [1967]) geht hier sogar noch weiter; er nimmt nicht nur ein grundsätzliches Kooperationsmotiv an, sondern eine universelle Bereitschaft, *einander zu akzeptieren*. Wie ist das zu verstehen, und was hat das mit Perspektivenübernahme zu tun?

Unser Verhalten in sozialer Interaktion dient nach Goffman (ebd.) immer dazu, einen positiven sozialen Wert für uns zu beanspruchen. Wir können uns vorstellen, dass ein solcher ‚positiver sozialer Wert' je nach Anlass und Situation alles Mögliche umfassen kann: In einer fröhlichen, ausgelassenen Runde ist es ein positiver sozialer Wert, lustig und unterhaltsam zu sein; in einem ernsthaften persönlichen Gespräch geht es eher darum, gut zuhören zu können und angemessene Fragen zu stellen; in einer politischen Diskussion wird es als positiv verbucht, wenn wir unsere Argumente klar formulieren und unseren Standpunkt für andere nachvollziehbar machen; und bei formellen Anlässen ist es ‚sozial wertvoll', Höflichkeitsregeln zu beachten und distinguierte Konversation zu betreiben. Auf diese Weise einen positiven sozialen Wert für uns zu beanspruchen gelingt Goffman zufolge aber nur, wenn auch die anderen a priori annehmen, dass wir in unserem Verhalten diese Absicht verfolgen. In diesem Sinne geht es nicht darum, dass die anderen Gäste auf der Silvesterparty unsere Witze wirklich lustig finden. Es geht vielmehr darum, dass die Adressaten unserer Witze annehmen, dass wir die Absicht haben, lustig zu sein, und diese Absicht in positiver Weise anerkennen, selbst wenn unsere Witze meistenteils danebengehen. Unser ‚Gesicht',[36] das wir den anderen zeigen und vor ihnen wahren wollen, hängt also ganz entscheidend von unserem Interaktionsverhalten und den Annahmen der anderen über unser Interaktionsverhalten ab, über die wir wiederum Annahmen treffen und so weiter. Zwingend in Goffmans Argumentation ist nun, wie gesagt,

---

36 In deutschen Übersetzungen und Texten, die auf Goffman verweisen, wird verschiedentlich der Begriff „Image" für Goffmans Terminus „face" verwendet. Wir halten die wörtliche Übersetzung für treffender.

5 Perspektivenübernahme

dass wir in Interaktion dazu neigen, das Gesicht, das uns von unserem Gegenüber gezeigt wird, nicht anzuzweifeln, sondern zu akzeptieren: Wir schmunzeln über den Witz, auch wenn er nicht wirklich lustig war, und bestätigen darin den positiven sozialen Wert, den unser Gegenüber für sich reklamiert. Vielleicht tun wir das ‚aus reiner Höflichkeit', weil man das eben ‚so macht'; oder wir vermeiden bewusst die Konfrontation, weil der Anlass es nicht wert ist, oder weil wir generell einem Konflikt mit unserem Gegenüber ausweichen möchten. Genau das können wir aber nur vor dem Hintergrund der Perspektivenübernahme. Vergegenwärtigen wir uns noch einmal den Mechanismus des Prozesses: „Wie würde das, was ich zu Person B sage, auf mich selbst wirken, wenn ich an der Stelle von Person B wäre?" Beziehen wir nun den ‚positiven sozialen Wert', den alle Interaktionsteilnehmenden für sich beanspruchen und für ihr Gegenüber annehmen, in diese Gleichung mit ein, sind die oben genannte Höflichkeit und Konfliktvermeidung in Interaktion Ausdruck davon, dass wir selbst es vermeiden möchten, dass unser positiver sozialer Wert angezweifelt wird. Zentral ist dann nicht, dass wir jemanden konfrontieren (mit einer Unzulänglichkeit, einem Fehler, einem Missverhalten usw.), sondern dass wir damit in Kauf nehmen, dass diese Person ihr Gesicht verliert – etwas, das wir für uns selbst nicht wünschen. Damit ist schließlich auch deutlich gemacht, dass Perspektivenübernahme, Kooperationsbereitschaft, Intersubjektivität und gegenseitige Akzeptanz als strukturelle Merkmale sozialer Interaktion nicht notwendig zu einer Abwesenheit von Konfrontation und Konflikt führen. Es sind jedoch gerade diese Struktureigenschaften von Interaktion, die es uns überhaupt ermöglichen, Konfrontation und Konflikt zu vermeiden – und uns darüber im Klaren zu sein, wenn wir es nicht tun.

Denkanstöße

In unserem Filmbeispiel „Reinette und Mirabelle: Der Kellner" entsteht ein Konflikt zwischen Reinette und dem Kellner, als dieser sich weigert, einen großen Geldschein zur Bezahlung anzunehmen. Reinettes Position in diesem Konflikt ist ambivalent: Auf der einen Seite ist sie deutlich irritiert, auf der anderen Seite kommt sie dem Kellner aber auch entgegen. Zeigen Sie, an welchen Stellen im Film dies geschieht, und versuchen Sie, Reinettes Verhalten als Ergebnis von Perspektivenübernahme zu erklären.

Grundlagentexte

Mead, George Herbert (1992 [1934]): Mind, Self and Society from the Standpoint of a Social Behaviourist. Edited and with an Introduction by Charles W. Morris. Chicago etc.: The University of Chicago Press. Darin: The Vocal Gesture and the Significant Symbol, S. 61-68; Thought, Communication and the Significant Symbol, S. 68-75; Meaning, S. 75-82.
Mead, George Herbert (1987 [1964]): Selected Writings. Edited by Andrew J. Reck. Chicago etc.: The University of Chicago Press. Darin: What social objects must psychology presuppose?, S. 105-113; Social Consciousness and the Consciousness of Meaning, S. 123-133.

Weiterführende Literatur

Blumer, Herbert (1998 [1969]): Symbolic interactionism. Perspective and Method. Berkeley etc.: University of California Press. Darin: The methodological position of symbolic interactionism, S. 1-60.
Dornes, Martin (1993): Der kompetente Säugling. Die präverbale Entwicklung des Menschen. Frankfurt a. M.: Fischer Verlag. Darin: Intersubjektivität und Affektivität, S. 152-163.
Goffman, Erving (1981): Forms of Talk. Philadelphia: University of Pennsylvania Press.
Goffman, Erving (1982 [1967]): Interaction Ritual. Essays on Face-to-Face Behavior. New York: Pantheon Books. Darin: On Face Work, S. 5-45.
Habermas, Jürgen (1981): Theorie des kommunikativen Handelns. Bd. 2: Zur Kritik der funktionalistischen Vernunft. Frankfurt a. M.: Suhrkamp. Darin: Zur kommunikationstheoretischen Grundlegung der Sozialwissenschaften, S. 11-68.
Joas, Hans (2000 [1980]): Praktische Intersubjektivität. Die Entwicklung des Werkes von G. H. Mead. Frankfurt a. M.: Suhrkamp. Darin: Die Entstehung des Konzepts symbolvermittelter Interaktion, S. 91-119.
Luhmann, Niklas (1976): Einfache Sozialsysteme. In Manfred Auwärter/Edit Kirsch/Klaus Schröter (Hrsg.), Seminar: Kommunikation, Interaktion, Identität. Frankfurt a. M.: Suhrkamp, S. 3-34.
Schneider, Wolfgang Ludwig (2002): Grundlagen der soziologischen Theorie. Band 1: Weber – Parsons – Mead – Schütz. Wiesbaden: Westdeutscher Verlag. Darin: Handlungen als Derivate der Interaktion: George H. Mead, S. 180-233.
Searle, John R. (1969): Speech Acts. An Essay in the Philosophy of Language. Cambridge: Cambridge University Press. Darin: Expressions, meanings and speech acts, S. 22-53.
Tomasello, Michael (2008): Origins of Human Communication. Cambridge etc.: The MIT Press. Darin: Human Cooperative Communication, S. 57-108.

Soziale Rollen: Was wir füreinander sind 6

Mit der Überschrift „Soziale Rollen: Was wir füreinander sind" grenzen wir unsere Perspektive auf das Phänomen in diesem Kapitel von vornherein ein, indem wir ‚Rollen' hier als in Interaktion wirksame Kategorien von Sozialbeziehungen betrachten. Diese Perspektive wird zwar auch in der klassischen Rollentheorie[37] eingenommen[38], sie ist aber nicht zentral für die Definition der Rolle, die zwar als ‚sozial' deklariert, in den üblichen Einteilungen aber egologisch konzipiert wird. Gängige Bezeichnungen wie „Situationsrolle", „Positionsrolle" und „Statusrolle" (vgl. Dahrendorf 1977 [1964]; Gerhardt 1971) beschreiben das Individuum in seiner egologischen Stellung im Koordinatensystem gesellschaftlicher Differenzierung; als in Interaktion wirksame Kategorie fassen wir die soziale Rolle hingegen als a priori dialogisch. Es ist dann nicht die soziale Rolle, die ein Gegenüber erfordert (‚*weil* ich Supermarktkassierer bin, habe ich KundInnen'), sondern es sind die jeweiligen Gegenüber, die eine Definition ihrer momentan zutreffenden Sozialbeziehung verlangen (‚*indem* ich Supermarktkassierer bin, werden meine Gegenüber zu KundInnen'). So sind auch nicht alle Beziehungen, die ich im ‚Feld' meiner beruflichen Position als Supermarktkassierer unterhalte, auch Beziehungen, die ich *als* Supermarktkassierer unterhalte: Meinen Kolleginnen gegenüber bin ich Kollege und meiner Chefin gegenüber Angestellter, und diese Rollen stellen natürlich ganz andere Anforderungen an mich als meine berufliche Tätigkeit. Wir halten eingangs also fest, dass Rollen immer komplementär, also *einander ergänzend* verfasst sind (vgl. Luhmann 1997) – das Rollenkomplement Kassierer-Kollegin gibt es ebenso

---

37 Einen hilfreichen Überblick über die Entwicklung und wichtige VertreterInnen der klassischen Rollentheorie liefert Furth (1991).
38 Dahrendorf (1977 [1964]) definiert seinen berühmten „Homo Sociologicus" als Träger sozial vorgeformter Rollen. Die Rolle bezeichnet in dieser Konzeption sowohl die jeweilige soziale Position des Individuums in einem bestimmten Feld sozialer Beziehungen als auch die Ansprüche der Gesellschaft an die Rollentragenden.

wenig wie das Rollenkomplement Kassierer-Chefin. So gibt es keine soziale Rolle, die nicht durch die soziale Rolle des Gegenübers determiniert wäre: Um eine Patientin zu sein, brauche ich einen Arzt als Gegenüber; um ein Sohn zu sein, brauche ich einen Vater und/oder eine Mutter; um eine Einkäuferin zu sein, brauche ich einen Verkäufer; um ein Freund zu sein, brauche ich eine Freundin usw. Denn eine Ärztin ohne Patient ist einfach nur eine Frau, die eine medizinische Approbation besitzt, und ein Patient ohne Ärztin ist nur ein kranker Mann. Erst in der Interaktion wird die soziale Kategorie also zur sozialen Rolle, die wir übernehmen und der entsprechend wir uns verhalten. Eine solche Perspektive, die sich auf die Rollenkomplementarität von Sozialbeziehungen und nicht auf das Rollenverhalten von Individuen konzentriert, hat den Vorteil, dass wir nicht jeder sozialen Situation notwendig soziale Rollen zuweisen müssen – und sie hat den Nachteil, dass wir es nicht können und die soziale Rolle damit nur eingeschränkt als Erklärungsmodell der Beziehung zwischen Individuum und Gesellschaft heranziehbar ist.

Dies ist allerdings der Ausgangspunkt der soziologischen Theoriediskurse von den 1950ern bis in die 1980er Jahre hinein, in denen die soziale Rolle ein zentrales Thema darstellt. Mit ihr fasst man eine, einigen Schulen zufolge sogar *die* entscheidende Schnittstelle zwischen Individuum und Gesellschaft ins Auge: die soziale Rolle als Ausdruck funktionaler Differenzierung, über die Individuen zu funktionsfähigen Gesellschaftsmitgliedern sozialisiert werden (vgl. insbes. Dahrendorf 1977 [1964]; Parsons 1962 [1951]; s. a. Berger/Luckmann 2009 [1969]). So lassen sich soziale Rollen als ein wichtiges Ordnungsprinzip von Gesellschaft auffassen; man kann sagen, gesellschaftliche Ordnung ist (auch) möglich, weil den Gesellschaftsmitgliedern über die Rollen, die sie einnehmen, ihre Aufgaben, Funktionen, Tätigkeiten, Rechte und Pflichten zugeordnet werden. In der Konsequenz ist eine soziale Rolle, so der sozialwissenschaftliche Minimalkonsens, ein Bündel von generalisierten, anonymisierten Verhaltenserwartungen[39], die sich aus diesen Aufgaben, Funktionen, Tätigkeiten, Rechten und Pflichten ergeben; und aus der Perspektive ‚der Gesellschaft' ist das Individuum dann ein Bündel von generalisierten Rollen, die es in den verschiedenen gesellschaftlichen Sphären, in denen es sich bewegt, einnimmt – über vordefinierte und vorinterpretierte Erwartungen

---

39 Viele AutorInnen sprechen in diesem Zusammenhang auch von ‚Normen', und gerade in rollentheoretischen Arbeiten wird zwischen Verhaltenserwartungen und Verhaltensnormen oft nicht unterschieden. In dieser Nicht-Unterscheidung kommt die Nichtvereinbarkeit der funktionalen, statischen Aspekte der Rolle einerseits (Rolle als Zwang) und ihrer dynamischen, interaktionsabhängigen Aspekte andererseits (Rolle als Spiel) zum Vorschein (vgl. Furth 1991), auf die wir als ‚Theoriestreit' hier nicht weiter eingehen wollen. Den Begriff der ‚Norm' werden wir deshalb in diesem Kapitel weitgehend aussparen, um uns intensiv in Kapitel 7 damit zu befassen.

6 Soziale Rollen

‚verpflichten' uns unsere Rollen auf bestimmte Aufgaben und Verhaltensweisen im Rahmen der verschiedenen Positionen, die wir in gesellschaftlichen Kontexten innehaben. Soweit dies der Minimalkonsens ist, müssen wir aber auch feststellen, dass die Rollendiskussion in der soziologischen Theoriebildung spätestens seit den 1980er Jahren weitgehend zum Erliegen gekommen ist; zwar wird mit dem Begriff weitergearbeitet, denn ohne ihn kommen wir nicht aus, aber das Erklärungspotential der sozialen Rolle für gesellschaftliche Zusammenhänge ist bei Weitem nicht ausbuchstabiert – zum Beispiel hinsichtlich ihrer gesellschaftlichen Ordnungskraft, ihrer ‚Macht' über das Individuum, ihrer Wirksamkeit in der Sozialisation, ihres Verhältnisses zu ‚Identität' und ihrer ‚Verhandelbarkeit' in Interaktion.

Interaktion ist, wie wir in Kapitel 1 festgestellt haben, der Minimalfall sozialer Beziehung, weil wir uns in Interaktion wechselseitig aufeinander beziehen. Nun gibt es erst einmal viele alltägliche Situationen, die es nicht erfordern, dass wir uns zu den anderen Teilnehmenden komplementär positionieren. Dies können wir uns anhand von Goffmans (1983) Interaktionsformat der „sich bewegenden Einheiten" (s. Kap. 1) gut vergegenwärtigen, denn damit ist eine Reihe von Aktivitäten abgedeckt, die zwar in Anwesenheit anderer stattfinden können, aber nicht durch Rollenkomplementarität determiniert sind: So ist unsere Teilnahme am Straßenverkehr[40] durch unsere jeweilige Aktivität als Radfahrende, Zufußgehende, Autofahrende, Rollschuhlaufende usw. konstituiert, und dies sind Tätigkeiten, die nicht durch eine soziale Beziehung definiert sind – wir brauchen kein Gegenüber, um Rollschuh zu laufen, und auch im Beisein anderer Verkehrsteilnehmender ist eine direkte Kontaktaufnahme nicht zwingend notwendig. Sobald aber Ko-Präsenz in Interaktion mündet, kommt eine soziale Beziehung zustande, von der wir niemals mit Sicherheit wissen, wohin sie sich ‚entwickeln' wird, von der wir aber immer mit Sicherheit sagen können, was sie momentan ausmacht: Wir können sagen, ob wir einander fremd oder bekannt sind, und wir können sowohl Abstufungen der Bekanntheitsgrade vornehmen als auch bestimmen, aus welchem Zusammenhang wir eine Person kennen. Auf die Face-to-Face-Interaktion bezogen haben wir festgestellt, dass sie durch verschiedene Mechanismen begrenzt ist: Wenn es nur eine Sprecherin zur Zeit gibt, man nur über ein Thema zur Zeit reden kann und die

---

40 In seiner Studie zu „Role Distance" behandelt Goffman (2013 [1961]) dagegen das Karussellfahren, das ja im weiteren Sinne auch als Verkehrsteilnahme und damit als Interaktionsformat der „sich bewegenden Einheiten" gelten kann, als zentrales Beispiel einer ‚Situationsrolle'. Gerade bei den als Situationsrollen (vgl. hierzu auch Gerhardt 1971) bezeichneten Verhaltensweisen ist aber nicht die Interaktion der Ausgangspunkt der Beobachtung, sondern die Ausübung einer Tätigkeit und ggf. das Ausmaß, in dem wir uns mit dieser Tätigkeit identifizieren. Es handelt sich also um eine andere Betrachtungsweise als die in diesem Kapitel vorgeschlagene.

Interaktion auch noch zeitlich begrenzt ist, dann kann vieles, was für die Interaktion relevant ist, nicht thematisiert werden; es läuft mit als ‚Hintergrundannahmen', die nicht zur Sprache kommen (müssen). Je nach sozialem Ereignis gibt es aber immer eine ganze Bandbreite von Aspekten der Situation – ob das nun die Farbe der Stühle ist, auf denen man sitzt, die Frisur des Gegenübers oder der Regenguss, der draußen vorm Fenster niedergeht –, die für die unmittelbare Interaktion auch gar nicht relevant sind; sie zu thematisieren ist möglich, aber nicht ‚vorgesehen'. Welche Thematisierung in der Interaktion jedoch ‚vorgesehen' ist, hängt mit den sozialen Rollen zusammen, die die Anwesenden einander gegenüber einnehmen. Mit den Rollen kommen bestimmte, wechselseitige Erwartungen ins Spiel, wie wir uns und wie die anderen sich verhalten können und nicht verhalten können.

Wir haben bereits gesehen, dass die Konsolidierung von Erwartungen durch Kommunikation geschieht und entscheidend für die Herausbildung gesellschaftlicher Systeme ist. Erwartungen stellen in Luhmanns[41] Konzeption eine „Einschränkung des Möglichkeitsspielraums" (Luhmann 1984: 397) dar, indem sie Annahmen darüber zulassen, was eintreten kann und was nicht. In Bezug auf die soziale Rolle entstehen solche Annahmen nicht spontan aus der sozialen Situation heraus, sondern sind ihr vorgängig. Das sehen wir daran, dass wir Erwartungen an Personen auch ganz ohne eigene ‚Erfahrung' formulieren können – nämlich dann, wenn wir die Personen einer Kategorie zuordnen, über die wir bereits Annahmen haben, auch ohne dass wir jemals mit dieser Personenkategorie in Berührung gekommen sind. Auch wenn wir also noch nie persönlich mit einem Börsenmakler, einer Psychiaterin oder einem Poolreiniger zu tun hatten, besitzen wir ein mittelbares Wissen davon, was wir von TrägerInnen solcher Rollen erwarten bzw. nicht erwarten können und was diese umgekehrt von uns erwarten bzw. nicht erwarten würden, würden wir sie in dieser Kategorie adressieren. Und umgekehrt schließen wir dann auch nicht von der konkreten Rollenperformanz unseres Gegenübers auf generell erwartbares Rollenverhalten (vgl. Goffman 2013 [1961]), sondern gleichen das konkrete Verhalten in der Interaktion mit vorgängigen Erwartungen ab. Das heißt, unsere Annahmen über die vielen verschiedenen Personenkategorien, mit denen wir alltäglich operieren, haben zunächst einmal nichts mit den konkreten Personen zu tun und sind daher ‚anonymisiert'; und sie haben nichts mit der konkreten Situation zu tun und sind daher ‚generalisiert' (vgl. u. a. Luhmann 1984; Popitz 1967). In der Interaktion

---

41 Hier muss auch darauf hingewiesen werden, dass Luhmann (1984: 430) davon ausgeht, dass „die Ordnungsleistung von Rollen für faktisches Verhalten und Verhaltenserwartungen […] in der Soziologie zeitweilig erheblich überschätzt worden" sei; er selbst verfolgt das Rollenkonzept in seinen Arbeiten nicht weiter und beschäftigt sich vielmehr mit der Bedeutung und Wirksamkeit von organisationalen Programmen.

6 Soziale Rollen

sind also bestimmte Handlungsanforderungen durch Rollen vorstrukturiert, die unter ähnlichen Bedingungen auch immer wiederholbar sind. Die Rolle ist damit einerseits immer spezieller, andererseits aber auch allgemeiner als das Individuum, das sie ausübt; auf der einen Seite umfasst sie nur einen ganz bestimmten Ausschnitt aus allen denkbaren Verhaltenserwartungen, auf der anderen Seite ist sie aber nicht ans Individuum gebunden, sondern kann immer von vielen Individuen ausgeübt werden (vgl. Luhmann 1984).

Aber wie kommen Rollenerwartungen überhaupt zustande? Nach Talcott Parsons (1962 [1951]) beruhen Rollenerwartungen auf vier Wertorientierungen („pattern variables", auch: AGIL-Schema[42]), die als Gegensatzpaare alternativer Präferenzen, Dispositionen und Annahmen angelegt sind, als zwei einander widersprechende und einander ausschließende Orientierungen. Soziale Rollen sind nach Parsons (ebd.: 76) „the definitions of rights and duties of the members of a collectivity which specify the actions of incumbents of roles, and which often specify that the performer shall exhibit a habit of choosing one side or the other of each of these dilemmas". Das heißt, dass die in der Rolle festgelegten Tätigkeiten und Anforderungen mit präskriptiven Wertorientierungen einhergehen, so dass die Rollentragenden von der Orientierungsentscheidung von vornerein entlastet sind und Spannungen zwischen den unterschiedlichen Orientierungsmöglichkeiten bereits durch die jeweilige Rolle reguliert sind (vgl. Gerhardt 1971). Die Sozialbeziehung, die dadurch definiert wird, ist in diesem Schema ‚intim' oder ‚anonym', die damit verbundenen Rollenerwartungen sind ‚personalisiert' oder ‚generalisiert' und die darin eingeschlossenen Aktivitäten ‚zweckoffen' oder ‚zweckgebunden'. Die vier Alternativen der Wertorientierung, nach denen sich Rollenerwartungen definieren lassen, sollen hier in Anlehnung an Parsons (1962 [1951]) erläutert werden.

1. *Affektivität vs. affektive Neutralität* beschreibt die Orientierung entweder in Richtung Impulskontrolle oder in Richtung unmittelbarer Bedürfnisbefriedigung; in Rollenerwartungen lässt sich diese Orientierung dahingehend übersetzen, inwiefern die sozialen Rollen es verlangen, in der Sozialbeziehung von den persönlichen Gefühlen Abstand zu nehmen oder nicht. So ist die Frage, ob zwei Gegenüber einander sympathisch sind oder nicht, für die Ausbildung mancher Sozialbeziehungen (Partnerschaften, Freundschaften) ausschlaggebend, für manche Beziehungen vorausgesetzt (Eltern-Kind-Beziehungen) und für manche Sozialbeziehungen schlicht nicht rollenrelevant (Verkäufer-Kundin, Ärztin-Patient). Affektivität scheint also den ‚intimen', ‚persönlichen' Beziehungen vorbehalten, während affektive Neutralität zu den Rollenerwartungen an im weitesten Sinne ‚geschäftliche' oder ‚vertragliche'

---

42 AGIL = Adaptation, goal attainment, integration, latency.

Beziehungen gehört, wie wir sie insbesondere im Zusammenhang mit Berufsrollen finden. Auch wenn wir intuitiv sagen würden, dass es für uns durchaus wichtig ist, ob unsere Ärztinnen und Lehrer, aber auch unsere Patienten und Schülerinnen uns sympathisch sind oder nicht, wissen wir um die Rollenerwartung, dass dieses Gefühl nicht in einem Maße wichtig *genommen* werden darf, dass daraus Konsequenzen für die Interaktion entstehen, die den Zweck der Sozialbeziehung konterkarieren würden: Der Extremfall wäre, dass die Ärztin es ablehnt, einen Patienten zu behandeln, den sie nicht leiden kann, oder dass die Schülerin sich weigert, am Unterricht eines Lehrers teilzunehmen, der ihr unsympathisch ist. Affektive Neutralität schließt jedoch auch alle Emotionen und Bedürfnislagen mit ein, die nichts mit dem konkreten Gegenüber zu tun, aber in der Interaktion dennoch ‚nichts zu suchen' haben. Das Zeigen überbordender Freude oder abgrundtiefer Trauer ist in ‚unpersönlichen' Sozialbeziehungen ebenso wenig vorgesehen, wie es in intimen Beziehungen dazuzugehören scheint. Die Gründe, die uns dafür einfallen, mögen vielfältig sein, laufen aber letzten Endes darauf hinaus, dass Affektivität dort, wo sie ‚wider Erwarten' auftritt, im Zweifelsfall die Beschaffenheit der Sozialbeziehung modifiziert und man gegebenenfalls nicht mehr dahinter zurücktreten kann. Das heißt, wenn es einmal ‚persönlich' geworden ist, wird es schwierig, wieder zu einem unpersönlichen Beziehungsmodus zurückzufinden, und dies kann sich vor allem in asymmetrischen Rollenbeziehungen, in denen Entscheidungs- und Weisungsbefugnisse ungleich verteilt sind, kontraproduktiv auswirken.

2. *Diffusität vs. Spezifizität* bezieht sich auf Orientierungsmuster, nach denen die Sozialbeziehung entweder mehr oder weniger an instrumentellen oder funktionalen Aspekten ausgerichtet ist. Rollenerwartungen sind dann entweder so verfasst, dass sie an Kosten, Nutzen, Zwecken und Ergebnissen von Interaktionen gebunden oder in diesem Sinne eher zweck- und zukunftsoffen sind. Sind die Rollenerwartungen „spezifisch", ist die Sozialbeziehung durch ein klar umrissenes gemeinsames Ziel gekennzeichnet, das in der momentanen Interaktion (und ggf. Anschlussinteraktionen) erreichbar ist. Für die gemeinsame Zielverwirklichung sind dann nur ganz bestimmte Aspekte relevant. So ist es in der Sozialbeziehung zwischen dem Bürger, der einen neuen Personalausweis beantragt, und der Sachbearbeiterin auf dem Bürgeramt ganz klar voreingerichtet, was beide Personen ihrer Rolle entsprechend tun müssen, um das gemeinsame Ziel zu erreichen: Er muss sich mit einer Urkunde oder einem Pass ausweisen, ein aktuelles Foto zur Verfügung stellen, ein Formular unterschreiben und eine Gebühr entrichten, sie muss die Angaben in das Ausweisformular übertragen, das Foto einfügen und die Unterlagen an die Bundesdruckerei weiterleiten. „Diffuse" Rollenerwartungen hingegen liegen vor, wenn die in der Sozialbeziehung verfolgten Interessen und Ziele nicht so klar

6 Soziale Rollen

definierbar sind und über die momentane Interaktion hinausgehen. Die Rollentragenden können nicht auf einige wenige erwartbare Verhaltensweisen reduziert werden, gerade weil es kein konkretes Ziel der Sozialbeziehung gibt, gerade weil die ‚Funktion' der Beziehung diffus ist. Würden wir in unseren Freundschaften oder unseren Familienbeziehungen konkrete, erreichbare Ziele anstreben, dann würden die Beziehungen mit der Erreichung der Ziele obsolet. Natürlich können die Interaktionen innerhalb solcher Beziehungen ein konkretes gemeinsames Ziel haben, zum Beispiel, einen gemeinsamen Urlaub zu planen. Hier gibt es aber wiederum keine an den Rollen festmachbare Verhaltenserwartungen, die festlegen würden, wer welchen Teil zur Planung beitragen muss – wer die Reiseliteratur besorgt, wer die Checkliste darüber anlegt, was mitzunehmen ist, wer die Fahrkarten kauft, wer das Hotel bucht usw. Selbst in Familienbeziehungen, in denen solche Dinge ‚eingespielt' sind, wo also jedes Familienmitglied seine ‚Aufgaben' hat, stehen diese grundsätzlich zur Disposition – je nach Alter kann das Kind mehr oder andere Aufgaben übernehmen, der Vater, der ‚sonst' für die Checkliste zuständig ist, kann ‚diesmal' auch die Reiseliteratur besorgen usw. Auf dem Bürgeramt sind solche Änderungen in der ‚Aufgabenteilung' zwischen Antragsteller und Sachbearbeiterin nicht vorgesehen. Es ist außerdem auch nicht vorgesehen, dass in der Interaktion zwischen Antragsteller und Sachbearbeiterin überhaupt etwas anderes als das, was zur gemeinsamen Zielverwirklichung nötig ist, zur Sprache kommt; ein kurzer Smalltalk kann dazugehören, eine Erörterung der Lieblingslokale oder des Sorgerechtsstreits mit der Exfrau nicht. In der Interaktion zwischen Freundinnen, Partnern oder Eltern und Kindern hingegen kann jeder beliebige Aspekt des Gegenübers zu einem bestimmten Zeitpunkt relevant werden, der Beruf, die Lieblingsfarbe, das religiöse Bekenntnis, die Lebensmittelallergie; alles kann thematisiert werden. Auch im Falle von „Diffusität vs. Spezifität" können wir also wieder unterscheiden zwischen einer ‚vertraglich' prädefinierten Interaktion, in der es nur um die angestrebte Transaktion geht, und einer ‚offenen' Interaktion, in der die Sozialbeziehung nicht in der angestrebten Transaktion aufgeht.

3. *Partikularismus vs. Universalismus* betrifft Rollenerwartungen, die in der Sozialbeziehung als Standards der Beurteilung des Gegenübers zum Ausdruck kommen. Hier geht es um Beurteilungskriterien, die sich auf die Gegenüber als Rollentragende in der jeweiligen Situation oder auf die Gegenüber in ihren weiteren Verhältnissen zueinander beziehen, also um die Unterscheidung zwischen ‚Regelfall' (Rollenerwartungen, die auf die in der Situation relevanten Rollen bezogen sind) und ‚Sonderfall' (Rollenerwartungen, die über die konkrete Situation hinausgehen und sich nicht unmittelbar aus ihr erschließen). Die Sozialbeziehung Supermarktkassierer-Supermarktkundin ist determiniert durch an den jeweiligen

Rollen festmachbare, „universale" Erwartungen, die über den Zweck der momentanen Interaktion nicht hinausgehen: Es ist nicht relevant, ob die beiden auch noch gute Bekannte sind oder verfeindete NachbarInnen, ob ihre Kinder zur gleichen Schule gehen oder sie konkurrierenden Sportvereinen angehören – der Kassierer scannt die Waren nicht langsamer oder schneller ein, und die Kundin bezahlt für ihre Waren nicht mehr oder weniger in „partikularer" Abhängigkeit davon, welche anderen Beziehungen noch zwischen den beiden bestehen. Natürlich kennen wir Fälle, in denen Sozialbeziehungen miteinander ‚vermischt' und erwartungsgemäß irrelevante Beziehungen für Entscheidungen ausschlaggebend werden. Bezeichnen wir etwas als „Bevorzugung", „Benachteiligung" oder „Bestechung", ist damit immer eine ‚ungebührliche', also rollenwidrige Vermengung von sozialen Beziehungen gemeint. Wenn ich hingegen meinen Freund mit einer Umarmung begrüße und der mir fremden Frau, die dabeisitzt, nur die Hand gebe, ist dies zwar eine unterschiedliche Behandlung, darin aber rollenkonformes Verhalten. Partikularismus vs. Universalismus ist dann auch das typische Orientierungsdilemma im Rollenkonflikt, wenn wir in zwei Rollen gleichzeitig adressiert werden (vgl. Gerhardt 1971): Unser Gegenüber ist unser Freund und unser Steuerberater, unsere Tochter auch unsere Schülerin, unser Parteikollege auch Personalchef in der Firma, in der wir uns bewerben, unsere Zahnärztin auch die Verdächtige, die wir bei unseren polizeilichen Ermittlungen zum Verhör bitten müssen. Hier entstehen Widersprüche zwischen den Erwartungen an verschiedene Rollen, die wir in der Interaktion zeitgleich einnehmen; und wir müssen anhand der spezifischen Situation entscheiden, an welchen Rollenerwartungen wir uns orientieren (vgl. ebd.) und welche Rolle prinzipielles Gewicht hat (vgl. Goffman 2013 [1961]).

4. Zuschreibung vs. Leistung schließlich ist eine Wertorientierung, die entweder an den konkreten oder möglichen Handlungen des Gegenübers oder an seinen unveränderlichen Eigenschaften ausgerichtet ist. Die Unterscheidung richtet sich danach, ob von einer Rolle bestimmte Leistungen erwartet werden und die Rolle dadurch eindeutig definiert ist, oder ob eine solche Orientierung eher ausgeschlossen ist und die Rollenerwartungen sich auf die subjektiven Einschätzungen der Gegenüber beziehen. Anders ausgedrückt: Es gibt soziale Rollen, die über die Erbringung bestimmter Leistungen umrissen sind, und soziale Rollen, die über die Zuschreibung bestimmter Qualitäten definiert sind. Ein Fliesenleger ist nicht deshalb ein Fliesenleger, weil wir ihm bestimmte Eigenschaften zuschreiben, sondern weil in seinen Sozialbeziehungen, die er in der Rolle als Fliesenleger unterhält, bestimmte Leistungen von ihm erwartet werden können; und umgekehrt ist eine Freundin nicht deshalb eine Freundin, weil sie in der Interaktion freundschaftliche Leistungen erbringt (die sich auch gar nicht eindeutig definieren ließen), sondern weil wir ihr

6 Soziale Rollen

Qualitäten zuschreiben, die der Rollenerwartung als Freundin entsprechen. Das heißt dann natürlich auch, dass der Fliesenleger qua Differenz „Leistung vs. Zuschreibung" keine unveränderlichen Eigenschaften besitzt – Hilfsbereitschaft, Loyalität, Verschwiegenheit, selbst Freundlichkeit oder Höflichkeit stehen nicht genuin mit der Rolle in Verbindung und gehören nicht zu den speziellen Rollenerwartungen.

Zusammenfassend lassen sich Rollenbeziehungen und die damit verbundenen Erwartungen und Anforderungen anhand der zugrunde liegenden Wertorientierungen wie folgt differenzieren:

Intim, personalisiert, zweckoffen: ‚*Gemeinschaft*'	*Anonymisiert, generalisiert, zweckgebunden:* ‚*Gesellschaft*'
Affektivität	Affektive Neutralität
Diffusität	Spezifizität
Partikularismus	Universalismus
Zuschreibung	Leistung

Wenn wir bis hierhin von klar differenzierbaren Wertorientierungen gesprochen haben, so können wir empirisch, im Hinblick auf die konkreten Sozialbeziehungen, davon ausgehen, dass es sich bei den Gegensatzpaaren der Wertorientierungen eher um ein Kontinuum handelt. Die meisten Sozialbeziehungen bewegen sich irgendwo zwischen den beiden Extremorientierungen und schlagen entweder zur einen oder zur anderen Seite aus. Die absolute Austauschbarkeit von Personen, die mit anonymisierten und generalisierten Rollenerwartungen einhergeht, ist aus der subjektiven Perspektive umso weniger gegeben, je intensiver wir mit einem Rollengegenüber zu tun haben und je länger unsere gemeinsame Interaktionsgeschichte wird. Funktional betrachtet ist es zwar unerheblich, wer uns Schuhe verkauft und wem wir Schuhe verkaufen, wer uns Mathematik beibringt und wem wir Mathematik beibringen, wer unsere Kinder hütet und wessen Kinder wir hüten usw., solange alle Beteiligten die Anforderungen an die jeweiligen Rollen erfüllen. Und wenn auf der einen oder anderen Seite eine Person ausfällt, wird es immer jemanden geben, die oder der die Rolle übernimmt. Gleichzeitig eignen wir uns jedoch viele unserer ‚rein funktionalen', zweckgebundenen Sozialbeziehungen mit der Zeit in einer Weise an, dass nicht mehr ausschließlich die Rollenfunktion, sondern die ‚dahinterstehende' Person für uns an Bedeutung gewinnt: Aus „dem Arzt" wird „mein Arzt", aus „der Professorin" wird „meine Professorin", aus „dem Friseur" wird

„mein Friseur". Und daraus folgt immer eine Bevorzugung der konkreten Person in ihrer generalisierten Rolle, gehe ich doch nur im Notfall zu „einem Arzt" statt zu „meinem Arzt". Auf dem Kontinuum zwischen ‚intim, personalisiert, zweckoffen' und ‚anonymisiert, generalisiert, zweckgebunden' tendieren unsere Sozialbeziehungen also dazu, mit zunehmender Interaktionsintensität und -häufigkeit ‚persönlicher', nicht ‚unpersönlicher' zu werden. So verweist auch der vielverwendete Begriff der ‚Grenzüberschreitung' stets auf rolleninadäquates Verhalten in nur eine Richtung – was überschritten wird, ist die durch Rollen definierte Grenze in der Sozialbeziehung vom instrumentellen, funktionalen hin zum diffusen, affektiven, aber nicht umgekehrt.

Vor diesem Hintergrund werfen wir zunächst einen Blick auf den Minimalfall der sozialen Beziehung, die sich nur in einem kurzen Austausch ausdrückt (etwa: „Entschuldigung, können Sie mir sagen, wie spät es ist?" – „Viertel vor zwei." – „Danke!" oder „Wenn ich gewusst hätte, dass der Zug so voll ist, hätte ich mir einen Sitzplatz reserviert." – „Ja, es ist heute wirklich extrem voll." – „Na, dann such ich mal weiter." – „Viel Glück!"). Für diese Minimalbeziehung existiert vermutlich gerade deshalb kein gängiger Rollenausdruck,[43] weil die flüchtigen Interaktionen es erfordern, dass wir unserem Gegenüber mit vollständig anonymisierten, generalisierten Verhaltenserwartungen begegnen; wir können unsere Erwartungen ja an nicht viel mehr festmachen als daran, dass wir uns zur gleichen Zeit am gleichen Ort befinden.[44] Natürlich gibt es, das werden wir in Kapitel 9 noch genauer untersuchen, auch die Rollenerwartungen ergänzende Typisierungen, die uns die Einordnung unseres Gegenübers (zusätzlich) erleichtern. Doch wenn wir seit Stunden in einer fremden Stadt umherirren, werden wir, so wir uns einmal dazu durchgerungen haben, doch eher die nächstbeste Person nach dem Weg fragen, als noch einmal stundenlang zu warten, bis eine Person vorbeikommt, die wir auch gern danach fragen wollen (von welchen Typisierungen wir das auch immer abhängig machen würden). Hier liegt also eine vollkommen anonymisierte, generalisierte Verhaltenserwartung vor, die nur damit erklärbar ist, dass wir in unserer Lage als

---

43 Auch hier könnte man wieder auf den Begriff der ‚Situationsrolle' verweisen, und zunächst erscheint es auch plausibel, dass bestimmte Sozialbeziehungen allein durch das Ereignis, in dessen Rahmen sie stattfinden, entstehen und geprägt sind. Dies ist aber in der geläufigen Verwendung des Begriffs nicht gemeint; als ‚Residualkategorie' umfasst er vielmehr jedes Verhalten, das vornehmlich situational (und eben nicht durch Position oder Status) determiniert ist. Um Missverständnisse zu vermeiden, wollen wir hier auf den Begriff verzichten.

44 Wenn dies und nichts anderes zutrifft, sind die ‚Rollenerwartungen' im öffentlichen Raum, wie wir in Kapitel 1 schon gesehen haben, ganz allgemein darauf beschränkt, einander nicht im Weg zu sein, wenn wir uns bewegen.

6 Soziale Rollen

Hilfebedürftige im Grunde jeder anwesenden Person die Rolle als Hilfegewährende zuweisen. Und mehr noch: Auch der weitere Verlauf der Interaktion folgt einem bestimmten Muster, das sich in jeder vergleichbaren Situation von allen Beteiligten abrufen lässt. Sich hier an erwartungsgemäße Interaktionszüge zu halten, entlastet uns nicht nur von Entscheidungen und schränkt Möglichkeitsräume ein; die Entscheidungsentlastung und die begrenzten Möglichkeitsräume sind auch ein Grund, warum wir uns in sozialen Situationen auch an völlig Fremde in Form eines ‚generalisierten Anderen' (s. Kap. 12) wenden können, der in der unmittelbaren Situation eben nur die Stelle eines ‚Gesellschaftsmitglieds' vertritt, an das wir generalisierte Verhaltenserwartungen haben. Wenn wir nun davon ausgehen, dass es eine grundsätzliche Solidarität von Fremden im öffentlichen Raum gibt (s. a. Kap. 4), so können wir vor diesem Hintergrund aber auch sagen, dass das Ausmaß des solidarischen Verhaltens durch die vollkommen generalisierte Verhaltenserwartung so deutlich eingeschränkt ist, dass das soziale Risiko, dass wir beim Hilfesuchen und Hilfegewähren eingehen, relativ gering ist. Gerade weil die Rollenkomplementarität in der flüchtigen Sozialbeziehung sich auf einige wenige wechselseitige Verhaltenserwartungen gründet, ist das Enttäuschungsrisiko überschaubar. Und so kann auch das ‚zweckfreie' Dartun von Eindrücken oder Befindlichkeiten unter Fremden, das einfach nur dem Bedürfnis entspringt, sich einer anderen Person mitzuteilen, zumindest von der so angesprochenen Person als völlig unverbindlich behandelt werden – zu mehr als einer passenden Entgegnung sind wir nicht ‚verpflichtet'.

Je mehr das Pendel der Sozialbeziehung in Richtung ‚anonymisiert, generalisiert, zweckgebunden' ausschlägt, desto stärker sind auch die damit verbundenen Interaktionen prädefiniert. Es ist dann auch in der Interaktion vorstrukturiert, wie Impulskontrolle, Zielverwirklichung, Zweckorientierung und Leistungserbringung vonstattengehen können, und bestimmte Interaktionszüge gehören selbstverständlich dazu, während andere ausgeschlossen sind. Das Rollenverhalten wird also gerade dadurch überschaubar und antizipierbar, dass das Rollenhandeln aufeinander abgestimmt ist (vgl. Gerhardt 1971). Nach Krappmann (1973 [1969]) gehört zu einem erfolgreichen Rollenhandeln allerdings die Übereinstimmung zwischen den prädefinierten Rollenerwartungen und der wechselseitigen Rolleninterpretation der Rollentragenden. So kann es durchaus geschehen, dass es zwischen den Gegenübern keinen umfassenden Konsens darüber gibt, was die eigene Rolle und die des Gegenübers jeweils ein- oder ausschließt. Auch dies können wir mit dem Kontinuum der Parsonsschen Wertorientierungen erklären: Eine Dozentin kann die in dieser Rolle an sie adressierten Erwartungen als konsequent neutral, spezifisch, universalistisch und leistungsorientiert interpretieren. Dann kommt sie aber zwangsläufig in Situationen, in denen Studierende affektive, diffuse, partikulare, askriptive Aspekte geltend machen: Die Hausarbeit konnte nicht fristgerecht abgegeben werden, weil man sich in diesem Semester übernommen hat, weil einem die eigene Hochzeit dazwischengekommen ist, weil der Rechner mit den Daten verlorengegangen ist, weil das für die Arbeit zentrale Buch in der Bibliothek ständig ausgeliehen war usw. Der Student erwartet also, dass seine persönlichen Umstände in der Sozialbeziehung mitberücksichtigt werden, während die Dozentin erwartet, dass diese in der Beziehung nicht relevant sind. Darin eröffnet sich, je nach Betrachtungsweise, ein Dilemma oder aber ein Spielraum der Wertorientierung; man kann sich immer darauf zurückziehen, ‚Dienst nach Vorschrift' zu machen und in diesem Fall eine nicht abgegebene Hausarbeit als ‚nicht bestanden' bewerten. Man kann jedoch auch bestimmte Gründe für das Nichterfüllen von Rollenerwartungen akzeptieren und die Abgabefrist in diesem Fall verlängern. Das hängt, so Luhmann (1984), maßgeblich davon ab, ob es sich bei den Rollenerwartungen um „normative" oder „kognitive" handelt:[45] Zwar ist es allen Erwartungen inhärent, dass sie enttäuscht werden können, aber darin gibt es solche Erwartungen, die erfahrungsresistent sind, und solche, die erfahrungsoffen sind. Normative Erwartungen werden durch Enttäuschung nicht beeinträchtigt; egal, wie oft die Dozentin die Erfahrung macht, dass Hausarbeiten nicht fristgerecht eingereicht werden, sie bleibt dabei, auf einer fristgerechten Abgabe zu bestehen und im Abweichungsfall ein ‚nicht bestanden' zu geben. Desgleichen gilt aber auch: Egal, wie oft der Student die Erfahrung macht, dass seine persönlichen Umstände für Dozierende nicht relevant sind, er bringt sie immer wieder in die Sozialbeziehung ein, weil er die normative Erwartung an seine ProfessorInnen hat, dass sie ihn als ‚ganze Person' (mit individuellen Schwächen, Problemen und Bindungen) würdigen. Kognitive Erwartungen hingegen sind einer ‚Lernkurve' unterworfen; werden sie enttäuscht, neigen wir dazu, sie zu modifizieren oder auch ganz aufzugeben. Die Dozentin würde dann mit der Zeit nicht mehr rigoros auf einer fristgerechten Abgabe von Hausarbeiten bestehen und könnte schließlich auch ganz auf solche Fristen verzichten; der Student wiederum würde schließlich nicht mehr seine ‚ganze Person' in die Rollenbeziehung einbringen, sondern akzeptieren, dass nur bestimmte Aspekte seiner Person für seine Rolle als Student relevant sind. So stellen wir aber auch fest, dass nicht wenige Rollenerwartungen, die wir a priori für normativ, verbindlich oder verpflichtend halten können, dies

---

45 Dahrendorfs (1977 [1964]) vielzitierte Einteilung in Muss-, Soll- und Kann-Erwartungen ist in dieser Konzeption nicht anschlussfähig; aus der Perspektive der Person, die die Erwartung an eine andere Person hat, ist sie reine Antizipation dessen, was im Rahmen der konkreten Interaktion möglich ist; aus der Perspektive der Person, von der etwas erwartet wird, gibt es immer die Möglichkeit, die Erwartung zu erfüllen oder nicht.

gar nicht sein müssen – weder in der momentanen Interaktion noch gegebenenfalls in der interaktionsübergreifenden Sozialbeziehung. Und wir stellen auch fest, dass normative Erwartungen an eine Rolle nicht an ihrer Erfüllung erkennbar werden, sondern an der Unveränderlichkeit und Beständigkeit der Erwartung selbst. Darin liegt dann natürlich immer auch ein Manipulations-, Dissens- und Konfliktpotential, aber auch ein Konsens- und Kooperationspotential (vgl. Luhmann 1984). Würden alle Rollenerwartungen in der Sozialbeziehung *wechselseitig* als eindeutig und verpflichtend interpretiert, wäre unser Alltag weitgehend konflikt- und störungsfrei. Die KundInnen an unserer Supermarktkasse würden ihre lose Ware immer ausweigen, bevor sie sie aufs Band legen, hätten nie Zweifel an dem Preis, den wir einscannen, und nie etwas Wichtiges vergessen, das sie schnell noch holen müssen, sie würden sich in der Schlange nie vordrängeln und hätten immer genug Geld dabei, um ihren Einkauf postwendend und auf den Cent abgezählt zu bezahlen. Würden Rollenerwartungen jedoch umgekehrt stets als beliebig und unverbindlich gedeutet, hätten wir gar keinen ‚Alltag' – jede soziale Situation würde es immer wieder aufs Neue erfordern, Erwartungen konkret ‚auszuhandeln', und es gäbe keine schematischen Abläufe der Interaktion. Wir könnten dann nicht von vornherein davon ausgehen, dass die KundInnen an unserer Supermarktkasse ihre Waren aufs Band legen, sie nach dem Einscannen in ihre Taschen oder Kartons räumen und dafür den Preis bezahlen, den wir nennen usw., sondern müssten dies als Erwartungen erst explizit formulieren und dann mit unserem Gegenüber darüber verhandeln, inwiefern dies ihren oder seinen Erwartungen entgegenkommt oder widerspricht. Wenn normative Rollenerwartungen uns also einerseits von subjektiver Interpretation entlasten und es uns ermöglichen, mit prädefinierten Interaktionszügen unsere gemeinsamen Ziele und Interessen zu verfolgen, so gilt andererseits aber auch, dass, je ‚komplexer' die soziale Beziehung ist, umso komplexer und damit auch diffuser die Rollenerwartungen werden. Je mehr also das Pendel in Richtung ‚intim, personalisiert, zweckoffen' ausschlägt, desto stärker nehmen wir unser Gegenüber natürlich auch als konkrete Person wahr und nicht als ‚generalisierten anderen', und desto weniger reichen die generalisierten Rollenerwartungen aus, um Interaktionen zu strukturieren, eben weil sich die Beziehung nicht mehr ausschließlich in einem eindeutigen, singulären ‚Zweckzusammenhang' beschreiben lässt. Für den Supermarktkassierer ist es unerheblich, wessen Einkäufe er gerade einscannt, weil die Rollenkomplementarität Kassierer-Kundin sich in dem singulären Zweck des Einkaufens und Kassierens erschöpft. Die damit verbundenen wechselseitigen Verhaltenserwartungen sind begrenzt und die Züge der Interaktion daher vorhersehbar. Verhaltenserwartungen, die mit unseren Rollen in Eltern-Kind-, Geschwister-, Freundschafts- oder Partnerschaftsbeziehungen assoziiert sind, richten wir, vom Individuum aus betrachtet, hingegen an eine einzige, konkrete, nicht austauschbare Person. In intimen, persönlichen Sozialbeziehungen besteht eine so weitreichende subjektive Identifizierung der Person mit der Rolle, dass beides synonym wird – „mein Poolreiniger" kann jeder Poolreiniger sein, aber „meine Mutter", „mein Lebensgefährte", „mein Kind" ist eine konkrete Person und kann nicht jede Mutter, jeder Lebensgefährte, jedes Kind sein.

Damit kommen wir zunächst einmal zu der Frage nach dem Identifikationspotential der sozialen Rolle. Luhmann (1984) stellt fest, dass das Individuum sich an Rollen orientiert, während es sich gleichzeitig als Person identifiziert; aus der Ich-Perspektive sind wir nicht die rollenlogische Summe momentan ‚aktivierbarer' Fragmente oder Elemente von Sozialbeziehungen, sondern vollständige, ganze Personen, die auch in den Rollen, die wir übernehmen, ‚mehr oder weniger' und ‚irgendwie' zum Ausdruck kommen. Die Rolle, so Jean-Claude Kaufmann (2000: 70), „ist nicht ein bloßes Gehäuse, das das Individuum schützt, sondern Träger einer Ordnung von Bedeutungen, die sie definiert." Wir haben bereits in Kapitel 1 gesehen, dass wir an Interaktionen zumindest insofern als ‚ganze Person' teilnehmen, als wir es mit unserem ganzen Körper, unserem ganzen Erscheinungsbild tun. Allein in unserer Körperlichkeit sind wir schon ‚ganzheitlich', persönlich und individuell anwesend und nehmen uns selbst so wahr. Und in diesem Sinne sind wir nach unserem eigenen Empfinden auch keine ‚multiplen Persönlichkeiten', die je nach Situation in Form von Rollen in Erscheinung treten oder verborgen bleiben. Gerade deshalb kommen wir, so Popitz (1967), innerhalb unserer Rollen auch zu Selbstauffassungen, die zwar durch die jeweiligen Rollenerwartungen determiniert sind, nicht aber eins zu eins darin aufgehen, sondern auch etwas mit individuellen Einstellungen und Präferenzen zu tun haben. Kurzum: Jede soziale Rolle hat ein Identifikationspotential in dem Sinne, dass wir sie als integrativen Bestandteil unserer Persönlichkeit internalisieren können. Dies lässt sich gut am Beispiel des Berufs verdeutlichen: Wenn wir aufgefordert werden, ‚etwas über uns zu erzählen', ist unser Beruf meist prominent mit dabei. Für viele Menschen hat der Beruf eine sehr starke Integrationskraft; in ihren Selbstbeschreibungen ‚sind' sie die Tätigkeit, die sie ausüben, auch über das konkrete Ausüben der Tätigkeit hinaus („ich bin Lehrer", nicht: „ich arbeite als Lehrer"); und nicht selten ‚sind' sie der Beruf, den sie ‚haben', auch ungeachtet der beruflichen Tätigkeit, die sie ausüben („ich bin gelernte Steuerberaterin, aber zurzeit arbeite ich in einem Architekturbüro und mache da den Papierkram"). Natürlich können wir sagen, dass der Beruf ein zentraler Indikator für sozialen Status[46] ist und wir deshalb dazu neigen, unsere statusniedrigen Tätigkeiten zu umschreiben, zu überhöhen, zu marginalisieren

---

46 Nach Linton (1974 [1945]: 66) ist Status die „Stellung eines Individuums im Prestigesystem seiner Gesellschaft".

oder sogar zu verheimlichen. Hinsichtlich der ‚Identifikation' mit der Rolle ist aber sozialer Status allein keine hinreichende Erklärung, denn dann müssten wir davon ausgehen, dass Tätigkeiten wie Striptease-Tänzer, Drogendealerin, Call-Center-Agent, Regaleinräumerin oder Kreuzfahrtanimateur nur sehr wenig Identifikationspotential besitzen, im Gegensatz beispielsweise zu Zahnarzt, Anwältin, Fabrikdirektor, Astronautin oder Filmstar. Dass dies nicht kategorisch so sein kann, können wir mit Krappmann (1973 [1969]) zum einen so argumentieren, dass *jede* soziale Rolle das Potential des Widerstands gegen die totale Vereinnahmung in sich trägt. Auch wenn es uns generell leichter fallen mag, uns als Zahnarzt zu ‚bekennen' denn als Regaleinräumer, heißt das nicht, dass der Zahnarzt in seinem Beruf ‚aufgeht' und der Regaleinräumer nicht. Wie viel Befriedigung und Anerkennung wir durch die Ausübung einer Tätigkeit erfahren, hängt auch von unserer Einstellung dazu ab, und hier kommt das ins Spiel, was Goffman (2013 [1961]) als „Rollendistanz" bezeichnet: Je mehr die Rolle dazu angelegt ist, die TrägerInnen ganz zu vereinnahmen und auf wenige Rolleneigenschaften zu ‚reduzieren', desto größer ist die Wahrscheinlichkeit, dass man sich in Ausübung der Rolle gerade von solchen Aspekten distanziert, die genuin zur Rolle gehören.

Goffman (ebd.) unterscheidet hier zwischen „commitment" und „embracement", also zwischen der Bindung an die Rolle und der Vereinigung mit der Rolle. Eine Bindung an die soziale Rolle empfinden wir bereits dadurch umso stärker, je regelmäßiger wir sie ausüben – sie macht einen erklecklichen Teil unseres Alltagshandelns aus und ist damit fest in unserem Alltag verankert. Das heißt aber noch nicht, dass die Rolle ‚ein Teil von uns ist', sondern erst einmal nur, dass wir die damit assoziierten Rollenerwartungen als verbindlich wahrnehmen und uns verpflichtet fühlen, sie zu erfüllen. Nur wenn wir uns auf diese Weise einer Rolle verbunden fühlen, können wir uns auch von ihr distanzieren, und dies tun wir üblicherweise damit, dass wir dem Rollengegenüber signalisieren, dass wir nur Erwartungen erfüllen, sie aber persönlich nicht ernstnehmen oder unterstützen: „Mir persönlich ist es ja egal, wann Sie Ihre Hausarbeit abgeben, aber der Prüfungsordnung zufolge können Sie sich ohne den Leistungsnachweis nicht zur Bachelorarbeit anmelden." Oft drücken wir Rollendistanz aber auch beobachtenden Dritten gegenüber aus – wir geben uns dem absurden Anliegen der Chefin gegenüber servil und pflichtbewusst und schneiden hinter ihrem Rücken Grimassen, so dass der Kollege sehen kann, dass unser Rollenhandeln nicht mit unserer Einstellung dazu kongruent ist. Die Vereinigung mit der Rolle dagegen geht über Verbindlichkeiten und Verpflichtungen und damit über bloße Rollenerwartungen hinaus. Wir nehmen die Rolle in uns auf und sind nicht mehr in der Lage, sie je nach Situation ‚abzustreifen' – unser Alltagshandeln wird nicht mehr durch die Rolle bestimmt, sondern die Rolle beeinflusst unser Alltagshandeln auch dort, wo wir sie gar nicht einnehmen, wo also die Sozialbeziehung durch andere Rollen definiert ist. Empirisch betrachtet haben wir es hier wohl mit Klischees zu tun – der Lehrer, der immer einen belehrenden Tonfall anschlägt, die Dozentin, die sich nie unterhält, sondern immer nur doziert, der General, der von jeder Person Gehorsam erwartet, die Mutter, die jede Person bemuttert. Die Rolle ist dann die Haut, aus der man nicht hinauskann; man kann sich nicht von ihr distanzieren. Dies kann uns aber natürlich auch von unseren Gegenübern sozusagen ‚auferlegt' werden – wenn beispielsweise der Arzt auch im Freundes- und Familienkreis ständig um medizinische Expertenmeinungen, die Bankerin um Anlagetipps oder der Vater um Erziehungsratschläge gefragt wird. Auch hier kann auf der Seite der so ‚Bedrängten' das Bedürfnis entstehen, sich von der Rolle zu distanzieren, die ihre anderen Sozialbeziehungen zu vereinnahmen droht.

Hier ergibt sich nun ein grundsätzliches, längst nicht final beantwortetes Problem der Rollentheorie: Ist das Individuum durch seine sozialen Rollen definiert oder durch seine Haltung zu seinen sozialen Rollen? Intuitiv würden wir uns wahrscheinlich der letzteren Einschätzung anschließen: Was unsere ‚Identität' ausmacht, sind nicht die Erwartungen, die in unseren verschiedenen Rollen an uns adressiert werden, denn die Erwartungen sind immer gleich; nicht *dass* wir ihnen entsprechen, sondern *wie* wir ihnen entsprechen und gegebenenfalls nicht entsprechen, macht uns als Personen von anderen Personen unterscheidbar. Dies ist jedoch, so Kaufmann (2000), nur in dem Maße möglich, in dem Erwartungshaltungen auch auf uns als konkrete Person begrenzt werden – also in jenen Sozialbeziehungen, in denen persönliche Wertorientierungen Vorrang vor anonymisierten und generalisierten haben. Nur in unseren persönlichen Beziehungen können wir unser Rollenengagement überhaupt einem konkreten Gegenüber nachhaltig anpassen und darin Identitätsbestimmungen entwickeln, fortschreiben und modifizieren, denn nur in unseren persönlichen Beziehungen werden wir als konkrete Person wahrgenommen und gewürdigt. So diffus die generellen, anonymisierten Rollenerwartungen zum Beispiel in der Partnerschaftsbeziehung auch sein mögen, so konkret werden sie als Verhaltensstandards, die sich in den unmittelbaren Interaktionen, in der Interaktionsgeschichte der PartnerInnen entwickeln und für diese konkrete Beziehung kennzeichnend sind. Das Rollenförmige macht nur einen kleinen Teil des faktischen Interaktionsrepertoires aus, und dementsprechend kann auch ‚rollenwidriges' Verhalten nur in wenigen Situationen als solches markiert werden.

Es muss aber, dies sei abschließend angemerkt, in Betracht gezogen werden, dass das ‚soziale Korrektiv', das notwendig ist, um rollenwidriges Verhalten zu identifizieren und gegebenenfalls auch zu markieren, jenseits der Interaktion eher obskur bleibt. Dies können wir uns am Beispiel von Berufsordnungen verdeutlichen. Berufsordnungen werden von Berufsverbänden oder Kammern erlassen und beschreiben Verhaltensanforderungen der Berufsausübung. Verstöße gegen solche Berufsordnungen erfolgen jedoch meist nicht gegenüber der Organisation, die sie erlassen hat (es sei denn, man hätte beispielsweise seine Mitgliedsbeiträge nicht gezahlt), sondern gegenüber der Klientel, mit der man es beruflich zu tun hat. In ‚erster Instanz' sind es also nicht die ÄrztInnen und ihre Organisationen, die das Verhalten von ÄrztInnen sanktionieren, sondern die PatientInnen. Die Erwartungen, die ich als Patient an meine Ärztin habe, müssen auch nicht deckungsgleich mit der Berufsordnung sein; die kenne ich wahrscheinlich ja auch gar nicht. Es könnte also sogar sein, dass sie in irgendeinem Aspekt ständig gegen die Berufsordnung verstößt, wenn sie mich behandelt, ohne dass ich es auch nur merke. Umgekehrt kann meine Ärztin mich natürlich auch in Erwartungen enttäuschen, die von der Berufsordnung nicht abgedeckt sind; trotzdem kann ich ihr Verhalten sanktionieren, indem ich mich bei ihr beschwere oder sie nicht mehr aufsuche. Und schließlich bin ich dann auch nicht verpflichtet, einen mir bewussten Verstoß gegen die Berufsordnung bei der Ärztekammer zu melden; ich kann mich sogar ausdrücklich dagegen entscheiden. Die generalisierten Verhaltenserwartungen an die Trägerinnen und Träger bestimmter Rollen, wie sie eben zum Beispiel in Berufsordnungen formuliert werden, müssen in der Interaktion weder umfassend noch eindeutig wirksam sein. Gleichzeitig können sie aber nur in der Interaktion – und damit im Rahmen einer sozialen Beziehung – überhaupt wirksam werden.[47]

Denkanstöße

Überlegen Sie, an welchen Stellen im Film sich Reinette und der Kellner ‚rollenkonform' oder ‚rollenwidrig' verhalten. An welchen normativen Erwartungen, die wir an das Rollenkomplement ‚Kellner-Gast' haben, lässt sich dies festmachen?

Mirabelle kommt in die Szene sowohl in der Rolle als Freundin als auch in der Rolle als Gast hinzu. Würden Sie ihr Verhalten als Ausdruck eines ‚Rollenkonflikts' zwischen diesen beiden Rollen deuten? Wie begründen Sie Ihre Deutung?

Grundlagentexte

Furth, Peter (1991): Soziale Rolle, Institution und Freiheit. In Harald Kerber/Arnold Schmieder (Hrsg.), Soziologie: Arbeitsfelder, Theorien, Ausbildung. Ein Grundkurs. Reinbek bei Hamburg: Rowohlt, S. 213-251.

---

47 Dahrendorf (1977 [1964]) geht dagegen davon aus, dass es gerade die Sanktionen sind, die Rollenerwartungen fassbar und prüfbar machen.

Gerhardt, Uta (1971): Rollenanalyse als kritische Soziologie. Ein konzeptueller Rahmen zur empirischen und methodologischen Begründung einer Theorie der Vergesellschaftung. Neuwied: Luchterhand. Darin: Elemente einer Theorie der Rolle, S. 226-281.
Krappmann, Lothar (1973 [1969]): Soziologische Dimensionen der Identität. Strukturelle Bedingungen für die Teilnahme an Interaktionsprozessen. Stuttgart: Klett. Darin: Identität und Rolle, S. 97-131.
Parsons (1962 [1951]): Towards a General Theory of Action. New York: Harper & Row. Darin: Categories of the Orientation and Organization of Action, S. 53-109.

Weiterführende Literatur

Berger, Peter L./Luckmann, Thomas (1969 [2009]): Die gesellschaftliche Konstruktion der Wirklichkeit. Eine Theorie der Wissenssoziologie. Frankfurt a. M.: Fischer. Darin: Primäre Sozialisation, S. 139-148.
Dahrendorf, Ralf (1977 [1964]): Homo Sociologicus. Ein Versuch zur Geschichte, Bedeutung und Kritik der sozialen Rolle. Opladen: Westdeutscher Verlag.
Gerhardt, Uta (1971): Rollenanalyse als kritische Soziologie. Ein konzeptueller Rahmen zur empirischen und methodologischen Begründung einer Theorie der Vergesellschaftung. Neuwied: Luchterhand. Darin: Das Schicksal des Rollenapriori in Deutschland, S. 40-71.
Goffman, Erving (1983): The Interaction Order. American Sociological Review 48/1, S. 1-17.
Goffman, Erving (2013 [1961]): Encounters. Two Studies in the Sociology of Interaction. Indianapolis u. a.: Bobbs-Merrill. Darin: Role Distance, S. 85-152.
Kaufmann, Jean-Claude (2000): Rolle und Identität: Begriffliche Klärungen am Beispiel von Paarbeziehungen. sozialer sinn – Zeitschrift für hermeneutische Sozialforschung 2000/1, S. 67-91.
Linton, Ralph (1974 [1945]): Gesellschaft, Kultur und Individuum. Interdisziplinäre sozialwissenschaftliche Grundbegriffe. Frankfurt a. M.: Fischer. Darin: Gesellschaftsstruktur und Teilhabe an der Kultur, S. 50-70.
Luhmann, Niklas (1997): Die Gesellschaft der Gesellschaft. Zweiter Teilband. Frankfurt a. M.: Suhrkamp.
Luhmann, Niklas (1984): Soziale Systeme. Grundriß einer allgemeinen Theorie. Frankfurt a. M.: Suhrkamp. Darin: Struktur und Zeit, S. 377-487; Gesellschaft und Interaktion, S. 551-592.
Parsons, Talcott (1991 [1951]): The Social System. London: Routledge.
Popitz, Heinrich (1967): Der Begriff der sozialen Rolle als Element der soziologischen Theorie. Tübingen: Mohr.

7 Normen und Regeln: Woran wir soziales Handeln messen

Der Begriff der Norm begegnet uns in unserem Alltag an verschiedenen Stellen. Wir denken vielleicht erst einmal an DIN-Normen, an ISO-Normen und an EU-Normen. Wenn wir in der Soziologie von Normen sprechen, dann meinen wir freilich nicht die Länge von Bananen, die Größe von Papierbögen oder den Durchmesser von Hohldübeln. Anhand solcher technischen Maßstäbe lässt sich aber gut veranschaulichen, welche Bedeutung auch soziale Normen haben. Wenn in einem Kuchenrezept Bananen verarbeitet werden sollen, ein Blatt Papier auf die Größe eines Briefumschlags zusammengefaltet oder die passende Schraube für einen Dübel gefunden werden muss, dann gehen wir ganz selbstverständlich davon aus, dass eine bestimmte Menge Bananen auf eine bestimmte Menge Mehl kommt, es einen bestimmten Umschlag für einen bestimmten Briefbogen gibt und eine bestimmte Schraube in einen bestimmten Dübel passt. Dass es hier Normen gibt, entlastet uns davon, jedes Mal von Neuem überlegen und ausprobieren zu müssen – wir müssen uns nur vorstellen, wie sich der Berufsalltag einer Handwerkerin gestalten würde, wenn sie bei jeder Schraube, die sie verwenden will, erst einmal jeden zur Verfügung stehenden Dübel auf Passung testen müsste. Soziale Normen leisten genau das Gleiche: Sie entlasten uns davon, für jede neue Situation neue Handlungsweisen entwickeln zu müssen, um etwas zu erreichen, zu bewerkstelligen oder zum Gelingen zu bringen (vgl. Bahrdt 1984).

Auch wenn soziale Normen sich nicht in Kilogramm und Zentimetern ausdrücken lassen, so lassen sie sich doch eindeutig benennen: Normen sind manifeste soziale Regeln, das heißt, sie sind uns reflexiv verfügbar. Darauf kommen wir noch zurück. Hier wollen wir erst einmal festhalten, dass eine Norm als Verhaltensregel nicht das bezeichnet, was wir tun sollten, sondern das, was wir tun sollen: Sie formuliert nicht eine Möglichkeit, sich zu verhalten, sondern schreibt ein Verhalten vor (vgl. ebd.). In der modernen, pluralen, individualistisch geprägten Gesellschaft erscheint uns der Normbegriff im Sinne einer Verhaltensvorschrift deshalb vielleicht überholt;

natürlich halten wir uns an Gesetze, aber darüber hinaus kann doch eigentlich jede und jeder tun und lassen, was sie oder er will. Aber ist das so?

Es gibt zum Beispiel kein Gesetz, das festlegt, wie man sich zu verhalten hat, wenn man ein Zimmer betreten möchte, in dem man eine andere Person vermutet, dessen Tür jedoch geschlossen ist. Trotzdem verhalten wir uns in dieser Situation alle gleich: Wir klopfen an und warten das „Herein!" ab. Auch in Regionen, in denen Zimmer- oder auch Gebäudetüren nicht üblich sind, wo also theoretisch jeder ein- und ausgehen kann, wie er möchte, existieren solche Verhaltensnormen – so macht man sich beispielsweise in den swahilisprachigen Regionen Ostafrikas mit dem Ausruf „Hodi!" (sinngemäß: ‚Darf ich eintreten?') vor dem offenen Eingang bemerkbar und wartet, dass mit „Karibu!" (‚Willkommen!') geantwortet wird. Wird gegen diese Regel verstoßen – tritt man also ohne anzuklopfen einfach ein – wird nicht die Polizei gerufen, man wird nicht vor Gericht verklagt, es gibt keine ‚Instanz', an die man sich wenden könnte, um die Geltung der Regel durchzusetzen. Das Gegenüber kann und wird schlicht mit der wenig variationsreichen Formulierung „Können Sie nicht anklopfen?!" reagieren. Das wäre doch verschmerzbar, und vielleicht könnten wir sogar einen Grund anbringen, warum wir auf das Anklopfen verzichtet haben. Warum klopfen wir also an? Und warum ist das Nichtanklopfen begründungsbedürftig? Warum machen wir hier nicht von unserer universalen Entscheidungsfreiheit Gebrauch und machen es je nach Stimmungs- und Bedürfnislage mal so, mal so?

Ein anderes Beispiel: Regeln, wie man sich zu bestimmten Gelegenheiten zu kleiden hat, scheinen in der modernen, pluralistischen, individualisierten Gesellschaft weitgehend nicht mehr zu gelten. Es kann ja anscheinend jede und jeder so ‚herumlaufen', wie sie oder er möchte – es zählt der eigene Geschmack, was man selbst schön, praktisch, bequem oder ansprechend findet. Und tatsächlich muss ein Mann auch zu formellen Anlässen heutzutage nicht unbedingt eine Krawatte tragen und eine Frau nicht unbedingt ein Kleid. Es gibt ÄrztInnen, die zumindest in Privatpraxen keinen weißen Kittel anziehen und Studierende, die in Sportkleidung zur Vorlesung gehen. Aber ganz so ‚frei' sind wir in unserem Kleidungsverhalten dann doch nicht. Die Anlässe zum Beispiel, zu denen wir in Bikini und Badehose erscheinen, sind auch an sehr heißen Sommertagen begrenzt. Und wer zu einer Beerdigung in grelle, bunte Farben gekleidet geht, hat dabei ‚kein gutes Gefühl'. Warum macht uns das etwas aus? Warum gehen wir an heißen Tag nicht in der Badehose zur Bank, um uns über Anlagemöglichkeiten beraten zu lassen, und warum ziehen wir zu einer Beerdigung nicht das hübsche gelbe Kleid an, wenn schwarz uns einfach nicht steht und wir die Farbe ohnehin nicht ausstehen können?

Körperhygiene ist ein weiteres Beispiel, das zeigt, dass wir mitnichten stets tun und lassen, was wir wollen: Natürlich kann es vorkommen, dass wir uns

7 Normen und Regeln

einmal mit fettigen Haaren oder schmutziger, schlecht riechender Kleidung in die Öffentlichkeit begeben, aber ‚wohl' fühlen wir uns dabei nicht. Wir rechnen mit missfälligen Blicken der anderen oder auch damit, dass sie einen demonstrativ großen Körperabstand zu uns halten. Zwar neigen wir dazu, unsere Körperhygiene rational mit der Anfälligkeit für und der Übertragung von Krankheiten zu erklären, aber wenn ich mir drei Tage die Haare nicht gewaschen oder einen großen Tomatensaucenfleck auf der Hose habe, bin ich auch vernünftig genug zu wissen, dass ich mich und andere damit keinem Krankheitsrisiko aussetze. Warum sollte es mir und anderen dann etwas ausmachen?

Und schließlich schauen wir uns als letztes Beispiel das Schlangestehen an: Wenn ich höre, dass es für das ausverkaufte Konzert, das ich dringend sehen möchte, an der Abendkasse noch Tickets gibt, ich dorthin eile und feststelle, dass an der Kasse schon Hunderte von Menschen in der Schlange stehen – dann stelle ich mich hinten an in der Hoffnung, dass, wenn ich an der Reihe bin, noch ein Ticket übrig ist; oder ich gehe wieder nach Hause, weil die Wahrscheinlichkeit mir zu gering erscheint. Aber ich drängle mich nicht vor, und ich verschaffe mir nicht mit Gewalt oder durch Betrug einen vorderen Platz in der Schlange. Warum setze ich hier mein dringendes und wichtiges persönliches Interesse nicht durch? Und warum rechne ich mit empörtem bis erbostem Verhalten der anderen, falls ich es doch tue?

Die Beispiele zeigen zweierlei: Zum einen existiert kein Gesetz, das unser potentiell abweichendes Verhalten in den genannten Situationen juristisch unter Strafe stellen würde. Wenn die Gesetze eines Rechtsstaats sozusagen schriftlich fixierte soziale Normen sind (ebenso wie Vorschriften oder Verordnungen, allerdings mit gegebenenfalls anderer Reichweite und anderen Konsequenzen bei Verstößen), dann besteht auch eine Rechtssicherheit der geltenden Regeln, die ich jederzeit in Gesetzbüchern nachschlagen und auf die ich mich jederzeit formal berufen kann: Es existieren Instanzen, die ich anrufen kann, um mir ‚mein Recht zu verschaffen'. Aber dort, wo menschliches Verhalten nicht durch Gesetze, Vorschriften und Verordnungen geregelt ist und Verhaltensregeln nicht von dafür zuständigen Organen durchgesetzt werden, ist Verhalten deshalb noch lange nicht ungeordnet und beliebig. Es gibt eine ganze Reihe von Regeln des Sozialverhaltens, deren normative Verbindlichkeit nicht formalisiert ist und die dennoch eine normative Kraft besitzen. Zum anderen ist die Verbindlichkeit der normativen Regeln des Sozialverhaltens nicht etwas, dass nur von außen an uns herangetragen wird, sondern etwas, das wir selbst in einem Maß internalisiert haben, dass wir *wissen*, wenn wir dagegen verstoßen. Bei solchen Regeln bin ich sozusagen mein eigenes soziales Korrektiv – mein abweichendes Verhalten ist mir als solches bewusst, ich fühle mich entweder grundsätzlich nicht wohl dabei oder muss es zumindest ‚vor mir selbst' legitimieren können. Gerade weil es sich um abrufbares Wissen handelt, muss ich mir nicht umständlich ins Gedächtnis rufen, wie normativ angemessenes bzw. unangemessenes Handeln in einer gegebenen Situation konstituiert sein könnte. Aus diesem Grund ist ein Verstoß gegen die Norm benennbar und wird auch in der einen oder anderen Form mit Sanktionen beantwortet: Ermahnungen, Beschimpfungen, körperliches Abstandhalten, empörtes Stirnrunzeln, irritiertes Nachfragen usw., das alles sind bereits Sanktionen, die nicht nur der Markierung von Abweichung dienen, sondern die Erwartung einer Selbstkorrektur des Gegenübers beinhalten (vgl. Popitz 2006) – ob direkt in Form einer Entschuldigung oder Erklärung oder mittelbar in einer zukünftigen Verhaltensänderung.

Claude Lévi-Strauss (1967 [1958]: 304) bezeichnet Normen als „bewusste Modelle" von Gesellschaftsstruktur und in diesem Sinne als Ausdruck der Art und Weise, wie eine Gesellschaft ihre eigene soziale Ordnung interpretiert. Das können wir einerseits so verstehen, dass soziale Normen den gesellschaftlichen Konsens darüber abbilden, wie soziale Ordnung herzustellen ist. Der bewusste, modellhafte Charakter der Norm verweist dann auf ihre Qualität als Orientierungsprinzip, das sozusagen schematisch und objektiv abrufbar ist und dadurch Struktur erzeugt. Andererseits liegt darin aber natürlich auch der Hinweis, dass soziale Ordnung durch weit mehr geschaffen und stabilisiert wird als nur über die uns bewussten Normen; diese stellen vielmehr nur jenen Teil der sozialen Ordnung dar, der uns in Form von Deutungen zur Verfügung steht. Das bedeutet, dass Gesellschaft sich zwar selbst über Normen definiert – in Form von Regeln, Verordnungen, Vorschriften und Gesetzen –, Gesellschaftsstruktur jedoch nicht allein über Normen erklärbar ist. So haben wir bereits in Kapitel 3 mit Searle (2012) festgestellt, dass gesellschaftlich voreingerichtete Problemlösungen als ‚Institutionen' verfasst sind, die die einzelnen Gesellschaftsmitglieder situativ von Handlungsentscheidungen entlasten. Die Institutionen selbst – Ehe, Geld, Privatbesitz, Büro usw. – erscheinen dabei zunächst einmal als abstrakte, vermittelte Gebilde, die noch keine konkreten Verhaltensanforderungen in Form von ‚Problemlösungen' darstellen. Erst die mit der Institution verbundenen regulativen Regeln leisten die unmittelbare Entlastung von Handlungsentscheidungen. Wir unterscheiden also zwischen konstitutiven Regeln, die soziale Praxis erzeugen, und regulativen Regeln, die soziale Praxis regulieren (vgl. ebd.; vgl. Searle 1969).

Einen Großteil der sozialen Normen können wir wiederum als *manifeste* regulative Regeln einordnen, deren Hauptmerkmal ihre Sanktionsfähigkeit ist. Mit der Sanktionsfähigkeit ist bereits der regulative Charakter der Norm festgestellt, weil damit impliziert ist, dass eine Abweichung von der Norm nicht die soziale Praxis selbst verunmöglicht, sondern ‚nur' ihre ordnungsgemäße Durchführung stört. Diese wird über die Sanktion wiederhergestellt, und zwar auf der Basis eines grundsätzlichen Konsenses darüber, dass die Norm, die im Rahmen einer sozialen

7 Normen und Regeln

Praxis Geltung hat, stets markiert, was ‚richtig' ist. In unserem Beispiel aus Kapitel 3, wenn die eine Mannschaft auf dem Allzwecksportfeld Basketball spielt und die als gegnerische Mannschaft ‚denominierte' Fußball, ist das eine ja nicht ‚richtig' und das andere ‚falsch'; es lässt sich keine Norm feststellen, von der die eine Mannschaft abweicht und die andere nicht, und dementsprechend gibt es auch keine Sanktion, die eine ordnungsgemäße Durchführung erzwingen könnte, weil von vornherein keine gemeinsame soziale Praxis zustande kommt und daher keine eindeutige, für alle SpielerInnen geltende Ordnung identifiziert werden kann. Die soziale Norm kann in diesem Sinne nicht konstitutiv für die soziale Praxis sein, sondern sie ‚nur' regeln, wenn die Praxis bereits zustande gekommen ist. Sanktionsfähigkeit bedeutet dann auch, dass in diesem Rahmen die Regel von allen Beteiligten anerkannt wird – tatsächlich erkennen wir Sanktionen nicht zuletzt daran, dass sie von allen Beteiligten als solche verstanden und akzeptiert werden (vgl. Bahrdt 1984). Man kann sich dagegen wehren, sich verteidigen oder sogar so tun, als hätte man sie nicht mitbekommen, aber man kann sie nicht als etwas anderes interpretieren, als sie sind, und stattdessen beispielsweise als Lob oder Kompliment verbuchen. Soziale Normen sind also mit Searle (1969) gesprochen regulative Regeln (s. Kap. 3), die nicht selbst eine Praxis konstituieren, sondern unterschiedliche Verhaltensweisen, die im Rahmen einer sozialen Praxis vorkommen können, als vorgesehen bzw. nicht vorgesehen markieren. Das heißt, regelkonformes Verhalten ist nicht eindeutig und ausschließlich der Regel geschuldet, sondern wäre auch ohne diese Regel so beobachtbar – Menschen könnten auch ohne eine existierende Norm an Türen klopfen, sich auf Beerdigungen dunkel kleiden, sich waschen oder sich in eine Warteschlange einreihen, es ist kein Verhalten, das ohne die Norm nicht existieren würde. Doch gerade weil es sich bei den Normen um regulative Regeln handelt, können sie a priori immer so oder anders sein, sie ergeben sich nicht ‚zwangsläufig' aus der sozialen Praxis selbst – ob wir mit Messer und Gabel essen oder mit der Hand, ob wir zur Begrüßung generell die Hand geben oder nicht oder es von bestimmten Kriterien abhängig machen,[48] ob wir unsere Eltern duzen oder siezen[49] usw. Die soziale Beziehung oder Situation wird also nicht durch die Regel geschaffen, sondern modifiziert. Dementsprechend eröffnen konstitutive Regeln einen Handlungsspielraum, aber Normen legen fest, wie dieser Handlungsspielraum auf gesellschaftlich wünschenswerte Weise zu füllen ist.

---

48 So gibt es beispielsweise in manchen Kulturen die Norm, dass sich einander fremde Männer und Frauen nicht die Hand geben; auch können wir uns vorstellen, dass das Händeschütteln zur Begrüßung in jugendlichen Peer Groups nicht üblich ist und es eher einen Normverstoß darstellt, wenn man Anstalten dazu macht.

49 In den Niederlanden war es bis in die 1960er Jahre üblich, die Eltern zu siezen.

Manifeste regulative Regeln sind soziale Normen wiederum, weil sie uns bewusst sind und uns reflexiv als Verhaltensanforderungen zur Verfügung stehen: Zwar haben wir soziale Normen soweit verinnerlicht, dass wir sie einhalten, ohne darüber nachdenken zu müssen; es handelt sich also um habitualisierte, selbstverständliche Verpflichtungen, wie zum Beispiel das Anklopfen vorm Eintreten oder das Hintenanstellen bei der Warteschlange. Doch im Abweichungsfall können wir stets genau benennen, worin die Abweichung besteht (vgl. Popitz 2006). In der Interaktion werden Normen als normative Erwartungen wirksam – im Enttäuschungsfall halten wir daran fest (vgl. Luhmann 1984). Das bedeutet einerseits, dass die Erwartung nicht subjektiv korrigiert und jeder Situation neu angepasst wird; andererseits bedeutet es aber eben auch, dass der Enttäuschungsfall Sanktionen nach sich zieht, wie wir bereits gesehen haben (vgl. Bahrdt 1984; Popitz 2006). Die Sanktionsfähigkeit von Normverstößen wird dabei von vielen AutorInnen zentral gesetzt; hier wollen wir soweit gehen zu behaupten, dass *nur* dann, wenn abweichendes Verhalten eine Sanktion nach sich zieht, auch tatsächlich von einer Abweichung von einer Norm gesprochen werden kann. Das heißt zunächst und insbesondere: Normen werden durchgesetzt. Deshalb muss in der Sanktion deutlich werden, worin das Fehlverhalten bestand; die Sanktion verweist auf die Norm, gegen die verstoßen wurde, weil die Sanktion auf die Durchsetzung der Norm abzielt (vgl. Popitz 2006), und durch die Markierung der Norm per Sanktion oder ‚Strafe' wird die Norm wiederhergestellt. Gesetzesverstöße sind dabei natürlich der eindeutigste Fall des Normverstoßes. Im Vergleich zur Norm ist bei Gesetzen die Sanktion jedoch bestimmten Organen vorbehalten. Kehrseitig sind nicht gesetzesförmige Normen auch nicht durch exekutive und judikative Organe durchsetzbar.

Latente regulative Regeln hingegen decken jenen Bereich regelhafter Mechanismen der Interaktion ab, der uns nicht bewusst ist und deshalb nicht in Form von normativen Erwartungen ins Spiel kommen kann. Hier können wir mit Goffman (1983) zunächst einmal festhalten, dass die wenigsten Regeln, die zur Herstellung der Interaktionsordnung beitragen, einen intrinsischen Wert haben – also aus sich heraus und für sich genommen eine ethische oder moralische Kraft besitzen. Das ist vielleicht auch der Grund, warum uns die meisten Interaktionsregeln, die wir befolgen, nicht bewusst sind. Eine Nichteinhaltung von Regeln der Ratifizierung, des Sprecherwechsels, der Selbst- und Fremdkorrektur oder der Reziprozität könnte uns in der Interaktion zwar auffallen, aber wir könnten die Regel nicht benennen, gegen die momentan verstoßen wurde. Es sind keine sozialen Normen wie das Anklopfen oder das Beachten bestimmter Kleidungsvorschriften; gleichwohl sind die ‚latenten' sozialen Regeln Teil einer normativen Ordnung, weil auch sie Konformität von Abweichung unterscheiden, ohne dass sie jedoch – wegen ihres ‚vorbewussten' Charakters – klare Sanktionschancen implizieren.

7 Normen und Regeln

Nun haben wir jedoch auch schon festgestellt, dass soziale Normen in gewissem Sinne willkürlich sind – sie könnten zunächst immer so oder auch anders verfasst sein. Die wenigsten Normen, mit denen wir es zu tun haben, sind im Wortsinn ‚logisch' und naheliegend und ergeben sich aus dem durch sie regulierten Sachverhalt selbst. Tatsächlich scheinen uns soziale Normen vielmehr daran zu hindern, die ‚logischen' Konsequenzen aus den jeweiligen Sachverhalten zu ziehen – eine geschlossene Tür zu öffnen, wenn ich hindurch will, mich auszuziehen, wenn mir warm ist, die schmutzige Hose anzulassen, weil ich zu bequem bin, sie zu wechseln, und mich zum Ticketschalter vorzudrängeln, wenn ich die Konzertkarte haben will. So betrachtet könnte man meinen, dass uns soziale Normen (darunter auch Gesetze, Verordnungen, Vorschriften) daran hindern, effizient und ökonomisch vorzugehen, um unseren Nutzen maximierend zu handeln. Aber ist das so? Wir haben wiederholt festgestellt, dass Normen uns von Entscheidungen entlasten und damit nicht nur davon, ständig eine ‚Wahl' treffen zu müssen, sondern auch davon, diese Wahl begründen und durchsetzen zu müssen. Außerdem gehen wir davon aus, dass zur Geltung kommende soziale Normen für alle Beteiligten gleichermaßen zutreffen; sie schränken uns nicht als Personen ein, sondern regeln das gemeinsame Handeln und schaffen darin gerade mehr und nicht weniger Koordination und damit ‚Zweckmäßigkeit' (vgl. Goffman 1983). Und schließlich und aus diesem Grund sollten wir die Tatsache nicht unterschätzen, dass wir uns an die meisten Normen und Regeln nicht deshalb halten, weil wir andernfalls bestraft würden. Das Gros der ‚strafbaren' Handlungen unterlassen wir ja nicht wegen der Strafbarkeit, sondern wegen der Qualität der Handlung selbst, die gegen Werte verstößt, deren Richtigkeit wir anerkennen und deren Gültigkeit wir gutheißen (dazu weiter unten mehr). Das heißt, dass unsere Handlungen eben nicht nur von unseren momentanen Zielen und Vermeidungsabsichten geleitet sein können, sondern dass darüber hinaus etwas Geltung haben muss, das nicht beliebig von einer Situation zur nächsten neu definiert werden kann.

An dieser Stelle bietet es sich an, noch einmal auf den Zusammenhang zwischen sozialen Normen und sozialen Rollen zurückzukommen. Im vorherigen Kapitel haben wir den Normbegriff ausgespart, obwohl in der einschlägigen Literatur vielfach von „Rollennormen" und diesbezüglich auch von „Verhaltensnormen" die Rede ist. Wir haben stattdessen mit dem Erwartungsbegriff gearbeitet und zwischen normativen und kognitiven Erwartungen unterschieden (vgl. Luhmann 1984). Dies haben wir zunächst so begründet, dass aus einer mikrosoziologischen Perspektive Rollenerwartungen immer Erwartungen an die Interaktion zwischen den Rollentragenden sind und darin zum Ausdruck kommen, gleichzeitig die soziale Interaktion aber von hoher Kontingenz gekennzeichnet ist und immer die Möglichkeit des Dissenses und des Konflikts beinhaltet. Auch wenn es Normen des Rollenverhaltens gibt, ist ihre tatsächliche normative Ordnungskraft in der Interaktion eher undurchsichtig und wirkt umso weniger, je weniger das Gegenüber als generalisierte, anonymisierte andere Person wahrgenommen wird (siehe Kapitel 6). In der Befassung mit sozialen Normen können wir nun auch erklären, warum das so ist. Zum einen gibt es bei Normen keinen Möglichkeits- und keinen Ermessensspielraum. Man kann sich einer Norm nicht nur zum Teil beugen und sie auch nicht nach eigenem Dafürhalten auslegen. Denn soziale Normen kann man nur befolgen oder nicht befolgen, man kann sich an sie halten oder nicht. Darin ähneln sie Vorschriften und Gesetzen, auch wenn sie nicht schriftlich fixiert sind. So kann ich mich in der Warteschlange entweder hinten anstellen (mich an die soziale Norm halten) oder mich vordrängeln (der Norm zuwiderhandeln), aber es gibt keine Grauzone, kein Mittelding, keinen Spielraum.[50] Das heißt: Wenn klar ist, was die zugrundeliegende Norm ist, ist auch klar, was den Normverstoß konstituiert. Was jedoch die geltende Norm ist, ist nicht immer so einfach zu entscheiden wie beim Schlangestehen. Gerade Zivilrechtsstreitigkeiten entstehen häufig dann, wenn bei bestimmten Sachverhalten, beispielsweise Mietminderungsgründe oder Erbschaftsangelegenheiten, eben nicht eindeutig ist, welche Norm hier Geltung hat oder was im Einzelfall von der geltenden Norm erfasst wird. Wir können aber sagen, dass ‚Grauzonen' nicht die Normen selbst betreffen (die ‚gelten' immer), sondern gegebenenfalls ihre spezifischen Anwendungsbereiche und Reichweiten. Zum anderen konkurrieren soziale Normen (zumindest innerhalb einer Gesellschaft oder ihrer Kollektive) nicht miteinander. Normen sind immer eindeutig und exklusiv, und wir sind uns dieser Eindeutigkeit und Exklusivität immer bewusst. Es gibt nicht zwei unterschiedliche Normen für das Anklopfen oder das Schlangestehen, unter denen wir entscheiden müssten, welche von beiden in der jeweiligen Situation mehr Gewicht hat. Wären Rollen in diesem Sinne ‚normiert', das haben wir im vorherigen Kapitel diskutiert, dann könnten Teilnehmende ihre wechselseitigen Erwartungen an das Rollengegenüber nicht ‚rechtmäßigerweise' unterschiedlich interpretieren, denn es wäre immer klar, wessen Interpretation normativ ‚richtig' ist. In der Rekonstruktion des Verhaltens kann es also Divergenzen hinsichtlich der ‚Auslegung' geben.

---

50 Was nicht heißt, dass wir immer auch unser Vordrängeln als solches erkennbar machen müssen. So können wir uns etwa zu einem Bekannten stellen, der einen vorderen Platz belegt hat, ein Gespräch mit ihm beginnen und uns mit ihm zusammen vorwärtsbewegen. Aber mit solchen Verhaltensweisen sind keine Grauzonen markiert. Es wird nur strategisch die Zurechnung des Normverstoßes erschwert.

7 Normen und Regeln

Der große Bereich der regulativen Regeln ist schließlich abzugrenzen von dem, was wir hier ‚Gewohnheiten' nennen wollen (vgl. Popitz 2006).[51] Denn erstens ist nicht alles, was sich als ‚Normalität' verfestigt, auch tatsächlich im Sinne einer einzig ‚richtigen' Verhaltensweise festgelegt. In vielen Gesellschaften ist es zum Beispiel mittlerweile kein Verstoß mehr gegen eine soziale Norm, wenn ein unverheiratetes Paar zusammenlebt oder Kinder ‚unehelich' geboren werden. Das heißt, dieses Verhalten wird in weiten Teilen der Gesellschaft nicht abfällig beurteilt und mit Sanktionen beantwortet; es ist ‚normal' geworden, was aber wiederum nicht bedeutet, dass es als einzig richtiges und sozial erwünschtes Verhalten markiert ist. Zweitens ist nicht jedes regelmäßige und regelhafte Verhalten auch tatsächlich sozial normiertes Verhalten. Die meisten Menschen werden beispielsweise ihre CDs und Bücher auf irgendeine Weise im Regal anordnen (alphabetisch, nach Genre etc.), und für viele von uns ist diese Art von Ordnung so wichtig, dass wir sie stets einhalten – die neue CD wird nicht ans Ende der Reihe gestellt, sondern dort eingeordnet, wo sie unserem System zufolge hingehört. Davon abweichendes Verhalten, das ist uns klar, ist aber natürlich nicht sanktionierbar – es geht ja auch niemanden etwas an, ob und wie wir unsere CDs ordnen. Auch gibt es viele Gewohnheiten, die wir uns selbst ‚zur Regel machen', ohne dass wir damit Allgemeingültigkeit beanspruchen und das Gleiche von anderen verlangen könnten – zum Beispiel jeden Morgen zehn Minuten Gymnastik zu machen, monatlich fünfzig Euro für einen guten Zweck zu spenden oder beim Wäschewaschen Buntwäsche von Weißwäsche zu trennen. Auch hier akzeptieren wir, dass das, was für uns ‚gilt', nicht für andere gelten muss. Sanktionsfähig sind unsere ‚eigenen' Regeln deshalb auch nur in dem Maße, wie wir uns selbst für einen Verstoß dagegen ‚bestrafen' – beispielsweise wenn wir unsere morgendliche Gymnastik ausfallen lassen und dafür mittags auf den Schokoriegel verzichten. Wenn Bahrdt (1984) in seinem Buch „Schlüsselbegriffe der Soziologie" sagt, eine Norm lege menschliches Verhalten dort fest, wo es noch nicht auf andere Weise festgelegt ist, dann kann dies also nur in Bezug auf eine gesellschaftliche Ordnung gelten und damit in Bezug auf das gemeinsame Interesse der Gesellschaftsmitglieder. Was nicht in den Bereich des gemeinsamen Interesses

---

51 Eine andere Möglichkeit der Unterscheidung von Regeln ist die weitere Unterteilung in Konventionen, Sitten, Bräuche, Etikette usw. (vgl. Bahrdt 1984). Allerdings sind die Grenzziehungen weitgehend beliebig, während Termini und Definitionen sich zum Teil auch überschneiden. So unterscheidet beispielsweise Tönnies (1979 [1935]) nicht Normen und Regeln etc., sondern „Konventionen" (als positive Bestimmungen und Regeln aller Art um des allgemeinen Nutzens willen) von „Sitten" (man tut die Dinge so, wie sie immer schon getan wurden). Weber (1980 [1922]) wiederum fasst die „ethische Norm" als abstrakten Maßstab des Verhaltens, während ihre Geltungskraft in der „Konvention" zum Ausdruck kommt.

fällt – also die soziale Ordnung weder gewährleistet noch stört – ist zwar oft regelhaft gestaltet, aber nicht durch soziale Normen strukturiert. Dabei weist Luhmann (1984) allerdings darauf hin, dass die Selbstbindung der Gesellschaftsmitglieder an Normen eher nicht darauf zurückzuführen ist, dass Menschen allgemein eine soziale Ordnung schätzen würden; vielmehr ist es die Riskanz und Enttäuschungsanfälligkeit sozialer Interaktion, die eine Generalisierung von Verhaltenserwartungen über Normen notwendig macht. Das können wir so verstehen, dass es ein wechselseitiges Erfordernis gibt, gegenseitige Erwartungsunsicherheiten einzuschränken, damit Interaktion erfolgreich verlaufen kann; dies geschieht, wie wir in den vorangegangenen Kapiteln gesehen haben, zum einen durch Komplexitätsreduktion in der Interaktion selbst, zum anderen aber eben auch anhand der generalisierten, normativen Erwartungen, die wir in die Interaktion ‚mitbringen'. Dabei ist es, so Luhmann (ebd.: 137), „die sinnspezifische Funktion" der Generalisierung, den Sinn „an jedem besonderen Sinnmoment zugänglich zu halten"; der „Sinn" der Norm überdauert dementsprechend Situationen und Ereignisse, aber auch die spezifischen Personen, mit denen wir es zu tun haben. Gerade deshalb werden Normen auch als „kontrafaktisch behauptenswerte Generalisierungen" (ebd.: 445) wirksam, auf die wir auch dann zurückgreifen, wenn wir sie situativ gar nicht beobachten können; den Ansturm auf den Ticketschalter, bei dem Menschen einander zur Seite rempeln und wegschubsen, um eine der letzten begehrten Konzertkarten zu bekommen, nehmen wir ja nicht als Gegenbeweis zur Gültigkeit der Norm ‚hinten anstellen' wahr, wir schließen nicht daraus, dass diese Norm nicht (mehr) gilt und keinen „Sinn" hat. Im Gegenteil scheint zumindest dieses Beispiel auf den Sinn der Norm zu verweisen, wenn sie verhindert, dass Menschen einander missachten und verletzen, um ihre Bedürfnisse rücksichtslos durchzusetzen. Daran wiederum können wir dann auch sehen, dass es einen mitunter ganz offenkundigen Zusammenhang gibt zwischen Normen und ‚Werten'.

Dieser Zusammenhang wird prominent von Parsons (1961 [1937]) in seiner Auseinandersetzung mit der normativen Ordnung hergestellt. Grundannahme ist, wie wir auch schon im vorherigen Kapitel diskutiert haben, dass die soziale Ordnung auf von den Gesellschaftsmitgliedern geteilten Normen und Werten beruht, die gemeinsame Handlungsziele vorstrukturieren. Werte sind dabei den Normen vorgelagerte, umfassende kulturspezifische Vorstellungen davon, was für alle Mitglieder der Gesellschaft als nützlich, wünschenswert und erstrebenswert zu erachten ist – zum Beispiel Gesundheit, Freiheit, Gleichberechtigung oder Wohlstand. An diesen Beispielen sehen wir aber auch schon, dass Werte in ihrer Universalität auch nur sehr allgemeine Zustände oder Eigenschaften bezeichnen; wie im Fall der Institutionen ist darin keine konkrete Handlungsanweisung enthalten, wobei Werte jedoch noch allgemeiner verfasst sind, zumal ihre Umsetzung oder

7 Normen und Regeln

Erhaltung in den mannigfachen Institutionen exklusiv oder auch parallel manifestiert sein kann. Wir gehen davon aus, dass Normen sich – offenkundig oder auch ganz subtil – auf Werte beziehen. Auch darin unterscheiden sie sich von dem, was wir ‚latente' regulative Regeln genannt haben, bei denen wir weder den Verstoß bewusst definieren noch den Wert bestimmen können, der ihnen zugrunde liegt. Was ist, dies wollen wir als Beispiel diskutieren, der zugrunde liegende Wert einer sozialen Norm des sauberen, gepflegten Aussehens? Wir haben bereits festgestellt, dass ‚Gesundheit' hier eigentlich nicht ausschlaggebend sein kann, wenn es um verschmutzte Kleidung oder ungewaschene Haare geht. Dies gilt aber nur unter Bedingungen einer hochtechnisierten, stark ‚durchmedizinisierten' Gesellschaft, in der die Hygienebedingungen beispielsweise durch Impfungen gegen Krankheiten und Reinlichkeitsvorschriften zur Eindämmung von Krankheitserregern generell optimiert sind. Das bedeutet, dass wir davon ausgehen können, dass ‚Sauberkeit' oder ‚Gepflegtheit' zwar keine kulturellen Werte sind, aber soziale Normen, die historisch der Wichtigerachtung (der Wertschätzung) von Gesundheit entspringen und auch dann gelten, wenn die Gesundheit ‚wissenschaftlich betrachtet' momentan und situativ durchaus nicht gefährdet ist. In diesem Sinne dienen Werte der latenten Strukturerhaltung („latent pattern integration maintenance"), die sich über Normen im Rahmen von Situationen und Funktionen manifestieren. So ist es unsere – bei Parsons (vgl. ebd.) ausdrücklich freiwillige – Bindung an kulturelle Werte, die es uns ermöglicht, Handlungsregeln und -ziele in Form von Normen zu formulieren und uns daran zu orientieren.

Vor dem Hintergrund der Freiwilligkeit (vgl. Parsons' ‚voluntaristische Handlungstheorie') können wir schließlich auch erklären, warum der Geltungsbereich von Normen innerhalb einer Gesellschaft nicht nur allgemein, sondern auch partikular definiert sein kann (vgl. Popitz 2006). Allgemeine Normen gelten für alle Mitglieder der Gesellschaft, an die auf der Basis einer Gleichheitsannahme identische Verhaltensanforderungen gestellt werden, wie in unseren eingangs genannten Beispielen. Partikulare Normen hingegen beruhen auf Nicht-Gemeinsamkeiten gesellschaftlicher Gruppen; in bestimmten Gruppen können spezielle normative Erwartungen geltend gemacht werden, die sich nicht auf alle Gesellschaftsmitglieder übertragen lassen. In säkularisierten Gesellschaften gilt dies beispielsweise für die vielen verschiedenen Religionsgemeinschaften, in denen es etliche Verhaltensanforderungen mit normativem Charakter gibt, die innerhalb der Gruppe verbindlich sind und forciert werden, für die ‚Restgesellschaft' jedoch keine Bedeutung haben. Wichtig ist hier, dass es eine „Gruppenöffentlichkeit" (Popitz 2006: 71) gibt, in der die Norm durchgesetzt wird, indem subjektiv verschiedenartige Handlungen, Situationen und Ereignisse als objektiv gleichartig kategorisiert werden – die allgemeingültige Verhaltensnorm ‚hinten anstellen' gilt für jede ‚Wartesituation', in der mehrere Personen die gleiche Aktivität nicht gleichzeitig ausüben können, beim Einkauf am Tresen, beim Einsteigen in den Bus, im Wartezimmer usw. Die partikulare Verhaltensnorm, sich beim Eintreten in die Kirche zu ‚bekreuzigen', hat die gleiche universale Kraft – sie gilt nur für eine bestimmte Gruppe, für diese aber in all ihren Kirchen an allen Tagen unter jeder Bedingung. Insofern können wir sagen, dass Normen bestimmte Handlungen, Situationen und Ereignisse in einer Weise ‚typisieren', dass konformes Verhalten in Form von konsensuellen Erwartungen vorausgesetzt werden kann (vgl. ebd.). Dabei ist der Grad der Geltung von Normen nicht zuletzt abhängig von der Bereitschaft der Gesellschaftsmitglieder, sie auch zukünftig zu schützen (vgl. ebd.), wobei eine solche ‚Bereitschaft' freilich wiederum nur im unmittelbaren Fall des Normverstoßes zum Ausdruck kommen kann. Besonders deutlich wird dies im Fall der medialen Berichterstattung über Normverstöße als ‚Skandale', die Luhmann (2009) in seiner Abhandlung über „Die Realität der Massenmedien" anspricht. Was dadurch erzeugt wird, ist „ein Gefühl der gemeinsamen Betroffenheit und Entrüstung" (ebd.: 45), das dazu angelegt ist, die Norm indirekt – nicht in ihrer unmittelbar erfahrbaren Nichtbeachtung, sondern in der Berichterstattung darüber – zu stärken. Das gemeinsame Gefühl der Entrüstung ist in diesem Sinne keine regelrechte Sanktion, sondern eben Ausdruck der Bereitschaft, die Norm zu schützen. Die Möglichkeit der Skandalisierung zeigt dann auch, dass Normen als generelle Haltungen oder Einstellungen abrufbar sein müssen, auch wenn sie nicht explizit zur Anwendung kommen: „[...] der Verstoß erzeugt erst eigentlich die Norm, die vorher in der Masse der geltenden Normen eben nur ›gilt‹" (ebd.: 45).

Denkanstöße

In unserem Filmbeispiel könnte man das Verhalten des Kellners gegenüber Reinette als extrem unhöflich deuten. Reinette jedoch macht auf den ersten Blick keinerlei Anstalten, sein Verhalten zu sanktionieren. In unserer Argumentation müsste das bedeuten, dass Höflichkeit keine soziale Norm ist. Oder doch? Versuchen Sie zu beschreiben, was eigentlich genau am Verhalten des Kellners unhöflich ist und wie Reinette darauf reagiert. Ein Tipp: Überlegen Sie, welcher kulturelle Wert einer sozialen Norm ‚Höflichkeit' zugrunde liegen könnte und welche konkreten Verhaltensnormen damit verbunden sind.

7 Normen und Regeln

Grundlagentexte

Bahrdt, Hans Paul (1984): Schlüsselbegriffe der Soziologie. Eine Einführung mit Lehrbeispielen. 5. Auflage. München: C.H. Beck. Darin: Soziale Normen (Wertvorstellungen, Verhaltensregelmäßigkeiten, Verhaltenserwartungen, Normenkonflikte, Normenwandel), S. 48-65.

Popitz, Heinrich (2006): Soziale Normen. Hrsg. v. Friedrich Pohlmann/Wolfgang Eßbach. Frankfurt a. M.: Suhrkamp.

Searle, John R. (1969): Speech Acts. An Essay in the Philosophy of Language. Cambridge: Cambridge University Press. Darin: Rules, S. 33-42.

Weiterführende Literatur

Goffman, Erving (1983): The Interaction Order. American Sociological Review 48/1, S. 1-17.

Lévi-Strauss, Claude (1967 [1958]): Strukturale Anthropologie. Frankfurt a. M.: Suhrkamp. Darin: Der Strukturbegriff in der Ethnologie, S. 299-346.

Luhmann, Niklas (2009): Die Realität der Massenmedien. Wiesbaden: VS Verlag für Sozialwissenschaften. Darin: Nachrichten und Berichte, S. 39-59.

Luhmann, Niklas (1984): Soziale Systeme. Grundriß einer allgemeinen Theorie. Frankfurt a. M.: Suhrkamp. Darin: Struktur und Zeit, XII-XIII, S. 436-452.

Parsons, Talcott (1961 [1937]): The Structure of Social Action. A study in Social Theory with Special Reference to a Group of Recent European Writers. New York: McGraw-Hill.

Searle, John R. (2012): Wie wir die soziale Welt machen. Die Struktur der menschlichen Zivilisation. Berlin: Suhrkamp.

Tönnies, Ferdinand (1979 [1935]): Gemeinschaft und Gesellschaft. Grundbegriffe der reinen Soziologie. Darmstadt: Wissenschaftliche Buchgesellschaft.

Weber, Max (1980 [1922]): Wirtschaft und Gesellschaft. Tübingen: J.C.B. Mohr.

Rahmung: Woher wir wissen, was wir zu tun haben

8

Mit der Überschrift dieses Kapitels könnte man meinen, dass es vor dem Hintergrund der vorangegangenen Kapitel eigentlich überflüssig ist. Denn „was wir zu tun haben", wissen wir doch längst – wir kennen die Interaktionsgrundlagen und die Struktureigenschaften der Sequentialität, wir wissen um die Bedeutung von Institutionen, wir haben die Mechanismen der Reziprozität und der Perspektivenübernahme diskutiert und uns mit der Funktion und Ausprägung von sozialen Rollen und der Wirksamkeit und Reichweite von sozialen Normen und Regeln auseinandergesetzt. All dies zusammengenommen scheint doch recht gut darzustellen, „woher wir wissen, was wir zu tun haben".

Dabei müssen wir jedoch in Betracht ziehen, dass der Großteil der Interaktionsregeln und -mechanismen, von denen zuvor die Rede war, gerade nicht Teil unseres ‚manifesten', abrufbaren Wissens ist. Aus einer wissenschaftlichen, beobachtenden Perspektive können wir diese Mechanismen und Regeln zwar beschreiben, definieren und zuordnen, in der sozialen Interaktion sind sie uns jedoch nicht bewusst zugänglich – und dies gilt umso mehr für unsere der Interaktion vorgängigen Annahmen und Erwartungen, die sich auf die jeweilige soziale Situation an sich beziehen: Unser großes Repertoire an Hintergrundwissen über soziale Situationen spielt eine so wichtige wie obskure Rolle in der unmittelbaren Interaktion.

Bisher haben wir die soziale Situation mit Goffman (2010 [1966]) nur ganz basal definiert: als das physische Zusammentreffen von mindestens zwei Individuen, die füreinander wahrnehmbar sind. In diesem Kapitel leitet uns nun die Grundannahme, dass das Zusammentreffen von Individuen immer auf eine bestimmte Art ‚gerahmt' ist und dass diese Rahmung die soziale Situation unabhängig von den zusammentreffenden Individuen definiert. Wir werden uns im Folgenden ausführlich mit Erving Goffmans (1986 [1974]) „Frame Analysis"[52] und John Gumperz'

---

52 Hier ist anzumerken, dass sich dieses wie in andere Werke Goffmans viel mit Fragen von Unehrlichkeit, Verheimlichung und Täuschung befasst. Diese Überlegungen setzen

(1982) „Discourse Strategies"[53] befassen. Zunächst aber wollen wir versuchen, uns der Frage der ‚Rahmung' von Interaktionen aus einer ‚exotischen' Forschungsperspektive zu nähern.

Für die klassische Ethnologie stellte sich das Problem der Rahmung von Situationen auf zum Teil dramatische Weise, lange Zeit ohne dass dies als Problem anerkannt wurde. Wir können uns leicht vorstellen, dass die Begegnung mit Angehörigen einer uns völlig unbekannten Kultur auf ihrem eigenen Terrain in vielerlei Hinsicht eine Herausforderung an die Interaktion darstellt. Wir sprechen die Sprache nicht und kennen die geltenden Normen nicht, die gesellschaftliche Organisation ist uns nicht geläufig, Funktionen und Rollen sind nicht mit den gleichen Erwartungen verbunden wie in unserer eigenen Kultur. Besonders schwierig wird es für uns dann, wenn wir nicht einfach auf der Durchreise sind oder uns als TouristInnen für ein paar Tage an einem entfernten Ort aufhalten möchten, sondern etwas über diese Gesellschaft erfahren wollen; wenn wir sie studieren und herausfinden möchten, wie soziale Ordnung in uns völlig fremden Kulturen hergestellt wird und strukturiert ist. Der Ethnologie ist es wohl zu verdanken, dass wir uns als SozialwissenschaftlerInnen mittlerweile bewusst sind und es in unsere Forschungen einkalkulieren, dass wir selbst mit den besten Absichten nicht als neutrale WissenschaftlerInnen auf uns Unbekanntes und Neues stoßen, sondern als in einer bestimmten Kultur geprägte Personen mit bestimmten Vorstellungen und Erfahrungen, wie Gesellschaft ‚funktioniert' (vgl. Agar 1996). Wir sind keine unbeschriebenen Blätter oder trockenen Schwämme, die Neues gänzlich ungefiltert in sich aufsaugen. Zu dieser Erkenntnis gelangte die ethnologische Wissenschaft auf Umwegen: in der Anerkennung teilweise massiver Widersprüche zwischen den Berichten verschiedener Ethnographen über die gleiche Gesellschaft, die von ihnen erforscht wurde. Prominente Beispiele dafür sind die Ethnographien der Yanomami im Amazonasgebiet und die ethnographischen Analysen einer Dorfgemeinschaft in Tepotzlán (Mexiko). Letzteres ist in die Ethnologie eingegangen als „Redfield-Lewis debate", benannt nach den beiden Forschern Oscar Lewis und Robert Redfield, die mit einem Abstand von zwanzig Jahren (in den 1920ern und den 1940ern) diese Dorfgemeinschaft erforschten und dabei zu ganz gegensätzlichen Ergebnissen kamen. So stellte Redfield (Publikation der Forschungsergebnisse 1930) die Ge-

---

wir in diesem Kapitel nicht zentral.

53 In dem Kapitel „Contextualization Conventions" geht es Gumperz dabei auch um das Problem, wie Situationen durch Sprache beeinflusst werden; hier beschäftigen wir uns jedoch vor allem mit seinen Überlegungen zum umgekehrten Fall. Auer (1999) gibt den wichtigen Hinweis, dass Gumperz' Verständnis von Kontext im Wesentlichen ein linguistisches, kein soziales ist.

8 Rahmung

sellschaft Tepoztláns als von Homogenität und Kollektivität geprägte harmonische Gemeinschaft dar, Lewis (Publikation der Forschungsergebnisse 1951) hingegen deutete die Kultur in Tepoztlán als stark konfliktträchtig und von Kämpfen um Macht und Territorien geprägt (vgl. Agar 1980). Ein ähnliches Problem trat bei der Erforschung der Gesellschaft der im Grenzgebiet zwischen Venezuela und Brasilien ansässigen Yanomami auf: Die Berichte der dort forschenden Ethnologen Otto Zerries, Napoleon Chagnon und Jacques Lizot zeichneten völlig unterschiedliche Bilder der Yanomami – als ‚Übergangsvolk' zwischen Wildbeuterei und Pflanzertum, als wildes, kriegerisches Volk und als harmonische, freizügige Gesellschaft. Die Entstehung dieser unterschiedlichen ‚Geschichten' über die Yanomami rekonstruiert Christian Häusler (1997) in seinem Buch „Kopfgeburten – Die Ethnographie der Yanomami als literarisches Genre".[54]

Wie kommen nun solch unterschiedliche Forschungsergebnisse über den gleichen Sachverhalt zustande? Wir können hier ein methodisches Problem identifizieren, wenn zum gleichen Sachverhalt unterschiedliche Daten gesammelt und analysiert werden. So verwandte Zerries einen Großteil seiner Analysen auf die quantitative Auswertung von Artefakten, die er während seines Aufenthalts bei den Yanomami zusammenstellte; sein Hauptinteresse während seiner Feldforschung galt deren materieller Kultur, und zwar zum Teil auch unabhängig davon, welche alltagspraktische Bedeutung die von ihm gesammelten Objekte für die Yanomami besaßen (vgl. Häusler 1997).[55] In solchen Sammlungen, wie wir sie heute in vielen ethnologischen Museen zu sehen bekommen, werden Requisiten zu Artefakten, das heißt, im Mittelpunkt steht nicht ihr Gebrauch, sondern ihre Beschaffenheit. Eine Kultur, in der es Dutzende Sorten von Speerspitzen gibt, können wir leicht als eine Kultur einordnen, in der Jagd (oder Krieg) von besonderer Bedeutung ist. Aber würden wir eine Kultur, in der es Dutzende Sorten von Frischhalteboxen gibt, als eine Kultur einordnen, in der die Aufbewahrung von Essensresten von besonderer Bedeutung ist? Handelt es sich also um eine Kultur, in der Lebensmittel besonders

---

54 Für einen regelrechten Skandal in der Fachwelt sorgte Patrick Tierneys Buch „Darkness in Eldorado: How Scientists and Journalists devestated the Amazon" (W.W. Norton & Co. Ltd. 2000), in dem schwere Vorwürfe an mehrere Amazonas-Forscher erhoben werden, Krankheit und Krieg unter die Yanomami gebracht und sie ökonomisch und sexuell ausgebeutet zu haben.

55 Das ging sogar so weit, dass er die Yanomami überredete, ihre abends und nachts stattfindenden Tänze bei Tag zu wiederholen, um bessere Lichtverhältnisse für Kameraaufnahmen zu haben. Häusler (ebd.: 82) vergleicht das mit dem Ansinnen, das Endspiel der Fußballweltmeisterschaft am nächsten Tag zu wiederholen, wenn das Ergebnis bereits feststeht: „Wie groß wäre wohl die Begeisterung und das Engagement der beiden beteiligten Mannschaften?"

wertgeschätzt werden oder die gar von Nahrungsmangel geprägt ist? Auf unsere eigene Kultur bezogen – die, in der wir aufgewachsen sind und die uns geformt hat –, würden wir das Verständnis von ‚Artefakten' wohl eher von ihrem Gebrauch als ‚Requisiten' abhängig machen. Gleichzeitig würden wir aber vielleicht auch in Erklärungsnot geraten, wenn wir jemandem verständlich machen müssten, warum es in einer ‚Überfluss'- und ‚Wegwerfgesellschaft' so viele Sorten Frischhalteboxen gibt. So besitzen wir als erwachsene Menschen mit einer spezifischen kulturellen Prägung zwar dezidierte Vorannahmen über Artefakte, die unseren Erfahrungen mit ihnen als Requisiten entspringen (durch Beobachtung oder eigenen Gebrauch); wir können uns vertraute Gegenstände sozialen Situationen zuordnen und soziale Situationen anhand der darin vorkommenden Gegenstände bestimmen. Es ist darin aber nicht notwendig, den Dingen auch bewusst eine übergreifende ‚kulturelle' Bedeutung zuordnen zu können. Tatsächlich sehen wir am Beispiel der Speerspitzen im Vergleich zu den Frischhalteboxen, dass ‚kulturelle Kategorisierungen' sich uns umso eher aufdrängen, je fremder uns die Dinge sind; wir greifen also insbesondere dann darauf zurück, wenn wir wenig eigene Erfahrung mit den jeweiligen Artefakten als Requisiten haben.

Chagnon wiederum erschloss sich die Kultur der Yanomami über die Methode der teilnehmenden Beobachtung und darin über sein persönliches, subjektives Erleben. In seinen Forschungsberichten ist er selbst der zentrale Akteur, dem die Yanomami von Anfang an misstrauisch bis feindselig begegneten; sie ließen ihn seine Außenseiterposition deutlich spüren. Auch nutzte er Animositäten zwischen den BewohnerInnen verfeindeter Dörfer, um sie dazu zu bringen, sich mit ihm über die jeweils anderen zu unterhalten (vgl. ebd.). Die selbst erfahrene Feindseligkeit und Aggressivität wurde so zu einem der Leitmotive seiner Untersuchungen. Und aus diesem subjektiven Erleben heraus entwickelte er sein spezielles Verständnis der Yanomami-Kultur als von Aggression, Wildheit und Kampfeslust geprägt. Nun würden wir intuitiv vielleicht sagen, dass unser Verständnis sozialer Situationen immer und selbstverständlich von unserem subjektiven Erleben geprägt ist. Wir stellen aber auch fest, dass wir in unserer eigenen Kultur durchaus in der Lage sind, unser subjektives Erleben von der ‚objektiven Bedeutung' der Situation zu trennen. Wir ‚wissen', was beispielsweise ein Bewerbungsgespräch, eine Fahrstuhlfahrt oder ein Eishockeyspiel ‚ist', und sind nicht auf unser subjektives, unmittelbares Erleben zurückgeworfen, um soziale Situationen zu ‚verstehen'. Mehr noch: Wir würden unser subjektives Erleben auch nicht in Form einer ‚kulturellen Deutung' generalisieren, gerade weil uns die ‚gültigen' Interpretationsschemata bereits zur Verfügung stehen. Kennen wir diese Interpretationsschemata jedoch nicht, ist es zumindest schwierig, unser persönliches Erleben nicht als immanenten Teil der sich uns präsentierenden sozialen Wirklichkeit zu veranschlagen.

8 Rahmung

Lizot schließlich betrieb seine Forschungen ebenfalls als teilnehmender Beobachter, verfolgte jedoch ausdrücklich nicht das Ziel, die Yanomami-Kultur soziologisch zu erklären, sondern vielmehr, sie ‚von innen heraus' zu beschreiben. Nicht, wie er die Dinge erlebte, wollte er in den Mittelpunkt seiner Untersuchungen stellen, sondern wie die Menschen, mit denen er zu tun hatte, die Dinge erlebten. Zumindest in seinen Forschungsberichten nimmt er sich selbst als teilnehmende Person völlig zurück und vermittelt den Eindruck, die Yanomami-Kultur in einer Art ‚Selbstbeschreibung' zu dokumentieren, indem er sich in die Personen hineinversetzt und sogar ihre Gefühle und Gedankengänge beschreibt. Offenbar ist er den Menschen während seines Aufenthalts so nahegekommen, dass er selbst Sexualakte aus eigener Ansicht schildern kann (vgl. ebd.). Ist deshalb sein Eindruck, bei den Yanomami handle es sich um eine harmonische und freizügige Gesellschaft, der ‚authentischste'? Häusler (ebd.) kommt eher zu dem Schluss, dass Lizot in seinen Darstellungen bewusst selektiv vorgeht, um ebendies zu veranschaulichen. Wenn das auch nicht, wie bei Chagnon, notwendig Lizots subjektivem Erleben geschuldet ist, so doch wohl seiner auffälligen Begeisterung für eine Gesellschaft, in der Sexualität dem Anschein nach nicht tabuisiert war – oder zumindest nicht auf die gleiche Weise, wie sie in seiner eigenen Kultur zu dem Zeitpunkt, als er sich bei den Yanomami aufhielt, tabuisiert wurde. Das zeigt, dass die kulturelle Prägung, mit der wir als vollsozialisierte Gesellschaftsmitglieder den Blick auf andere Gesellschaften richten, dazu führen kann (und meist ganz unbewusst dazu führt), dass wir das, was wir neu erfahren, in Relation setzen zu dem, was wir kennen, und es dann auch entsprechend (positiv oder negativ) bewerten.

Für uns ist hier interessant, dass diese verschiedenen Zugänge zu einer fremden Kultur – über die objektive Materialität, über das subjektive Erleben und über das (ggf. unbewusste) In-Bezug-Setzen zur eigenen Kultur – zusammengenommen recht gut das beschreiben, was für uns in sozialen Situationen relevant wird: Jede Situation ‚besteht' aus ihrer physischen, materialen Wirklichkeit, aus den subjektiven Deutungen des Individuums und aus allgemein gültigen Interpretationsschemata, die allen Mitgliedern der jeweiligen Gesellschaft zur Verfügung stehen. Wenn wir uns in fremden Gesellschaften bewegen, können wir sie selbstverständlich in ihrer Materialität wahrnehmen und subjektiv erfahren; was uns aber erst einmal fehlt, ist der Zugriff auf die hier generalisierten Interpretationsschemata.

Und dies ist entscheidend. Wir deuten soziale Situationen nach verallgemeinerbaren Kategorien, die wir nicht selbst definieren und die nicht Teil der unmittelbaren Interaktion sind. Das heißt, wir stellen die Situation nicht her, indem wir dazukommen, sondern finden etwas vor, das wir auf eine bestimmte, vordefinierte Weise einordnen, woraus wir dann bewusste Schlüsse ziehen wie auch unbewusste Verhaltensweisen generieren (vgl. Goffman 1986 [1974]). Die Redewendung „andere

Völker, andere Sitten" verweist auf genau das Problem, dass unsere Kategorien, nach denen wir soziale Situationen interpretieren, kulturell vorgefertigt sind und in anderen Kulturen anders verfasst sein können. Das Dilemma ist, dass wir uns eben nicht auf neue Situationen einfach so einstellen können, sondern auf die uns bekannten Rahmen angewiesen sind. Diese sind so stark verankert, dass selbst wenn wir uns ausdrücklich vornehmen, ‚unvoreingenommen' zu sein, dies nicht gelingen kann. Für die Ethnologie stellt sich damit, wie gesagt, die Herausforderung, Forschungsergebnisse stets daraufhin zu überprüfen, inwiefern die kulturell vordefinierten ‚Rahmungen' der Interaktion mit den erforschten Menschen die Analyse beeinflussen.

Mit Goffman (1986 [1974]) wollen wir Rahmen als Prinzipien der Organisation von Interaktion fassen, die es uns ermöglichen, Situationen einzuordnen und zu verstehen. Selbst in uns gänzlich unbekannten sozialen Kontexten sind wir auf der Basis von Rahmung in der Lage, andernfalls sinnlose Aspekte einer Situation mit Sinn zu versehen. Unter „primary frameworks" (Primärrahmen) versteht Goffman (ebd.: 21) Klassen von Schemata, die zueinander in einem bestimmten Verhältnis stehen und auf deren Grundlage die Gesellschaftsmitglieder ein Verständnis ihrer sozialen Wirklichkeit entwickeln. Mit Hilfe solcher Interpretationsschemata – Gumperz (1982: 131) spricht von einem „channelling of information" – lassen sich soziale Ereignisse überhaupt erst verorten, wahrnehmen, identifizieren und kategorisieren; sie basieren nicht auf Interpretationen, die wir zuvor bereits als Individuen vorgenommen haben, sondern stellen diese Interpretationen allen Mitgliedern der jeweiligen Gesellschaft a priori zur Verfügung. Das erkennen wir besonders daran, dass wir zur primären Einschätzung von Situationen bei einem Großteil ihrer Aspekte eben nicht darüber nachdenken, was sie bedeuten; es findet keine kognitive Schleife statt, in der wir erst einmal den Sinn des Stuhls von dem des Tischs unterscheiden, über die tatsächliche Gefährlichkeit einer auf uns gerichteten Waffe nachdenken oder die Bedeutung der Anwesenheit einer anderen Person kontemplieren. So werden wir von einem ‚Hintergrundverständnis' der sozialen Situation geleitet, das es uns ermöglicht, die Bedingungen und Konsequenzen unseres eigenen Verhaltens und des Verhaltens der anderen mehr oder weniger unreflektiert in Form kategorialer Standards als gegeben hinzunehmen (vgl. Goffman 1986 [1974]). Damit legen Rahmungen auch unsere Aufmerksamkeitsrichtungen in bestimmter Weise fest, indem wir ganz unbewusst Hauptereignisse von Nebenereignissen der sozialen Situation trennen. Diese Fokussierung ist nur möglich, weil von vornherein eine bestimmte Gewichtung vorliegt; so achten wir auf das Ereignis auf der Bühne und nicht auf die Parallelereignisse in Reihe sieben des Zuschauerraums, ohne dass wir auch nur überlegen müssten, was ‚wichtiger' oder ‚relevanter' sein könnte.[56] Die Reichweite der Rahmung für unser Verständnis von Situationen und Ereignis können wir uns an einem von Goffmans (ebd.) Beispielen verdeutlichen: Stellen wir uns einen Holzfäller vor, der einen Baum zersägt, und eine Magierin, die auf der Bühne den Zaubertrick der Zersägung eines Menschen vorführt. Die Handlung des Zersägens ist technisch gesehen die gleiche, aber die Rahmung, innerhalb der sie jeweils stattfindet, liefert uns eindeutige Hinweise darauf, warum wir das eine als ‚real' auffassen und das andere als ‚fabriziert' – im letzteren Fall sind es unter anderem das Handeln vor Publikum und die handelnde Zauberin, die als solche kostümiert ist, wodurch wir von vornherein wissen, dass hier nicht ‚wirklich' ein Mensch zersägt wird, sondern es sich um einen Trick handelt, der uns ebendies glauben machen soll. Selbst wenn wir in Betracht ziehen, dass der Trick schiefgehen könnte, warten wir doch das Ergebnis der Handlung ab – wir laufen nicht schreiend aus dem Raum und rufen die Polizei. Die Art der Inszenierung ist hier Bestandteil der sozialen Rahmung, die wir nicht situativ interpretieren müssen, um zu wissen, was vor sich geht. Auch hier können wir natürlich wieder anmerken, dass andere kulturelle Interpretationsschemata anderer Gesellschaften auch eine ganz andere Deutung der Situation zulassen könnten – beispielsweise als öffentliche Hinrichtung. Die Unterscheidbarkeit von ‚realem' und ‚fabriziertem' Zersägen zeigt aber auch, dass Rahmen moduliert werden können, indem der ‚originäre' Sinn einer Handlung im Kontext von Spielen, Experimenten, Persiflagen, Zeremonien usw. transformiert wird. Wichtig ist dabei aber, dass auch die Transformation des Rahmens eine Rahmung ist, die uns vorgefertigte Interpretationsschemata zur Verfügung stellt. Dass diese dennoch nicht fix und statisch sein müssen, haben wir bereits in Kapitel 4 anhand des Nixon-Beispiels diskutiert; damit verweist Goffman (1981) in seinen Überlegungen zum „footing" auf die Möglichkeit, dass selbst eindeutig gerahmte Situationen durch eine Veränderung in der Haltung der Teilnehmenden in der unmittelbaren Interaktion selbst transformiert werden können. Dies müssen wir allerdings als eine bewusste, aktive Veränderung der Situationsrahmung durch die Teilnehmenden verstehen, für die es nicht viele Beispiele geben kann. Denn die Voraussetzung dafür scheint doch zu sein, dass derjenige Teilnehmer, der das „footing" auf so drastische Weise verändert, dass vorgängige Situationsdefinitionen

---

56 In der wissenschaftlichen Erforschung sozialer Ereignisse führt das dann mitunter auch dazu, dass die soziale Rahmung der Interaktion auch den wissenschaftlichen Fokus der Untersuchung lenkt, so dass ‚Nebenereignisse' als für die Analyse irrelevant angenommen werden (vgl. Sürig 2011).

nicht mehr zutreffen, nicht nur eine besondere Macht über die anderen Teilnehmenden besitzt, sondern diese auch missbraucht. Unterschiedliche Rahmen schränken die Möglichkeiten des Verhaltens also a priori ein, weil bestimmte Deutungsmuster vorgegeben sind, die unser Handeln leiten. Dabei sind allerdings, so Goffman (ebd.), die zur Verfügung stehenden Interpretationsschemata nicht für alle Anwesenden in identischer Form relevant; in Anlehnung an eine weitere Illustration Goffmans ist das Schachspiel für die spielenden Personen als ‚Schach' relevant, während es für andere Anwesende ausreichend sein mag, das Spiel als ‚Spiel' zu identifizieren, es aber für wiederum andere Anwesende als ‚kultivierter Zeitvertreib' Bedeutung hat. Gerade für kollektive soziale Ereignisse gilt aber auch, dass die soziale Rahmung das Ereignis auf eine eindeutige Weise ‚einklammert':

> „Activity framed in a particular way – especially collectively organized activity – is often marked off from the ongoing flow of surrounding events by a special set of boundary markers or brackets of a conventionalized kind." (Goffman 1986 [1974]: 251)

Diese ‚Klammern' kollektiver Unternehmungen sind zeitlicher und räumlicher Art und damit nicht für den Inhalt des Ereignisses entscheidend, sondern für sein Zustandekommen und seine Abgrenzung vom ‚Außerhalb': Was zu diesem Zeitpunkt an diesem Ort stattfindet, ist das Ereignis (bspw. die Unterrichtsstunde, das Arbeitstreffen, die Hochzeitsfeier), alles andere nicht. Bei solchen Ereignissen beobachten wir dann oft auch ritualisierte Ein- und Ausleitungen (vgl. ebd.) – das Klingeln der Schulglocke, die Begrüßung und Verabschiedung durch die Teamchefin, das Eintreffen und die Verabschiedung des Brautpaars. Solche Hinweise geben nicht nur über Anfang und Ende einer Veranstaltung Aufschluss, sondern markieren auch ein vordefiniertes Verständnis darüber, was in der Zwischenzeit geschehen wird.[57] Wenn es also ein geteiltes, der konkreten Situation vorgängiges Verständnis darüber gibt, dass das Klingeln der Schulglocke den Unterrichtsbeginn signalisiert, dann wird das, was darauf folgt, eben auch Schulunterricht sein und weder ein Arbeitstreffen noch eine Hochzeitsfeier, und dies ist für alle Anwesenden nicht nur gleichermaßen verständlich, sie *verlassen* sich auch darauf (vgl. ebd.). Dabei ist es zwar möglich, dass der Rahmen, den wir auf eine konkrete Situation anlegen, nicht zutrifft – dass also etwas anderes vor sich geht, als wir zunächst annehmen. In diesen Situationen müssen die direkt Beteiligten sich aber in jedem Fall gegenseitig

---

57 Deshalb können wir sagen, dass Begrüßung und Verabschiedung zwar Interaktionen ein- und ausleiten, aber keine Klammern des Ereignisses sind, weil das, was nach der Begrüßung geschehen wird und nach der Verabschiedung geschehen ist, im bloßen Akt des Begrüßens/Verabschiedens offenbleibt.

in Form von „keyings" signalisieren, welchen Rahmen die Situation stattdessen hat, beispielsweise, dass es sich nicht um einen echten Kampf, sondern um einen gespielten handelt (vgl. ebd.). Dass es für viele Zuschauende nicht entscheidbar ist, ob es sich beim Wrestling nun um echten Kampf oder nur um Show handelt, liegt wohl daran, dass von den Beteiligten widersprüchliche „Schlüsselsignale" gegeben werden – es gibt sowohl die spielerische Übertreibung und Aspekte von theatralischer Inszenierung als auch echte Schläge und echte Verletzungen.

Mit J.J. Gumperz wenden wir uns der interaktionalen und darin sprachlichen Dimension der Rahmung bzw. Kontextualisierung zu. Die Grundannahme lautet:

> „[...] channelling of interpretation is effected by conversational implicatures based on conventionalized co-occurrence expectations between content and surface style. That is, constellations of surface features of message form are the means by which speakers signal and listeners interpret what the activity is, how semantic content is to be understood and *how* each sentence relates to what precedes or follows. These features are referred to as *contextualization cues*. [...] Roughly speaking, a contextualization cue is any feature of linguistic form that contributes to the signalling of contextual presuppositions." (Gumperz 1982: 131; Herv. i. O.)

Kontextuelle Vorannahmen können sprachlich in vielen verschiedenen Formen im Horizont unserer sprachlichen Repertoires realisiert werden: als sprachliche Register oder Codes, als Dialekte oder Stilwechsel, im lexikalischen oder syntaktischen Ausdruck, im Gebrauch von Redewendungen und Gesprächseröffnungs- und Abschlussstrategien. Mit Hilfe solcher Realisierungen geben wir einerseits zwar in der Interaktion Hinweise darauf, wie wir die Situation verstehen. Andererseits hängt die Art, wie wir sprechen, gleichermaßen vom jeweiligen Ereignis ab wie auch von unseren GesprächspartnerInnen und den weiteren Teilnehmenden. Jede soziale Rahmung einer Situation schreibt also in mehr oder weniger großem Umfang vor, wie wir uns sprachlich zu verhalten haben, und wir erfüllen solche konventionellen Erwartungen, auch wenn wir sie uns nicht bewusst machen oder sie uns nicht bewusst sind. Wir sprechen mit Kindern anders als mit Erwachsenen und mit Peers anders als mit Vorgesetzten; auf der Konferenz wählen wir ein anderes sprachliches Register als beim Familienfrühstück; unter Beobachtung uns unbekannter Dritter ist unser sprachliches Verhalten anders als im Gespräch ‚unter vier Augen'. Sprachliche Realisierungen sind entsprechend ein entscheidender Aspekt sozialer Situationen, die wir schematisch mit vordefiniertem Sinn versehen, und zwar auch jenseits ihres jeweiligen Inhalts. Ein naheliegendes Beispiel ist das Dialektsprechen (wir meinen hier nicht das, was man gemeinhin „dialektale Färbung" oder „Akzent" nennt, sondern eine sprachliche Varietät). Ungeachtet einer möglicherweise eingeschränkten Komprehensibilität – auch Dialekte einer

Standardsprache müssen nicht für alle SprecherInnen des Standards verständlich sein – ist das Dialektsprechen zumindest in Deutschland auf Interaktionen in bestimmten Gruppen beschränkt, namentlich auf die Gruppen der SprecherInnen des jeweiligen Dialekts. Damit kennzeichnet der Dialekt von vornherein Mitglieder und Nichtmitglieder der Gruppe, also Insider und Außenseiter; während aber die Insider häufig auch den Standard in ihrem Repertoire haben, sind Außenseiter des Dialekts nicht mächtig. Eine soziale Situation, in der Dialekt gesprochen wird, ist dann über diesen Aspekt auf eine bestimmte Weise gerahmt – nämlich als Insider-Interaktion, für die Außenseiter nicht die vorgesehenen sprachlichen Fähigkeiten mitbringen. Was auch immer dann auf der inhaltlichen Ebene relevant gesetzt wird, der Dialekt ist ein Schlüsselsignal, der für Außen- wie Innenstehende markiert, wer ‚dazugehört' und wer nicht.

Ist dies ein einfaches Beispiel für die Rahmung durch Sprache, dann können wir uns auch Ereignisse vorstellen, in denen es der Rahmen der sozialen Situation ist, der uns Aufschluss darüber gibt, wie bestimmte Äußerungen in bestimmten Situationen zu verstehen sind. Diese Frage haben wir in Kapitel 2 zur Sequentialität bereits angesprochen, in dem es in diesem Zusammenhang darum ging, wie „common ground" durch Interaktion hergestellt wird. Im Hinblick auf die Rahmung von Situationen können wir diese Frage nun dahingehend erweitern, welcher „common ground" bereits durch die soziale Situation vordefiniert ist und wie sich sprachliche Realisierungen daran orientieren. Gumperz (ebd.) benutzt hier das Beispiel der Äußerung „Die Fahrkarten, bitte!", die nur in ganz bestimmten Kontexten wörtlich genommen einen Sinn ergeben kann, nämlich nur an Orten, an denen der Besitz einer Fahrkarte obligatorisch ist (insbesondere bei der Benutzung öffentlicher Verkehrsmittel). Außerhalb eines solchen Kontexts scheint die Äußerung zwar wenig sinnvoll, wir wären aber dennoch nicht völlig hilflos, wenn sie an uns gerichtet würde, würden wir sie doch automatisch als Ausdruck der Transformation eines Rahmens deuten – und vermutlich als Witz, Spiel oder Metapher verstehen. Dies gilt aber auch für Situationen, in denen wir die sich so äußernde Person als eine identifizieren, die nicht die Autorität besitzt, die Fahrkarte von uns zu verlangen – in der vollbesetzten U-Bahn beispielsweise das kleine Mädchen, das den Fahrkartenkontrolleur spielerisch nachahmt. Weil wir dies als Spiel identifizieren können, sind wir dann auch bereit, es mitzuspielen – wir zeigen dem Mädchen unsere Fahrkarte oder behaupten vielleicht sogar, wir besäßen keine, aber wir setzen dem Kind nicht ernsthaft auseinander, dass und warum es nicht in der Position ist, unsere Fahrkarte sehen zu wollen. Auf den ersten Blick, so Gumperz (ebd.), scheinen solche Situationsbewertungen individuelle Interpretationen in sich widersprüchlicher sprachlicher Realisierungen zu sein. Bei genauerem Hinsehen muss uns jedoch auffallen, dass es sich hier um Interpretationsstrategien handelt,

8 Rahmung

die allen SprecherInnen mit einem bestimmten kulturellen Hintergrund potentiell verfügbar sind:

„We can thus talk of human communication as channelled and constrained by a multilevel system of learned, automatically produced and closely coordinated verbal and nonverbal signs." (Gumperz 1982: 141)

So können sprachliche Kontextualisierungshinweise (oder „keyings") darauf, wie eine Äußerung zu verstehen ist (ernstgemeint, als Witz, als Spiel, als Metapher usw.), überhaupt nur funktionieren, wenn es geteilte Interpretationsschemata der Markierung gibt – so zum Beispiel bei der Verteilung prosodischer Akzentuierung wie in dem Beispiel „Bei wem darf ich mich dáfür bedanken?" im Gegensatz zu „Bei wem darf ich mich dafür bedánken?". Versierte SprecherInnen des Deutschen können aufgrund der Betonung in der ersten Äußerung verstehen, dass es sich um eine Ironisierung handelt – der Sprecher markiert, dass ihm durch eine unbekannte dritte Person etwas widerfahren ist, dass ihn durchaus nicht dankbar macht, im Gegenteil zur zweiten Betonung, die signalisiert, dass er die Person identifizieren möchte, die ihm etwas Gutes getan hat. Gleichsam verlässt sich der Sprecher wiederum darauf, dass die so Adressierten die gemeinte Bedeutung aufgrund des Kontextualisierungshinweises im gemeinten Sinne verstehen.

Ein interessanter Kontextualisierungshinweis, mit dem sich Peter Auer (1999) befasst, ist die Unterscheidung zwischen ‚du' und ‚Sie' im Deutschen. Wenn auch der Übergang vom Siezen zum Duzen im Allgemeinen als Stärkung der Solidaritätsgemeinschaft betrachtet werden kann, so stellt sich doch das Problem, dass der umgekehrte Übergang nicht vorgesehen ist – wir können einer Person, die wir duzen, nicht das ‚Sie' anbieten, selbst wenn wir allen Grund dazu hätten oder uns eine ‚Re-Formalisierung' der Sozialbeziehung – zum Beispiel im Fall einer Scheidung – eigentlich richtig vorkäme. Das heißt, dass wir aus der Tatsache, dass Personen sich duzen, vielleicht keine eindeutigen Schlüsse über ihre Sozialbeziehung ziehen können. Aus der Perspektive dieses Kapitels lässt sich aber auch feststellen, dass die Nichtzurücknehmbarkeit der informellen Anrede nicht der individuellen Interpretation der Interaktion bzw. Sozialbeziehung geschuldet ist; Situationen, in denen man sich duzt, sind durch die darin enthaltene Solidaritätszumutung vielmehr von vornherein so gerahmt, dass man hinter das ‚Du' nicht mehr zurücktreten kann.

Sprachliche Realisierungen können also ein Aspekt der Rahmung der sozialen Situation sein, sie können durch die Rahmung der sozialen Situation determiniert sein, und sie können natürlich auch beides gleichzeitig sein: Die Dialektverwendung ist ein signifikanter Aspekt der Rahmung des Ereignisses ‚Dorffest', während gleichzeitig das Ereignis ‚Dorffest' den Anlass auf eine Weise rahmt, der die Dialektverwendung forciert. In diesem Sinne argumentiert auch Herbert Willems (1997: 59), wenn er die Rahmenanalyse Goffmans als „zweidimensional" bezeichnet: als Analysesystem der Bedingungen sozialer Interaktion und als Analysepraxen der Interagierenden.

Wenn wir zum Abschluss noch einmal zurückkommen auf das Problem der ‚widersprüchlichen Ethnographien', dann können wir erstens festhalten, dass die kulturell geprägten Interpretationsschemata, die uns genuin zur Verfügung stehen, uns daran hindern können, das Fremde und Unbekannte zu verstehen. Sie können uns als Forschende aber auch daran hindern, das Eigene und Bekannte zu verstehen, eben weil es sich um vorbewusste, nicht-reflexive Situationseinschätzungen handelt, bei denen wir gar nicht wirklich wissen, welche Kategorien wir anlegen. Und dies gilt auch für die Informantinnen und Informanten, mit denen wir in den meisten sozialwissenschaftlichen Studien zusammenarbeiten: Den beteiligten Akteuren sind, während sie handeln, die objektiven Bedeutungsstrukturen ihrer Interaktionen und Lebenspraxen meist gar nicht oder allenfalls sehr begrenzt bewusst, und dementsprechend können sie sie auch nur mühsam und rudimentär rekonstruieren. Es wird immer einige Diskrepanzen geben zwischen dem, was Menschen tun, und dem, was sie darüber sagen können (vgl. Gumperz 1982). Die latenten, wie selbstverständlichen Hintergrundannahmen und kulturell determinierten Interpretationsschemata können deshalb erst in der systematischen wissenschaftlichen Analyse offengelegt werden.

Denkanstöße

Betrachten Sie die Filmszene auf die Frage hin, woher Sie eigentlich ‚wissen', was hier vor sich geht. Fragen Sie sich, warum Sie die Szene nicht beispielsweise als Podiumsdiskussion, Eheberatungsgespräch oder sportlichen Wettkampf einordnen. Explizieren Sie dabei, welchen Merkmalen der Situation Sie welche kategorialen Bedeutungen zuweisen.

Grundlagentexte

Goffman, Erving (1986 [1974]): Frame analysis. An essay on the organization of experience. Reprinted 1986. Lebanon, New England: Northeastern University Press. *Darin*: Primary Frameworks, S. 21-39; The Anchoring of Activity, S. 247-300.

Gumperz, John J. (1982): Discourse Strategies. Cambridge: Cambridge University Press. *Darin*: Contextualization Conventions, S. 130-152.

Weiterführende Literatur

Agar, Michael (1980): The Professional Stranger. An Informal Introduction to Ethnography. New York: Academic Press.
Auer, Peter (1999): Sprachliche Interaktion. Tübingen: Niemeyer. Darin: Kontextualisierung, S. 148-174.
Goffman, Erving (1981): Forms of talk. Philadelphia: University of Pennsylvania Press. *Darin*: Footing, S. 124-159.
Häusler, Christian (1997): Kopfgeburten. Die Ethnographie der Yanomami als literarisches Genre. Marburg: Förderverein Völkerkunde.
Sürig, Inken (2011): Students as Actors in Supporting Roles. Video Analysis of Classroom Interaction Systems as Multi-Participant Events. Osnabrück: Hochschulschriften der Universität Osnabrück.
Willems, Herbert (1997): Rahmen und Habitus. Zum theoretischen und methodischen Ansatz Erving Goffmans. Frankfurt a. M.: Suhrkamp.

9 Typisierung: Woher wir wissen, mit wem wir es zu tun haben

Wenn wir interagieren, dann orientieren wir uns nicht nur an Rollenerwartungen, wir verhalten uns nicht nur konform oder non-konform gegenüber normativen Vorgaben, und wir folgen nicht nur Regeln. Zwar ist unser Handeln in erheblichem Maße von diesen allgemeine Geltung beanspruchenden Aspekten geprägt, aber das ist nicht alles. ‚Struktur' geht darin nicht auf. Wir speisen, wie wir bereits gesehen haben, auch in verschiedener Hinsicht Individualität in Interaktionen ein. Das ist hier nicht floskelhaft gemeint im Sinne jener Alltagsweisheiten, auf die wir uns als moderne Menschen immer schnell verständigen können: dass wir natürlich alle etwas Besonderes sind, unsere Eigenheiten haben, unsere besonderen Stile, Meinungen und Geschmäcker usw. Im vorliegenden Zusammenhang geht es vielmehr darum, die Anteile von Individualität und Subjektivität zu bestimmen, die relevant für Strukturbildung sind. Zentral wird das im letzten Kapitel thematisch sein, in dem es um das Moment des Entscheidens in Interaktionen geht. Aber Individualität spielt schon im Vorfeld des Entscheidens eine Rolle, nämlich in der Art und Weise, wie wir Situationen und unsere Gegenüber wahrnehmen.

Das liegt zum einen daran, dass sich allgemein geltende Regeln, Normen und Rollenerwartungen nicht gleichsam unmittelbar auswirken. Wir müssen sie vielmehr erst auf die jeweilige Spezifik von Situation und Gegenüber beziehen. Wir müssen Zuordnungen treffen, und das geschieht nicht beliebig. Zum anderen können Sozialbeziehungen mit diesen allgemeinen Mustern nur unzureichend erfasst werden. Das gilt nicht allein für längerfristige und engere Sozialbeziehungen, wie in Paar- oder Familienbeziehungen, in denen die je besonderen Personen entscheidend sind. Wir erfassen in konkreten Situationen vielmehr immer mehr als das, was von allgemein geltenden Mustern ‚regiert' wird. Ein konkretes Café beispielsweise ist nicht nur ein Café, sondern immer auch Teil eines bestimmten Milieus oder einer bestimmten Gesellschaftsschicht, und der Kellner tritt uns nicht nur als Rollenträger gegenüber, sondern auch als konkrete Person, die wir immer auch hinsichtlich ihres Geschlechts, ihrer Generationenzugehörigkeit oder Herkunft ‚einordnen'.

Um ‚gekonnt', also in passender und kundiger Weise agieren zu können, sind wir damit auf handlungsstrukturierende Muster einer anderen Art angewiesen, auf Muster, die stärker an unsere je individuellen Erfahrungen rückgebunden sind. Diese Muster werden soziologisch als „Typisierungen" bezeichnet.

‚Typisierung' ist eine Bezeichnung, die uns alltagssprachlich vertraut ist. Denn wir reden zuweilen auch im Alltag – und zwar immer dann, wenn wir Handlungsweisen von Personen kommentieren – von einem typischen Verhalten, von typischen Handlungsweisen. Wir sagen beispielsweise, etwas sei „typisch Mann", „typisch Frau", „typisch deutsch", „typisch Rentner", „typisch Berliner", „typisch Lehrer", „typisch Hausmeister" usw.[58] An diesen Redeweisen wird deutlich, dass sie eine Art Subsumtion beschreiben, die immer dann stattfindet, wenn wir beobachtete oder berichtete Verhaltensweisen von Personen einem Muster zuordnen. Die Personen, um die es geht, gelten uns dann als Repräsentanten dieses Musters. Ihr Geschlecht, ihre Herkunft, ihr Alter, ihr Beruf usw. erscheinen dabei als Quellen erwartbarer Verhaltensweisen, die wir entsprechend zuordnen und auf die wir uns einstellen. Dabei spielen derartige Muster schon bei der Erschließung der Verhaltensweisen und Merkmale selbst eine Rolle, das heißt, wir erkennen einen Mann, eine Berlinerin, einen Rentner, eine Lehrerin anhand typischer Eigenschaften. Wenn wir so über andere Menschen sprechen, handelt es sich dabei freilich oft um Negativtypisierungen. Das heißt, wir rechnen negative Verhaltensweisen eines Individuums einer bestimmten Gruppe von Menschen zu, bei der wir davon ausgehen, dass diese negativen Verhaltensweisen negativen Eigenschaften entspringen, die kennzeichnend für alle Angehörigen dieser Gruppe sind. Damit sind auch gleich zwei wichtige Unterschiede zwischen ‚Typus' und ‚sozialer Rolle' benannt: Erstens betrifft die Typisierung, ob wertend oder nicht, Personengruppen, die weit über soziale Rollen hinausgehen gehen (z. B. „Berliner", „Frauen") oder weit darunter liegen (z. B. „die 10a", in der alle SchülerInnen „Streber" sind) können. Zweitens bezieht sich die Typisierung selbst nicht auf die Verhaltenserwartungen, die wir an eine bestimmte Gruppe haben (auch wenn wir sie aus der Typisierung ableiten), sondern auf das Zurückführen von Verhaltensweisen auf bestimmte Eigenschaften.

In all den genannten Fällen haben wir jedoch das Muster, auf das wir verweisen, wenn wir etwas als „typisch" markieren, nicht erfunden, sondern wir finden etwas bestätigt, das es für uns schon gibt. Diese Muster sind als solche also zunächst einmal gar nicht besonders ‚individuell', sondern werden von uns als gängige, weitgehend geteilte verstanden. Auch darauf verweisen wir, wenn wir so sprechen; erst die Unterstellung intersubjektiv *geteilter* Deutungen macht Äußerungen wie „typisch

---

58 Im Alltagssprachgebrauch wird bei solchen Formulierungen wohl weitgehend noch nicht „gegendert".

9 Typisierung

Mann" verständlich. ‚Typisch' meint also immer auch etwas stereo-typisches. Zum Teil geht es dabei um Deutungen, die hochgradig gängig und plakativ sind. Auch wenn man sie sich nicht zu Eigen machen will (etwa weil man selbst Mann, Berlinerin oder Lehrer ist), kennt man sie doch. Zum Teil ist aber auch ein besonderes Wissen angesprochen, eines, das nicht so gängig ist, sondern besondere Kenntnisse erforderlich macht, um ein Muster typischen Verhaltens situativ anwenden und zuordnen zu können. Nicht alle wissen (oder glauben zu wissen), dass diese oder jene Handlungsweise darauf zurückgeführt werden kann, dass die jeweilige Person Lehrer, Berlinerin oder Schüler der 10a ist. Hier sind besondere Kenntnisse oder Erfahrungen erforderlich, auch aufseiten der AdressatInnen der Rede.

Dies gilt erst recht bei solchen Typisierungen, die konkrete Personen in ihrer Individualität betreffen. Denn wir verwenden „typisch" auch dort, wo wir Verwandte, Freunde oder Kollegen in ihrer Besonderheit kennzeichnen wollen, in Redeweisen wie „Typisch Heinz, der geht immer gleich in die Luft" oder „Typisch Helga, große Klappe, aber wenn es drauf ankommt, hält sie sich vornehm zurück". Und auch in diesen Fällen werden wir unser Handeln an typisierenden Einschätzungen ausrichten, etwa indem wir Heinz mit einer gewissen Vorsicht kritisieren oder indem wir nicht wie selbstverständlich damit rechnen, dass sich Helga so verhält, wie sie es ihrer eigenen Einschätzung der Situation nach eigentlich müsste.

Soziologisch betrachtet handelt es sich bei den Beispielen, auf die man kommt, wenn man sich die alltagssprachlichen Redeweisen vergegenwärtigt, die „typisch" einschließen, nicht um Sonderfälle. Typisierungen gibt es nicht nur dort, wo wir explizit davon reden. Sie sind nicht die Ausnahme, sondern sie sind allgegenwärtig. Wie immer man das bewerten mag – und es wird üblicherweise nicht gut bewertet, eben weil damit eine Subsumtion verbunden ist[59] –, wir kommen generell ohne diese Art von Vor-Urteilen nicht aus.

Es gibt eine soziologische Theorie darüber, warum das so ist, die vor allem von Alfred Schütz und Thomas Luckmann entwickelt wurde (Schütz 1981 [1932], 1971 [1953]; Schütz/Luckmann 2003). Diese theoretischen Überlegungen sollen hier der Ausgangspunkt der weiteren Argumentation sein, allerdings wollen wir auch gleich klarstellen, dass es bei Schütz/Luckmann keine Trennung zwischen sozialen Rollen und ‚Typen' gibt. Vieles von dem, was die Autoren unter ‚Typisierung' fassen, würden wir mit Talcott Parsons (s. Kap. 6) der formalen Kategorie der Rolle zuweisen. Wie eingangs schon angemerkt, sind ‚Typen' und ‚Rollen' in einer ‚interaktionistischen' (aber auch in einer strukturalistischen) Argumentation

---

[59] Vielleicht ist das auch der Grund dafür, dass die Eigenschaften, die mit dieser Rede angesprochen sind, üblicherweise keine besonders positiven sind.

nicht nur nicht dasselbe, sie lassen sich auch dezidiert voneinander unterscheiden. Darauf kommen wir noch zurück.

Typisierung wird von Schütz und Luckmann als elementarer Vorgang in der Alltagswelt verstanden. Typen sind Deutungsschemata, mit deren Hilfe wir unsere Welt ordnen. Dabei geht es nicht (nur) um die Gedanken, die wir uns in Momenten der Muße über Gott und die Welt und ihre Bevölkerung machen. ‚Deutung' hat hier vielmehr eine sehr praktische, unmittelbar handlungsrelevante Seite: Es geht um Schemata, die wir an Interaktionen herantragen, die unser Verständnis des Handelns unserer InteraktionspartnerInnen bestimmen und die unser Handeln anleiten. Sie erzeugen Erwartungen, die wir in den jeweiligen Situationen haben, an denen wir das Handeln der anderen messen und an denen wir unser eigenes Handeln ausrichten. Wir können sagen, dass im Grunde alles, was wir in den vorherigen Kapiteln behandelt haben und nachfolgend noch behandelt werden, bei Schütz und Luckmann unter dem Begriff der Typisierung verhandelt wird.

Dafür finden sich in den Texten von Schütz und Luckmann verschiedene Varianten einer theoretischen Begründung. Sie sind teilweise sehr grundlegend und an philosophische Vorannahmen hinsichtlich der Funktionsweise des menschlichen Bewusstseins gebunden. So wird in einer ersten theoretischen Ableitung argumentiert, dass unsere Wirklichkeitserfassung generell in einer typisierenden Weise erfolgt (vgl. hierzu auch Kap. 5). Das betrifft nicht allein soziale Objekte in einem engeren Sinn, sondern alle Gegenstände unserer Wahrnehmung. Um überhaupt in unserem Bewusstsein präsent werden zu können, müssen wir über ein dem jeweiligen Gegenstand entsprechendes Schema verfügen, „ein Schema zusammengehöriger, hervorstechender thematischer Elemente, das sich in der Vorerfahrung ausgebildet und im subjektiven Wissensvorrat sedimentiert hat" (Luckmann 2003: 15). Wenn Dinge von uns erfasst werden, wenn sie in unser Bewusstsein treten, dann deshalb, weil ein entsprechendes Schema „automatisch appräsentiert" (ebd.) ist. Mit anderen Worten: ‚Wirklich' werden für uns Gegenstände in der Welt in dem Maße, wie sie den Mustern entsprechen, mit denen wir die Welt erfassen.

Das muss man sich dann so vorstellen, dass wir eine Art ‚innere Brille' tragen, mit der wir die Welt mit Sinn versehen. Die Schemata oder Typen, die die Welt für uns ordnen, sind dabei natürlich höchst unterschiedlich, verfügen aber über eine gemeinsame Grundgestalt. Die darf man sich jedoch nicht wie ein Raster oder Schablonen vorstellen, die unsere Wahrnehmung nach dem Prinzip ‚passt/passt nicht' filtern. Luckmann (vgl. ebd.) spricht vielmehr von einem thematischen Kern, der in ein Feld eingebettet ist, das wiederum von einem „offenen Horizont" umgeben ist. Das sind auf dieser Stufe der Abstraktion notgedrungen recht vage Kennzeichnungen. Die Rede von einem „offenen Horizont" der Schemata, von einer gewissen Randunschärfe, ist jedoch plausibel, wenn man sich vergegenwärtigt, dass

9 Typisierung

sie über eine gewisse Erfahrungsoffenheit verfügen müssen, denn sonst würde man nicht lernen. Auch wenn sie uns von anderen Personen (Eltern, LehrerInnen etc.) vermittelt wurden, führen eigene Erfahrungen stets zu Modifikationen. So kann man sich vorstellen, dass ein kleines Kind aufgrund seiner bisherigen Erfahrung alle Tiere, die vierbeinig sind und ein Fell haben (das wären die „zusammengehörigen, hervorstechenden thematischen Elemente"), als ‚Hund' versteht, bis neue Erfahrungen es dazu bringen, den Typus nach weiteren Merkmalen zu differenzieren (z. B. bellen, schwanzwedeln) und gleichzeitig einen Typus ‚Katze' (als vierbeiniges, felltragendes Tier, das nicht bellt, sondern miaut) zu bilden.

Für Typisierungen *sozialer* Objekte gibt es eine weitere sehr allgemeine theoretische Begründung, eine Begründung, die wir nicht teilen, aber gleichwohl hier der Vollständigkeit halber knapp skizzieren möchten.[60] Bereits im ersten Kapitel haben wir auf die in der Argumentation von Schütz bzw. Schütz und Luckmann zentrale Annahme hingewiesen, dass Fremdverstehen – damit ist die Erfassung des Sinns des Verhaltens jedweder Gegenüber gemeint – grundsätzlich prekär ist. Wir können, so Schütz und Luckmann in ihren verschiedenen Schriften zum Thema, diesen Sinn gar nicht adäquat erfassen. Das ist dann – aber auch nur insoweit – plausibel, wenn ‚Sinn', wie in der phänomenologisch-wissenssoziologischen Tradition, in der die Autoren stehen, auf das je subjektive Erleben von Personen zurückgeführt wird. Sinn wird hier an die je eigenen Bewusstseinsgehalte gebunden: Sinnhaft ist das, was in unserem je eigenen Bewusstsein als unmittelbar gegeben erscheint. Unter dieser Voraussetzung ist uns der Sinn des Verhaltens von anderen grundsätzlich verschlossen, denn wir haben keinen unmittelbaren Zugang zu ihrem Bewusstsein. Wenn der subjektive Sinn, den wir mit unserem Handeln verbinden, wesentlich im je eigenen Erleben begründet ist, dann hat nur der Einzelne auch wirklich Zugriff auf diese Sinngehalte. Ein Fremdverstehen, also ein Verstehen des subjektiven Sinns des Gegenübers, ist streng genommen unmöglich. Wir müssen uns damit behelfen, dass wir anhand seines Verhaltens und seiner Äußerungen den Sinn seiner Handlungen erschließen. Derartige ‚objektive' Sinnzuschreibungen haben jedoch bestenfalls einen annähernden Wert. In diesem Zusammenhang werden Typisierungen als eine Art notwendiger Behelfskonstruktionen eingeführt: Um den Sinn der beobachtbaren Verhaltensweisen anderer wenigstens annäherungsweise zu erfassen, verwenden wir Deutungsschemata typischen Handelns.[61]

---

60 Da hier eine Reihe von Einwänden erwartbar ist: Wir sind uns bewusst, dass diese Darstellung einige Vergröberungen enthält.

61 An dieser Stelle ein Hinweis darauf, warum wir diese Position nicht teilen: Objektive Bedeutungsstrukturen, Institutionen, allgemeine Geltung – das alles sind mehr als Brücken zwischen einander wechselseitig verschlossenen Bewusstseinen; zudem ist

Im vorliegenden Zusammenhang interessiert uns Typisierung jedoch weder als grundsätzliche Form der Welterfassung noch als Mittel zur Überbrückung einer vermeintlichen Kluft zwischen Selbst- und Fremdverstehen. Vielmehr geht es darum, sie als notwendiges Element in Interaktionen zu beschreiben. Wir werden deshalb im Folgenden eine dritte theoretische Ableitung in den Vordergrund stellen, die besser zu dieser interaktionstheoretischen Ausrichtung passt und die weitgehend unabhängig von den zuvor genannten ist. Typisierungen werden dabei im Zusammenhang der Unterscheidung von Nähe und Ferne von Sozialbeziehungen betrachtet (vgl. Schütz/Luckmann 2003). Die Grundidee ist einfach: Typen werden umso wichtiger, je mehr die Beziehungen durch soziale Ferne, durch Anonymität gekennzeichnet sind.[62]

Schütz und Luckmann sortieren in dieser Hinsicht Sozialbeziehungen grob nach „Mitmenschen" und „Zeitgenossen" bzw. „Nebenmenschen" (Schütz 1974: 245ff.; Schütz/Luckmann 2003: 103ff.). Auch wenn diese Unterscheidung alltagssprachlich nicht so trennscharf erscheint,[63] so werden mit diesen Begriffen doch zwei gegensätzliche Arten von Sozialbeziehungen umschrieben. Dabei sind die Beziehungen zu Mitmenschen durch eine hohe Interaktionsdichte, d. h. häufige Face-to-Face-Interaktionen („Begegnungen" in der Terminologie von Schütz und Luckmann) gekennzeichnet, in denen der oder die andere „unmittelbar erfahren" wird. Typen von Mitmenschen sind dementsprechend Familienmitglieder, Freundinnen und Freunde, aber auch ArbeitskollegInnen oder NachbarInnen. Derartige Beziehungen im sozialen Nahraum werden auch als „Wir-Beziehungen" bezeichnet, und die Haltung der Akteure zueinander als „Du-Einstellung". Für Zeitgenossen hingegen gilt, dass wir sie nur mittelbar erfahren. Face-to-Face-Interaktionen gibt es, wenn überhaupt, nur punktuell,[64] über die Gegenüber als Personen wissen wir entsprechend wenig bis nichts, die Beziehung ist somit weitgehend anonym. Typisch

---

eine so grundsätzliche Differenz zwischen Selbst- und Fremdverstehen, wie in Kapitel 1 bereits festgestellt, im miteinander Handeln empirisch nicht die Regel, sondern die Ausnahme.

62 Die Differenz ‚intim/anonym' hat auch Talcott Parsons in seinen „pattern variables" zentral gesetzt (s. Kap. 6).

63 Beide Wörter sind heutzutage weniger in der Alltags- als in der Schriftsprache gebräuchlich; „Mitmenschen" ist zwar mit einer gewissen sozialen Nähe konnotiert, aber Mitmenschen sind auch Zeitgenossen, und das in gewissem Grad auch umgekehrt – jedenfalls dann, wenn wir davon sprechen, jemand sei zum Beispiel „ein unfreundlicher Zeitgenosse".

64 Tatsächlich sieht das Konzept im engen Sinne für Zeitgenossen gar keine Interaktion vor, jedenfalls keine von Angesicht zu Angesicht. Das wird uns weiter unten noch beschäftigen.

9 Typisierung

in dieser Hinsicht sind das, was wir als Rollenbeziehungen bezeichnen würden – in Geschäften, in der Straßenbahn oder auf Ämtern – sowie generell Interaktionen im öffentlichen Raum. Die Haltung der Akteure in derartigen „Ihr-Beziehungen" ist die „Ihr-Einstellung".

Was diese Differenz von Nähe und Ferne für die Interaktion bedeutet, wird von den Autoren am einfachen Beispiel zunehmender räumlicher Entfernung und der damit einhergehenden „Verwandlung eines Mitmenschen in einen bloßen Zeitgenossen" geschildert:

> „Nun befinde ich mich Angesicht zu Angesicht mit einem Bekannten. Er verabschiedet sich, schüttelt mir die Hand, entfernt sich. Er dreht sich um und ruft mir etwas zu. Nun ist er noch ferner, er winkt mir noch einmal zu und verschwindet um die Ecke." (Schütz/Luckmann 2003: 110; auch Schütz 1974: 246)

Damit einher geht eine qualitative Veränderung in der wechselseitigen Erfahrung voneinander. Zwar ist mein Wissen um diesen Bekannten noch ein Wissen ‚aus erster Hand', auch wenn räumliche Kopräsenz nicht mehr gegeben ist, aber die Unmittelbarkeit der Du-Einstellung fehlt. An die Stelle unmittelbarer Erfahrungen treten Erinnerungen, treten Vorstellungen und Bilder – bis wieder in der Face-to-Face-Interaktion an die Interaktionsgeschichte angeknüpft wird. Man kann die Unterscheidung von physischer Nähe und Ferne auch im Sinne einer Abstufung von Kommunikationsformen verstehen: von Face-to-Face-Interaktionen über Telefongespräche, Briefwechsel hin zu Nachrichten, die über Dritte vermittelt werden. Damit einher geht eine „Abnahme der Symptomfülle" und eine soziale Entfernung (ebd.: 111): Uns fehlt gewissermaßen das Material zum adäquaten Verstehen des Interaktionspartners als konkrete Person, wie es in Kapitel 1 schon diskutiert wurde.

Der Idee nach verhält es sich grundsätzlich so, wie hier am Beispiel der kontinuierlichen Verwandlung des Mitmenschen zum Zeitgenossen geschildert: In dem Maße, in dem mir keine in unmittelbarer Erfahrung gewonnen Informationen über die Eigenschaften des konkreten Gegenübers zur Verfügung stehen, bin ich auf vermittelte Informationen angewiesen, auf Unterstellungen und Vermutungen über sein Handeln, um mich selbst in meinem Handeln auf es einzustellen. Mit zunehmender sozialer Ferne müssen diese Annahmen notgedrungen abstrakter und schematischer werden. Sie können sich nicht mehr auf konkrete Personen beziehen, sondern auf ‚jemanden', nicht mehr auf wahrnehmbare, sondern allgemeine Eigenschaften; und meine Erwartungen an das Handeln der anderen beruhen nicht mehr auf meinen eigenen Erfahrungen einer konkreten Person, sondern auf generalisiertem Wissen um die allgemeine ‚Chance' von Handlungen und Handlungsabläufen. Typisierungen sind dann die Deutungsschemata, die Beziehungen unter den Bedingungen von sozialer Ferne und Anonymität ermöglichen.

Wir haben bereits in Kapitel 6 festgestellt, dass das Entscheidende an Rollenbeziehungen nicht ihre unmittelbare Erfahrung ist, sondern das mittelbare Wissen um abstrakte, reziproke Verhaltenserwartungen, die wir wiederum an den sozialen Rollen und nicht an den RollenträgerInnen festmachen. Zwar stellen auch Schütz und Luckmann fest, dass „Ihr-Beziehungen" sich an mittelbarem Wissen orientieren:

> „Der Bezugspunkt der Ihr-Einstellung ist von meinem Wissen um die Sozialwelt überhaupt abgeleitet [...]. Mein Wissen um die Sozialwelt ist typisches Wissen um typische Vorgänge." (Schütz/Luckmann 2003: 118)

Da sie aber nicht mit dem Begriff der sozialen Rolle arbeiten, werden die mit diesen Beziehungen verknüpften Erwartungshaltungen – als Typisierungen – immer aus der subjektiven Sicht des Einzelnen entworfen und vergleichsweise vage formuliert; so, als stellte ich mich in meinen Handlungen auf Personen (nicht Rollen!) ein, die ich nicht kenne, aber von denen ich vermute, dass es sie gibt, und mit denen ich rechne. Schütz' Paradebeispiel (Schütz 1971, 1974; Schütz/Luckmann 2003) sind Postangestellte und ihre ‚typischen' Handlungen, auf die man zählt, wenn man einen frankierten und adressierten Brief in den Briefkasten einwirft; in den Worten von Schütz und Luckmann (2003: 118) hat man durch diese Handlung einen „Wunsch" markiert und „in der Erwartung" gehandelt, dass „bestimmte Typen von Zeitgenossen (Postangestellte)" diesen Wunsch „auf eine (…) geeignete Weise auslegen und sich dementsprechend verhalten werden". Wir meinen, dass sich die entsprechenden Erwartungshaltungen rollentheoretisch konkreter fassen lassen. Aber die Frage, inwieweit und in welcher Weise sich Rollenerwartungen als Typisierungen verstehen lassen, soll uns hier gar nicht beschäftigen. Interessant wird es im vorliegenden Zusammenhang dort, wo Typisierungen über die Wissensbestände, die „Ihr-Beziehungen" orientieren, hinausgehen. Wenn meine PartnerInnen in Ihr-Beziehungen Typen sind (Schütz/Luckmann 2003: 120), dann sind es eben keine Personen. Sie sind abwesend; ihre Existenz vermute ich nur bzw. setze sie in meinem Handeln voraus. Was aber, wenn die Zeitgenossen zu Mitmenschen, wenn die Typen zu wirklichen PartnerInnen werden? Was, wenn ich mit anderen, die ich zuvor nur typenmäßig erfasst habe, face-to-face interagiere?

Interaktion in „Ihr-Beziehungen" ist nicht besonders prominent in den Schriften von Schütz und Luckmann vertreten (bei Parsons im Übrigen auch nicht). Das dürfte daran liegen, dass in der Konstruktion des theoretischen Modells „Mitmensch" vs. „Zeitgenosse" als Gegensatzpaar angelegt sind und die ‚Entwicklungsrichtung' der Typisierung wie geschildert von Nähe zu Ferne geht. Entsprechend findet man auch in dieser Richtung Differenzierungen der beiden Typen, d. h. man findet Unterteilungen sowohl von Mitmenschen wie von Zeitgenossinnen unter Bedingungen zunehmender Anonymität und Abstraktion, aber kaum Überlegungen, die die umgekehrte Richtung betreffen. Das ist jedoch interaktionstheoretisch relevant. Wie geht man mit einer steigenden „Symptomfülle" in der Interaktion um, die man nicht auf ein vorerfahrenes Wissen um die Einzigartigkeit des Gegenübers beziehen kann, weil einem dieser Gegenüber als Rollenträger in seiner Einzigartigkeit gar nicht bekannt ist?[65] Die Antwort: eben auch mit Typisierungen.

Wir gehen also davon aus, dass Typisierungen nicht auf Zeitgenossen und die Ihr-Einstellung ihnen gegenüber beschränkt sind. Dazu ist Typisierung zu elementar. Wenn unsere Welterfassung generell durch die Form der Typisierung geprägt ist, dann können wir nicht nicht typisieren. Typisierung ist allgegenwärtig; unser Wissen über die soziale Welt besteht aus Typisierungen. Wenn wir – so Schütz und Luckmann (2003) – zwangsläufig unseren „Wissensvorrat" auch in Wir-Beziehungen einspeisen, dann typisieren wir in jeder Interaktion und typisieren somit ebenfalls uns nahestehende Personen. Mehr noch, wir typisieren auch uns selbst. Das machen wir zum Beispiel schon immer dann, wenn wir sagen „du kennst mich doch", „so bin ich sonst nicht" oder „das ist nicht meine Art". Auch unser Selbstverständnis insgesamt, unsere in biographischer Reflexion gewonnene Identität, hat die Form einer Typisierung (vgl. Hahn 1987, 1988). Aber welche Form hat eine Typisierung?

Typen sind Sinnstrukturen, und wie alle Sinnstrukturen kann man auch Typen nicht sehen, fühlen oder schmecken. Man kann sie also nicht ‚messen'. Zudem verfügen wir – wie eingangs schon angesprochen – nur begrenzt über ein explizites Wissen von ihnen. Die Bildung und die ‚Anwendung' von Typen in der Alltagspraxis sind primär vorreflexive Vorgänge. Anders als bei sozialen Normen haben wir keine besonders klare Vorstellung von ihnen, wir können sie nicht eindeutig benennen. Allerdings kann man sie reflexiv einholen, man kann sie explizieren. Um eine Typisierung zu bestimmen, die für unser Handeln relevant ist, müssen

---

65 An einer Stelle deuten die Autoren an, dass in „institutionalisierten Handlungsmustern" wie dem von Käufer und Verkäuferin die Möglichkeit bestehe, „daß man sich, auch wenn man einem Mitmenschen begegnet, aus der lebendigen Wir-Beziehung ›heraushält‹ und sie sozusagen durch eine Ihr-Beziehung ersetzt." (Schütz/Luckmann 2003: 121) Das ist recht dunkel, und das nachfolgende erläuternde Beispiel krankt daran, dass es wieder ‚wirkliche' Mitmenschen – nämlich Freunde – enthält, zu denen sich zudem das erzählerische Ich beobachtend und entsprechend mit distanzierender Einstellung verhält. An anderer Stelle (Schütz 1974: 245) wird eingeräumt, man würde sich auch Fremden im öffentlichen Raum in „umweltlicher Du-Einstellung" zuwenden. Aber wiederum werden in der Folge die Nebenmenschen des öffentlichen Raums als bloße Typen behandelt. Unseres Erachtens verweisen diese Textstellen auf die Notwendigkeit (wie von uns vertreten), zwischen Beziehungs- und Interaktionstypus analytisch deutlicher zu unterscheiden: Face-to-Face-Interaktion ist das eine, intime Sozialbeziehung das andere.

wir uns also das, was unterschwellig unser Handeln prägt, zu Bewusstsein bringen. Wir müssen benennen, was für uns zum Beispiel zu den Konzepten Mann, Kellner oder Berliner ‚dazugehört', also welche Eigenschaften, welche Verhaltenserwartungen wir damit verbinden. Wenn wir einmal die Frage, wie gut uns eine solche Explikation gelingen mag,[66] hintanstellen, dann ist schon der Versuch einer solchen Explikation sehr instruktiv.

Wenn wir uns etwa zur Aufgabe machen zu bestimmen, wie wir Männer und Frauen in sozialer Hinsicht (Gender) typisieren, dann sehen wir schnell, dass es ziemlich komplex wird. Wie Schütz und Luckmann schon bemerkt haben, sind derartige allgemeine Typen aus einer Vielzahl von Teiltypisierungen zusammengesetzt: Männer und Frauen hinsichtlich ihres leiblichen Verhaltens, ihrer Kleidung, ihres kommunikativen Stils, ihrer Vorlieben, ihrer Haltung zu einer Vielzahl in sich ‚typischer' Lebensbereiche (Arbeit, Kinder, Liebe, Sport, Kunst, Technik, Wissenschaft usw.), in einer Vielzahl von in sich ‚typischen' Situationen usw. Man sieht auch sehr schnell, dass Typen – wie schon angemerkt – keine Klassifikationen oder Definitionen sind, mit denen man eineindeutig zuordnen kann. Sie sind kein Set von Merkmalen von 1 bis n, die bestimmen, ob ein konkretes soziales Objekt ein Mann, ein Kellner oder ein Berliner ist oder nicht. Vielmehr gibt es mehr oder weniger relevante Merkmale, es gibt klare Fälle und Grenzfälle, es gibt Varianz. Wenn bestimmte Erwartungen nicht erfüllt werden, werden wir trotzdem nicht in jedem Fall sagen „Das ist kein Mann".

Vor diesem Hintergrund gewinnen die oben referierten dunkel-abstrakten Überlegungen Luckmanns (s. o.) zum „thematischen Kern" in seinem „Feld" mit einem „offenen Horizont" an Kontur. Man kann die Form von Typen kaum anders beschreiben als in Begriffen eines relevanten Kerns und einer gewissen Grenz- oder Randunschärfe. Alltagssprachlich bringen wir das etwa dann zum Ausdruck, wenn wir von einem „richtigen Mann", einem „typischen Kellner" oder einem „echten Berliner" sprechen. Andere sind im Sinne der jeweiligen Typisierungen auch Männer, Kellnerinnen oder Berlinerinnen, aber die konkreten Exemplare, auf die wir mit dieser Rede verweisen, entsprechen ihnen in irgendwie besonderer Weise.

Wie kommen wir aber zu den Typen, mit denen wir unser Handeln organisieren? Ein weiterer Effekt des Versuchs einer Explikation der eigenen Typisierung von Männern und Frauen besteht in der Erkenntnis, dass das Ensemble von

---

66 Tatsächlich ist eine solche Operation nicht einfach, denn es geht ja nicht (nur) um unser Meinen und Dafürhalten, also unsere expliziten Vorstellungen, sondern vor allem auch um unsere impliziten Einstellungen und Haltungen, die wir in konkreten Interaktionen in Anschlag bringen. Und dies erfordert eine gewisse analytische Distanz zu uns selbst und unserem Handeln. Manche tiefsitzende Haltung mag erst die Erfahrung zutage fördern – oder eine Analyse durch Dritte.

9 Typisierung

Eigenschaften und Verhaltenserwartungen soziale (im Sinne von ‚allgemein geltend') und individuelle, idiosynkratische Anteile enthält. Zum Teil werden unsere Erwartungen an Elemente einer ‚Geschlechtsrolle' anknüpfen. Zumindest werden wir das in verschiedener Hinsicht denken, wenn unserer Idee nach Männer für das Familieneinkommen sorgen, die Begleiterin in bestimmten Situationen beschützen oder beim Tanzen führen *sollen*. Ein anderer Teil aber wird auf unsere individuellen Erfahrungen zurückzuführen sein, die wir in die Typisierung eingebaut haben. Dabei werden wir unsere individuelle Erfahrung oftmals ganz unmittelbar mit allgemeinen gesellschaftlichen Erwartungen zusammenschließen, sie wie selbstverständlich als eine Bestätigung dessen ansehen, ‚wie Männer und Frauen sind'. Manchmal wird uns das Moment der Partikularität unserer Erfahrungen aber auch bewusst, nämlich dann, wenn die entsprechenden Erwartungshaltungen in späteren Erfahrungen enttäuscht werden. So kann ich etwa der Ansicht sein, dass der Arztberuf ‚typisch weiblich' ist, weil meine Mutter von Beruf Ärztin war, muss dann aber (in den 1950er Jahren) feststellen, dass faktisch kaum Frauen in dem Beruf arbeiten. Oder ich stelle mir ‚den Psychologen' als Mann vor und muss dann (zu Beginn des 21. Jahrhunderts) feststellen, dass mehr als drei Viertel der Psychologiestudierenden Frauen sind.

Generell setzen sich Typen aus zwei Elementen zusammen: aus Elementen des gesellschaftlichen Wissensvorrats, die wir mit anderen Gesellschaftsmitgliedern teilen, und aus Elementen, die Teil unserer besonderen Erfahrungen sind. Letzteres ist für den vorliegenden Zusammenhang von besonderer Bedeutung, schließlich ist dies der Grund, weshalb wir der Typisierung ein eigenes Kapitel widmen. Typen sind – abgesehen vom pathologischen Fall des erfahrungsresistenten Vorurteils – erfahrungsoffen. Anders als soziale Normen, an denen wir auch im je konkreten Fall des Zuwiderhandelns festhalten (und diesen Fall als ‚Abweichung' verstehen), lassen wir uns dort, wo die Realität unseren typischen Erwartungen nicht entspricht, nachhaltig irritieren. Entsprechend werden die oben genannten Erfahrungen auch zu einem Umbau unseres Typenkomplexes ‚Männer- und Frauenberufe' führen.[67] Typen sind also immer auch Ausdruck der je individuellen Lebensgeschichte, und in unseren Typisierungen speisen wir damit etwas Individuelles in Interaktionen ein.

Die Frage nach der Entstehung von Typen muss sich mit einer Dialektik von Neuem und Bekanntem auseinandersetzen. Entsprechend kann man prinzipiell Typenbildung als *Neu*bildung oder als eine Auseinandersetzung mit schon Bekannt-

---

67 Wie dieser Umbau erfolgt, hängt ebenfalls von individuellen Umständen ab: Ich kann den Arztberuf jetzt als ‚männlich' verstehen oder die Psychologie als ‚weiblich', oder ich kann angesichts derartiger Erfahrungen den Komplex der Berufe aus dem thematischen Kern der Typisierungen von Männern und Frauen an den Rand schieben.

tem, als eine *Um*bildung behandeln. In der Wissenssoziologie finden sich beide Strategien. Allerdings sind die Ausführungen zur Typenbildung als Neubildung, als in „einer ›ursprünglichen‹ Erwerbssituation" entstehend (Schütz/Luckmann 2003: 314), verstreut und ähnlich vage wie die Überlegungen zur Typik als Form der Welterfassung. Empirisch ist größte ,Anfangsoffenheit' dort gegeben, wo Interaktionen vergleichsweise wenig rollenförmig vorstrukturiert sind, wie Beziehungen zwischen Eheleuten, Eltern und Kindern oder Freundinnen und Freunden – also den eigentlichen „Wir-Beziehungen".

Entscheidend ist immer, dass ein Typus einen Sinnzusammenhang herstellt. Damit einher geht eine Abstraktionsleistung, d. h. das Typische wird abgesetzt vom je Konkreten, Einzigartigen, Spezifischen der Situation und der Personen, mit denen wir es zu tun haben. Dabei spielt Ähnlichkeit (zwischen Situationen, Personen) und Wiederholbarkeit (von Eigenschaften) eine Rolle. In dem Verhalten der anderen setze ich etwas als unveränderlich voraus (vgl. Schütz 1974), was aber nicht heißt, dass wir im Alltag so etwas wie Messreihen durchführen und Durchschnittswerte bilden. Man muss sich das vielmehr so vorstellen, dass aus schon bestehenden Voreinstellungen und individuellen Erfahrungen in bestimmten Situationen im Hinblick auf ein bestimmtes Thema Schemata der geschilderten Form gebildet werden, die sich bewähren und damit verfestigen.

Leichter ist es hingegen, die Bildung von Typen nicht als ,ursprünglich' zu beschreiben, sondern als Umbau schon vorhandener Muster. Denn grundsätzlich bilden wir Typen nicht ,aus dem Nichts' heraus, sondern tragen an Situationen Voreinstellungen heran, in denen wir auf soziale Typisierungen zurückgreifen, die uns von signifikanten anderen vermittelt wurden. Als Teil unseres individuellen Wissensvorrats haben sich diese Muster praktisch bewährt, d. h. wir konnten mit ihnen ,erfolgreich' handeln und deuten. Das gilt allerdings – Erfahrungsoffenheit! – immer nur bis auf Weiteres. Die Muster können auch in bestimmten Hinsichten an der Realität scheitern, und dann werden sie umgebaut, das Schema wird modifiziert:

„Mit anderen Worten, ein Typ entsteht in einer situationsadäquaten Lösung einer problematischen Situation durch die Neubestimmung einer Erfahrung, die mit Hilfe des schon vorhandenen Wissensvorrats, das heißt also hier mit Hilfe einer ›alten‹ Bestimmungsrelation, nicht bewältigt werden konnte." (Schütz/Luckmann 2003: 315)

An dieser Stelle ist es sinnvoll, sich empirische Beispiele zu vergegenwärtigen, um genauer zu betrachten, wie Typen gebildet werden und wie sie in Interaktionen ,funktionieren'.

Aus dem bislang Ausgeführten sollte deutlich geworden sein, dass jede soziologische Untersuchung eines Forschungsfelds (Familie, Schulklasse, Betrieb, Verwaltungsorganisation, Fußballspiel etc.) damit rechnen sollte, dass sich Akteure

9 Typisierung

und Akteursgruppen wechselseitig typisieren. Denn das ist *ein* Schlüssel für die Bestimmung der besonderen Art der Interaktion, die in einer konkreten Familie, Schulklasse etc. vorherrscht. So wird die Art und Weise der Interaktion in der Familie Müller unter anderem davon abhängen, wie sich die Eheleute wechselseitig als Mann bzw. Frau typisieren und welche allgemeine Typisierung von ‚männlich' bzw. ‚weiblich' dabei eine Rolle spielt (vgl. Gildemeister/Robert 2008; vgl. Maiwald 2010). Und die Beziehungen in einer Schulklasse werden auch dadurch geprägt sein, wie sich Schüler und Lehrer wechselseitig typisieren und welche Typisierungen bei den Schülern untereinander gängig sind („Streber', ‚cool', ‚Schulschwänzer', ‚Nerd' etc.). Wir wissen zudem aus den vorhergehenden Abschnitten, dass derartige Typisierungen nicht identisch sind mit dem, was die InteraktionspartnerInnen im Sinne bewusster Meinungen oder Theorien übereinander berichten können. Typisierungen erfolgen zu einem großen Teil vorreflexiv.

Ein anschauliches Beispiel dafür, wie Typisierungen „funktionieren" können, bietet eine Analyse von Ilja Srubar (2009). Dabei geht es um Typisierungsstrategien im Umgang mit einer besonderen Art sozialer Ferne. Hintergrund ist ein Forschungsprojekt, in dem am Beispiel der Fusion der Automobilkonzerne VW und Skoda interkulturelle Kommunikation in multikulturellen Unternehmen untersucht wurde. Die deutschen und tschechischen ManagerInnen, die in dem Projekt interviewt wurden, begegneten sich nicht nur – als RollenträgerInnen – unter den Bedingungen sozialer Anonymität, sondern zudem – als Angehörige unterschiedlicher Kulturkreise – unter den Bedingungen wechselseitiger Fremdheit. In letzterer Hinsicht standen für die Beteiligten weder vorgefundene noch gar mit allgemeinen Geltungsansprüchen versehene Typisierungen zur Verfügung. Anfänglich gab es nur die wechselseitige Erwartung kultureller Differenz, die sich auch gleich in verschiedenen Übersetzungsproblemen äußerte. Aber auch nachdem allgemeine sprachliche sowie spezielle fachsprachliche Differenzen überwunden waren, blieben Differenzen, die wechselseitig als Ausdruck von Fremdheit wahrgenommen wurden.

Die beiden kulturellen Gruppen reagierten darauf mit Heterotypisierungen[68], die allerdings vor dem Hintergrund der übergreifenden Kooperationsanforderungen gleichsam eingehegt wurden. Den Beteiligten war das Spaltungspotenzial einer auf nationale Gegensätze rekurrierenden Typisierung bewusst:

> „Von der Seite der Deutschen wurde daher die Fremdheit in die Termini einer Semantik von Systemdifferenz übersetzt, in die die tschechische Seite unverschuldeterweise geschichtlich geriet. Auf der tschechischen Seite diente als bevorzugte Strategie die Personalisierung befremdlicher Erfahrungen, wodurch die kulturelle

---

68 Typisierungen des Verhaltens und der Eigenschaften der Mitglieder der jeweils anderen Gruppe.

Fremdheit relativiert wurde und eine ›anthropologische‹ Unterscheidung von ›guten‹ und ›schlechten‹ Menschen unabhängig von soziokulturellem Hintergrund in den Vordergrund trat." (Srubar 2009: 171)

Dies änderte jedoch nichts daran, dass es auf der Ebene alltäglicher Kooperation erhebliche Differenzen im Arbeitsstil der deutschen und tschechischen ManagerInnen gab, die von den Beteiligten als problematisch wahrgenommen wurden. Während der deutsche Stil nach Srubar unter anderem durch Orientierungen an flachen Hierarchien, an diskursiver, konsensueller Entscheidungsfindung, durch ein Denken in Projekten und Visionen sowie flexible Entscheidungsautonomie gekennzeichnet war, ließ sich der tschechische Stil durch Orientierungen an technischer Fachkompetenz, an hierarchischen Organisationsstrukturen sowie schnellen, autoritären, aber gleichzeitig situationsbezogen-flexiblen Entscheidungen charakterisieren. Ironischerweise führten diese Arbeitsstile in der alltäglichen Zusammenarbeit zu jeweils genau entgegengesetzten Umgangsformen. Während die deutschen ManagerInnen in den aus ihrer Sicht ergebnisoffenen Aushandlungssituationen formell agierten und ihre Macht und Kompetenz in den Vordergrund stellten, gaben sich die tschechischen ManagerInnen vor dem Hintergrund ihrer so wahrgenommenen klaren hierarchischen Position und der ihnen zuschreibbaren Fachkompetenz informell und egalitär.

Man sieht das Konfliktpotenzial. Und auch die beteiligten Akteursgruppen selbst nahmen die Differenzen in ihrer jeweiligen Perspektive wahr, und sie versuchten auch, die jeweils fremde Praxis in den pragmatischen Handlungskontexten nachzuvollziehen. Um einen praktischen Umgang mit den Fremden in der alltäglichen Kooperation zu ermöglichen, wurden aber auch typisierend Deutungsschemata entwickelt. Dies geschah durchaus vor dem Hintergrund der eigenen Normalitätsvorstellungen und mit entsprechend wertenden Elementen: In der Sicht der TschechInnen wurde die deutsche Managementsemantik als „Ideologie" (ebd.: 173) übersetzt und der Entscheidungsstil als langatmig und unflexibel angesehen, in der Sicht der Deutschen wurde die tschechische Betonung der Sachkompetenz und der Flexibilität des Entscheidens als Mangel am systematischen Zugang und als Kleinlichkeit gedeutet. Bei aller Vorurteilshaftigkeit waren diese Typisierungen immer auch in eine übergreifende Kooperationsorientierung eingebunden. Man könnte sagen, dass erst die neue Normalitätsfolie eines ‚so sind die' eine interkulturelle Verständigung ermöglichte. Dieser kooperative Verständigungsprozess wurde im vorliegenden Fall dadurch befördert, dass die Gruppen ihre Heterotypisierungen in den Kommunikationsprozess selbst als Angebote der Beschreibung und Erklärung der Situation einbrachten. Es zeigte sich, „dass […] ein Konsens über die Anerkennung der gegenseitigen Fremdheit [bestand] und dass die He-

9 Typisierung

terotypisierungen als Typen der Beschreibung dieser Fremdheit akzeptiert und als kommunikative Kürzel benutzt [wurden]" (ebd.: 175). Aus dem ‚so sind die' wurde in den Interaktionen ein ‚so seid ihr'.

Das Beispiel zeigt noch einmal deutlich, wie wir bereits in Kapitel 6 gesehen haben, dass Rollenerwartungen nicht ausreichen, um Interaktionen zu strukturieren. Das gilt nicht erst unter Bedingungen wechselseitiger Fremdheit, sondern auch unter Bedingungen einer relativen Vertrautheit. Dies soll abschließend noch einmal in Anlehnung an unser Filmbeispiel mit Bezug auf die Kellnerrolle verdeutlicht werden. Was sind Rollenerwartungen an einen Kellner/eine Kellnerin? Wir können Speisen und Getränke bestellen, und sie werden uns gebracht; wir werden bedient wie alle anderen auch; die Beziehung zur Bedienung konzentriert sich im Wesentlichen darauf, dass uns diese Dienstleistung erbracht wird und wir dafür bezahlen; der Kellner oder die Kellnerin verfügt über eine gewisse Expertise, d. h. er oder sie weiß, was Getränke und Speisen kosten, weiß, wie lange es etwa dauert, bis sie serviert werden, kann Empfehlungen aussprechen; wir können eine gewisse freundliche Adressierung erwarten usw. Derartige Erwartungen gehören zur Rolle beziehungsweise zum Rollenkomplement ‚Kellner-Gast'. All das ist auch wichtig für die Interaktion, denn es verleiht ihr Struktur, und zwar unabhängig von der konkreten Situation. Aber es reicht nicht aus, um ‚gekonnt' interagieren zu können.

Angenommen, wir befinden uns in einem Etablissement, das wir erfolgreich als Café oder Restaurant identifizieren konnten. Dann beginnt das Problem schon damit, dass uns die Rolle selbst nicht unmittelbar darüber Auskunft gibt, wie wir überhaupt feststellen können, wer unter den anwesenden Personen ein Kellner oder eine Kellnerin ist. Sicher, es kann klare Anhaltspunkte geben, die mit der Rollenausübung verknüpft sind: Wir sehen Personen, die andere Personen bedienen, oder wir sehen Personen, die eine große Geldbörse und Schreibgerät an einem Gürtel tragen. Und wenn wir das nicht sehen können, dann gibt es Arbeitskleidung, die die Identifikation erleichtert. Aber spätestens da geht es schon los mit den Typisierungen, denn es gibt verschiedene ‚typische' Varianten davon (schwarzer Anzug, Anzughose mit weißem Hemd und schwarzer Weste, schwarze Hose mit weißer Jacke; dazu manchmal lange oder kurze Schürzen; zuweilen ein T-Shirt mit dem Namen des Cafés usw.). Und es kann auch sein, dass es gar keine Arbeitskleidung gibt. Inwieweit ich das jeweils als typisch wahrnehme (oder ob es mich irritiert), hängt von vermitteltem Wissen und persönlicher Erfahrung ab.

Ich nehme die Art der Arbeitskleidung aber nicht nur einfach wahr, sondern damit sind – oftmals unwillkürlich – weitere Typisierungen verbunden. So etwa hinsichtlich des Typs von Café oder Restaurant, in dem ich mich befinde (‚anspruchsvoll', ‚Kneipe', ‚Schickimicki' usw.), aber auch hinsichtlich der Erwartung eines typischen Verhaltens der Bedienungen. So wären wir verblüfft, wenn eine junge Kellnerin in Jeans und T-Shirt in einer etwas steifen, leicht vorgebeugten Haltung fragen würde „Guten Tag, haben die Herrschaften schon gewählt?", und umgekehrt würden wir von einem Kellner um die fünfzig im schwarzen Anzug kein „Hallöchen, weißt du schon, was du willst?" erwarten. Aber auch das weitere Verhalten im Interaktionsverlauf wird mit Typisierungen belegt. Wir können Kellner als ‚geschult', als ‚stümperhaft', als ‚gehetzt' wahrnehmen und uns entsprechend darauf einstellen, indem wir den Service genießen, die Bestellungen möglichst deutlich aufgeben oder mit Nachsicht reagieren. Und wie gehen wir damit um, wenn wir mürrisch oder gar unfreundlich bedient werden? Wir können dabei eine restauranttypische negative Typisierung unserer eigenen Person unterstellen (beispielsweise im ‚Sternerestaurant', wenn wir vielleicht unpassend gekleidet sind oder unsicher sind, wie man sich in einem solchen Etablissement ‚benimmt') oder dies als typisch für die Stadt ansehen, in der wir uns befinden (so werden New YorkerInnen als unfreundlich und BerlinerInnen als schnoddrig typisiert). Ist die besondere ironische Jovialität des Kellners Ausdruck des Typus von Gaststätte, in dem er bedient (Biergarten), oder seiner Herkunft (Bayern)?

Manchmal sind wir mit Typisierungen eher zurückhaltend, manchmal besonders darauf eingestellt (vor allem im Urlaub, in der Fremde), und insgesamt kann das auch durchaus ‚Typsache' sein. Aber wir können nie ganz darauf verzichten. Denn die allgemeinen Interaktionsvorgaben (die selbst schon von ihrer Form her als Typenkonstrukte begriffen werden können), reichen nie aus, um adäquat mit der Fülle von Informationen umzugehen, mit denen wir in sozialen Situationen konfrontiert sind. Allgemein gesagt: Der besondere Beitrag von Typisierungen in Interaktionen besteht darin, mit Informationen und Handlungsanforderungen umzugehen, die nicht durch Rollen, Rahmungen oder Normen vorstrukturiert sind. Wir können nicht anders, als die besonderen Merkmale in der Interaktion wahrzunehmen, zuzurechnen und uns in unserem Handeln darauf einzustellen. Und wenn wir selbst es nicht tun – der Kellner bzw. die Kellnerin tut es auf jeden Fall (vgl. Girtler 2008).

Denkanstöße

Welche Typisierungen für Cafés und Restaurants gibt es allgemein? Wie würden Sie das Café im Filmbeispiel kennzeichnen? Welches Angebot, was für Preise wird man erwarten können? Was sind jeweils Anhaltspunkte dafür? Was macht den Kellner zum Kellner? Welche Typisierungen nehmen die Akteure, insbesondere der Kellner, vor? Aus welchen Teiltypisierungen sind sie aufgebaut?

Grundlagentexte

Endreß, Martin (2006): Alfred Schütz. Konstanz: UVK. Darin: Grundlegung der verstehenden Soziologie: Der sinnhafte Aufbau der sozialen Welt, S. 65-79; Das wissenssoziologische Profil der Lebensweltanalyse, S. 99-118.
Luckmann, Thomas (2003): Von der alltäglichen Erfahrung zum sozialwissenschaftlichen Datum. In Ilja Srubar/Steven Vaitkus (Hrsg.), Phänomenologie und soziale Wirklichkeit. Opladen: Leske + Budrich, S. 13-26.
Schütz, Alfred (1971 [1953]): Gesammelte Aufsätze I. Den Haag: Nijhoff. Darin: Wissenschaftliche Interpretation und Alltagsverständnis menschlichen Handelns, S. 3-54.
Schütz, Alfred (1974 [1932]): Der sinnhafte Aufbau der sozialen Welt. Eine Einleitung in die verstehende Soziologie. Frankfurt a. M.: Suhrkamp. Darin: Soziale Mitwelt und Idealtypus, S. 245-306.
Schütz, Alfred/Luckmann, Thomas (2003): Strukturen der Lebenswelt. Konstanz: UVK. Darin: Die mittelbare Erfahrung der Sozialwelt, S. 110-139; Wissensvorrat, Relevanz und Typik, S. 313-328.

Weiterführende Literatur

Berger, Peter L./Luckmann, Thomas (1980 [1966]): Die gesellschaftliche Konstruktion der Wirklichkeit. Eine Theorie der Wissenssoziologie. Frankfurt a. M.: Fischer.
Gildemeister, Regine/Robert, Günther (2008): Geschlechterdifferenzierungen in lebenszeitlicher Perspektive. Wiesbaden: VS Verlag für Sozialwissenschaften.
Girtler, Roland (2008): „Herrschaften wünschen zahlen": Die bunte Welt der Kellnerinnen und Kellner. Wien u. a.: Böhlau.
Hahn, Alois (1987): Identität und Selbstthematisierung. In Alois Hahn/Volker Kapp (Hrsg.), Selbstthematisierung und Selbstzeugnis: Bekenntnis und Geständnis. Frankfurt a. M.: Suhrkamp, S. 9-24.
Hahn, Alois (1988): Biographie und Lebenslauf. In Hanns-Georg Brose/Bruno Hildenbrand (Hrsg.), Vom Ende des Individuums zur Individualität ohne Ende. Opladen: Leske + Budrich, S. 91-106.
Maiwald, Kai-Olaf (2010): Vom Schwinden der Väterlichkeit und ihrer bleibenden Bedeutung. Familiensoziologische Überlegungen. In Dieter Thomä (Hrsg.), Vaterlosigkeit. Geschichte einer fixen Idee. Berlin: Suhrkamp, S. 251-268.
Srubar, Ilja (2009): Kultur und Semantik. Wiesbaden: VS Verlag für Sozialwissenschaften. Darin: Strukturen des Übersetzens und interkultureller Vergleich, S. 155-178.

Strukturelle Handlungsprobleme: Wie wir uns auf die Gegebenheiten einstellen

10

Bislang haben wir eine Vielzahl von *sozialen* Mechanismen behandelt, die in Interaktionen eine Rolle spielen. Aber wir interagieren nicht nur sequentiell, wir rekurrieren nicht nur auf Institutionen wie etwa Situationsdefinitionen und Normen, wir tragen nicht nur erfahrungsgeprägte Voreinstellungen an Interaktionen heran (und wir versuchen nicht nur, unsere Emotionen auf Interaktionszusammenhänge einzustellen), sondern wir setzen uns dabei immer auch mit einer *Sache* auseinander. Wir *reden* nicht nur über etwas, wir *bearbeiten* auch etwas. In den „common ground" von Interaktionen geht immer auch ein Bezug zu Dingen mit ein. Das macht nicht nur äußerlich einen Unterschied, sondern ist auch relevant für die Struktur.

Wenn wir zum Beispiel einen geselligen Abend verbringen, eine schwierige Bergwanderung unternehmen, einem zahlenden Gast ein anspruchsvolles Gericht servieren oder Konflikte in einem Scheidungsverfahren lösen wollen, dann wird die Art und Weise, wie wir dabei interagieren, auch damit zusammenhängen, dass ein geselliger Abend, eine Bergwanderung, ein Fünf-Gang-Menü und eine massive Ehekrise sehr unterschiedliche Sachen sind. So gehört zu ,Geselligkeit' naheliegenderweise ein betont symmetrischer Interaktionsstil, nur unterbrochen von der Asymmetrie zwischen Gast und Gastgeber, während man die Mischung von Hierarchie und Solidarität im Verhältnis von Bergführerin und Seilschaft sicherlich auf das Wissensgefälle unter den Beteiligten einerseits und die Riskanz der Unternehmung andererseits zurückführen kann. Man kann annehmen, dass die hierarchisch straffe Struktur in Spitzenrestaurants etwas damit zu tun hat, dass man unter erheblichen Zeitrestriktionen und in nur begrenzt formalisierbaren Handlungsabläufen ein anspruchsvolles Produkt arbeitsteilig herzustellen hat. Und es erscheint naheliegend, dass eine Konfliktvermittlung in einem Scheidungsverfahren, die einen Konsens anstrebt, sowohl die Asymmetrie der Expertise wie eine Interaktion ,auf Augenhöhe' einschließen sollte.

Es scheint also wieder einmal alles ganz banal zu sein: Man muss die sachlichen Gegebenheiten der Interaktion berücksichtigen. Also macht man das. Aber hier sind die Probleme: Die Sache kommt nie gleichsam ‚nackt', also ganz unverstellt oder sozial unvermittelt zum Ausdruck. Die Gegebenheiten sind eben nicht einfach gegeben. Sie sind im Gegenteil immer kulturell vermittelt, wie man ja schon an unseren Beispielen sieht: Während die Zubereitung anspruchsvoller Speisen noch ein Unterfangen sein dürfte, das in verschiedenen Kulturen ähnlich ist, wird man das für ‚gesellige Abende', ‚Bergwandern' und ‚Scheidungskonfliktbearbeitung' sicher nicht sagen können. Die Vorstellungen von akzeptablen Formen von Geselligkeit und davon, wer zu ihnen zugelassen ist, variieren je nach Kultur erheblich; in manchen Gegenden gibt es weder Berge noch Freizeit (inklusive der Vorstellungen von ‚Erholung' und dem ‚Naturschönen'), und Scheidungskonflikte gibt es selbst in manchen EU-Ländern noch nicht lange.[69]

Gleichwohl kommt sachlichen Gegebenheiten und Anforderungen eine strukturierende Kraft zu, die nicht in kulturellen Vorgaben und Deutungen aufgeht. Ob wir wollen oder nicht – die Dinge stellen einen Prüfstein für die Interaktion dar, die sich auf sie einstellen muss, und in dieser Hinsicht sind sie eben doch ‚gegeben'. Dabei ist ihre beeinflussende Kraft von einer anderen Qualität als etwa die von Normen und Regeln. Zwar gibt es auch hier so etwas wie Konformität und Abweichung – nur, dass man nicht wirklich von Konformität und Abweichung sprechen kann. Zur Geltung kommt vielmehr eine ‚Sachlogik', an die wir uns in Interaktionen anpassen und die wir in Interaktionen einpassen müssen. Wenn wir das nicht tun, dann bestraft uns nicht die Rechtsgemeinschaft, sondern – wie das einmal ein sowjetischer Staatspräsident sagte – „das Leben". Es sind nicht Irritationen, missbilligende Blicke oder die Polizei, die uns sanktionieren, sondern Handlungen misslingen, scheitern, erzeugen Frustrationen. Dabei ist es alltagspraktisch oft gar nicht einfach zu sagen, worin das Problem besteht, und in dieser Hinsicht kommt wieder die Unterscheidung von manifest und latent zum Tragen. Manchmal wissen wir (oder glauben wir zu wissen), welches Element in unserem Handeln der Sache nicht angemessen war. Aber manchmal ist uns noch nicht einmal klar, dass es überhaupt ein Problem gibt. Das gilt insbesondere dann, wenn wir in unserem Handeln nicht eigenen, sondern kulturell und organisationsmäßig vorgegebenen Mustern folgen. So gibt es eine Fülle von Berufen, die zumindest in bestimmten Hinsichten ihrer Arbeitsorganisation an den sachlichen Anforderungen ‚vorbeigehen' (bspw. wenn man es mit ‚Formularfluten' zu tun hat oder Entscheidungen sich ungewiss hinauszögern, weil sie durch eine Reihe von Gremien und Untergremien geschleust werden müssen), und das kann unterschwellig zu Verbitterung, Über-

---

69 So wurde in Irland die Möglichkeit der Scheidung erst durch eine Verfassungsänderung im Jahr 1995 eingeführt.

10 Strukturelle Handlungsprobleme

druss und Frustration führen bzw. zu Zuständen, auf die diffus als ‚Stress' oder ‚Burn-Out' verwiesen wird.

Von hier aus erscheint die Frage, wie sich die Bedeutung der Sache für die Struktur der Interaktion bestimmen lässt, als nicht mehr so banal. Die Frage ist aber, inwiefern das überhaupt möglich ist, wenn man auf das jeweilige kulturelle, situative und subjektive Verständnis von den sachlichen Bedingungen der Interaktion rekurrieren *und* sich gleichzeitig von ihm distanzieren muss, um relativ invariante Aspekte zu erfassen. Wahrscheinlich ist dies *ein* Grund dafür, dass es in der Soziologie nicht wirklich eine Diskurstradition gibt, in der man sich allgemein mit der Analyse der Sachdimension von Interaktion auseinandersetzt.

So gibt es zwar sozialtheoretische Zugänge zu sachlichen Bezügen, wie z. B. Niklas Luhmanns Unterscheidung von Sach-, Zeit- und Sozialdimension (Luhmann 1984) oder Jürgen Habermas' Diskussion der Weltbezüge des Handelns (Habermas 1981), es gibt anthropologische Zugänge, die auf eine Theorie des Verhältnisses von Körper und Dingwelt zielen (z. B. Leroi-Gourhan 1995; Kaufmann 1999; Latour 2008), und es gibt Studien, die sich mit der Bedeutung von Objekten in Prozessen der Wissensgewinnung und -vermittlung beschäftigen (z. B. Knorr Cetina 1999; Röhl 2015). Diese Diskursstränge sind für unsere Fragestellung jedoch teils zu allgemein, teils zu spezifisch und insgesamt zu wenig ‚interaktionistisch'. Wie sachliche ‚Gegebenheiten' die Interaktions- und Beziehungsstruktur beeinflussen, wird natürlich oft in empirischen Analysen berücksichtigt, etwa dort, wo Arbeitsabläufe untersucht werden. Aber das geschieht in der Regel eher ad hoc und auf den je konkreten Gegenstand bezogen.

Das alles heißt für dieses Kapitel, dass wir auf exemplarische Darstellungen angewiesen sind. In den folgenden zwei Abschnitten werden wir auf zwei in dieser Hinsicht beispielhafte, sehr sorgfältige Analysen der Sachdimension in Interaktionen eingehen und sie zum Teil weiterführen. Die Analysen haben zudem den Vorteil, dass die Sache, um die es jeweils geht, relativ unkompliziert und allgemein bekannt ist: das Fahrstuhlfahren und das Fliegen in einem Passagierflugzeug. Wir werden zunächst vorführen, wie man dies analysieren kann, um vor diesem Hintergrund dann im Schlussabschnitt eine Grundidee davon zu formulieren, wie man sich allgemein die strukturierende Kraft der Dinge vorstellen kann.

Stefan Hirschauer untersucht in seinem Aufsatz „Die Praxis der Fremdheit und die Minimierung von Anwesenheit. Eine Fahrstuhlfahrt." (1999) die Besonderheiten des Fahrstuhlfahrens. Es geht ihm dabei nicht etwa darum, welche Leute wie viel im Durchschnitt mit dem Fahrstuhl fahren, und auch nicht darum, was sie jeweils subjektiv damit verbinden, welche Gefühle des Unwohlseins, der Frustration oder vielleicht auch der Freude sie dabei überkommen. Zwar wird durchaus beobachtet, *wie* Leute Fahrstuhl fahren und *was* sie dabei tun. Diese Verhaltensweisen werden jedoch nicht gleichsam für sich betrachtet, indem etwa Häufigkeiten von Merkmalen errechnet oder Typen von Fahrstuhlfahrenden bestimmt werden. Vielmehr wird das Verhalten vor und im Fahrstuhl systematisch daraufhin analysiert, was Fahrstuhlfahren – im Unterschied zu anderen Arten der Fortbewegung – *ist*. Welche Folgen hat es, sich auf „eine geschlossene Kabine für 6-10 Insassen mit automatischen Türen und Aluminiumwänden, die durch einen vertikalen Tunnel ein öffentliches Gebäude durchquert, das vornehmlich Fremde zusammenkommen lässt" (ebd.: 222), einzulassen? Die konkreten Verhaltensweisen werden darauf zurückgeführt – und so als typische Reaktionsweisen auf die strukturellen Vorgaben bestimmt, die das Artefakt und die Bedingungen seiner Benutzung setzen.

Beginnen wir mit einigen Verhaltensmustern. Die meisten davon dürften denen, die über eine gewisse Erfahrung mit diesem Transportmittel verfügen, nicht unbekannt sein. Tatsächlich handeln wir in den folgenden Hinsichten ziemlich uniform – so etwa, wenn wir einen Fahrstuhl betreten, uns einen Platz suchen und unsere Position der Zahl der zu- wie aussteigenden Mitfahrenden anpassen. Wenn wir den Fahrstuhl als Erste betreten, werden wir uns einen Platz aussuchen, der uns im Hinblick auf die bevorstehende Fahrt besonders vorteilhaft erscheint, einen vorderen Platz an einer Seitenwand etwa, wenn wir gleich wieder aussteigen wollen, oder einen Platz an der Rückwand, wenn wir länger fahren wollen und antizipieren, dass Leute vor uns aussteigen werden. Falls schon Mitfahrende anwesend sind, werden wir uns möglichst weit entfernt von ihnen aufstellen. Wir bilden ‚automatisch' geometrische Figuren, Dreiecke oder Vierecke, je nach Anzahl der Mitfahrenden. Füllt sich der Fahrstuhl weiter, ist dies zwar nicht mehr möglich, wir achten gleichwohl darauf, dass wir uns weder zu nah noch zu weit von allen um uns Stehenden platzieren – mit der Ausnahme einer möglichen größeren Nähe zu KollegInnen oder Bekannten, die gegebenenfalls mit uns fahren. Mit Hirschauer (vgl. ebd.) können wir sagen, dass die Platzierung nach den Regeln der Distanzmaximierung (die sukzessive Zusteigenden stellen sich möglichst weit voneinander entfernt auf) und der Äquidistanz (es wird darauf geachtet, dass die Abstände möglichst gleich sind) erfolgt.

Weitgehende Uniformität gibt es nicht nur dahingehend, *wo* man sich platziert, sondern auch in der Art und Weise, *wie* man das tut. Man stellt sich so auf, dass man den anderen weder den Rücken noch das Gesicht zuwendet. Niemand steht mit dem Gesicht zur Wand oder face-to-face mit einem Mitfahrer. Auch steht man nicht direkt hintereinander mit Blick zur Tür. Vielmehr platziert man sich in einem Winkel zueinander, den man als eine ‚halbe Zuwendung' kennzeichnen könnte. Leert sich der Fahrstuhl, entfernt man sich wieder voneinander; allerdings nicht wieder in die gleiche Ausgangsposition und auch mit einer gewissen zeitlichen Verzögerung.

10 Strukturelle Handlungsprobleme

Woran liegt das? Zum einen liegt es an den sachlichen Gegebenheiten des Fortbewegungsmittels Fahrstuhl, denen wir uns unterwerfen müssen. So gibt es eine zellenförmige Architektur, die definiert, wo ‚vorne' und ‚hinten' ist und wieviel Platz überhaupt beansprucht werden kann. Dabei gilt die Maxime, den Platz ‚so weit wie möglich' zu füllen, d. h. wir müssen uns auf eine erhebliche Enge einstellen. Darüber informieren uns unter anderem die üblicherweise in den Kabinen angebrachten Tafeln mit der Angabe der Maximalbesetzung bzw. des Maximalgewichts. Weiterhin gibt es – anders als in Bussen und Bahnen mit ihren Sitzreihen – keine festgelegten Plätze, an denen wir uns orientieren können, sondern wir stehen vor der Anforderung, einen vergleichsweise offenen Raum zu ‚besiedeln'. Nun handelt sich beim Fahrstuhl außerdem um ein automatisch bzw. fremdgesteuertes Fortbewegungsmittel; das legt nicht nur nahe, sein Ziel im Vorhinein zu kennen – und auch darauf stellt man sich in der Platzierung ein –, sondern die Fremdsteuerung prägt auch darüber hinaus diese Art der Fortbewegung: Ein Zögern, ein Verweilen oder ein kurzes Gespräch wie im Treppenhaus sind nicht möglich. Zudem muss man mit unvorhergesehenen Halten oder einer nicht antizipierten Fahrtrichtung rechnen (wenn in anderen Stockwerken der Fahrstuhl angefordert wird). In eine ähnliche Richtung wirkt der Sachverhalt, dass die Fahrstuhlkabine üblicherweise optisch geschlossen ist. Die Wahrnehmung der Ortsveränderung wird damit abstrakt, ist nur vermittelt durch die elektronische Anzeige der Etagen auf dem Fahrstuhldisplay, die in der Wahrnehmung und – wie sich noch zeigen wird – in der Interaktion der räumlich und zeitlich desorientieren Passagiere eine besondere Rolle einnimmt.

Die Platzierung bzw. generell das Verhalten im Fahrstuhl wird jedoch nicht allein durch die sachlichen Gegebenheiten bestimmt; die Anforderungen der sachlichen Gegebenheiten treffen vielmehr auf Anforderungen der Interaktionsordnung. Erst deren Zusammenspiel erklärt die angesprochenen Muster, denn die Regeln der Distanzmaximierung und der Äquidistanz antworten auf das Problem, dass räumliche Nähe und Distanz in Interaktionen von den Beteiligten als Zeichen einer persönlichen Beziehung gedeutet werden können, und zwar sowohl in Richtung Zuneigung (relativ große Nähe zueinander) wie Abneigung (relativ große Distanz voneinander). Genau das wird im Fahrstuhl als einem öffentlichen Ort, einem Ort der Begegnung zwischen Fremden, vermieden.[70] Auch die Positionierung im gefüllten Fahrstuhl – weder mit dem Rücken noch mit dem Gesicht zu den Mitfahrenden – folgt dieser Maßgabe: Die Körper werden in einem Spannungsverhältnis

---

70 Es sei denn, man ist wirklich mit einer Mitfahrenden befreundet oder bekannt. Die soziale Nähe wird dann auch durch räumliche Nähe ausgedrückt. Zu allen anderen Mitreisenden positioniert sich eine solche Dyade jedoch wie die mitfahrenden Einzelnen auch.

zwischen Zu- und Abwendung gehalten. Und wenn man sich nach dem Aussteigen einiger Mitfahrenden nur mit zeitlicher Verzögerung und eher langsam in der jetzt möglichen größeren Distanz positioniert, dann eben deshalb, um gerade nicht den Eindruck zu erwecken, man ‚gehe auf Distanz' zu den anderen Passagieren. Damit wird interaktiv eine besondere Art von Sozialbeziehung hergestellt, die kennzeichnend für öffentliche Räume ist, eine Beziehung jenseits von Freundschaft und Feindschaft, in der ein Mindestmaß an Kooperation und Kooperationsmöglichkeit aufrechterhalten wird,[71] ohne gleichzeitig eine personalisierte Interaktion zu realisieren.

Die Herstellung von ‚Unpersönlichkeit' in diesem Sinne erfolgt im Fahrstuhl allerdings unter erschwerten Bedingungen, was an der besonderen räumlichen Nähe liegt, die damit verbunden ist. Deutlich wird dies insbesondere daran, dass im Fahrstuhl der Blickkontakt zum Problem wird. Warum? Weil einseitiges Fixieren von Anwesenden als Übergriff erscheint und weil wechselseitiger Blickkontakt, wie wir wissen, Interaktion bedeutet, die vermieden wird. Eine Fahrstuhlkabine bietet aufgrund der ‚Reizarmut' ihrer Inneneinrichtung – im Unterschied etwa zu einem Eisenbahnabteil – wenig, an das man seinen Blick zu diesem Zweck heften kann. So schaut man auf das Etagendisplay, auf den Boden, auf die eigenen Füße, auf eine Tasche, man fixiert ein Werbeplakat oder blickt an den anderen vorbei in Richtung Ausgang. So richtet man Blickkorridore ein, die es erlauben, den Blickkontakt zu vermeiden. Zudem finden Techniken des Blickwechsels Anwendung, die es erlauben, die anderen kurz anzublicken, ohne angeblickt zu werden, und umgekehrt bietet etwa das zeitweilige Senken des Blicks kurze Gelegenheiten des Angeblicktwerdens (auch dies dient der Vermeidung von Blick-Kollisionen). Wenn die Kabine allerdings sehr voll ist, bleibt als bevorzugtes Blickobjekt für die Passagiere nur noch die Etagenanzeige übrig.

Eine solche „Minimierung von Anwesenheit" (s. o.) durch weitgehende Blickvermeidung ist nicht nur kennzeichnend für Fahrstuhlfahrten, sondern generell für die Interaktion im öffentlichen Raum. Es geht darum, so etwas wie Beziehungslosigkeit – Goffman (1971: 219) spricht von „civil inattention" – interaktiv herzustellen. Diese paradoxe Struktur der Fremdheit wird vor allem über Regeln des Blickkontakts und der Blickvermeidung erreicht, wie die, nach der Fußgänger nach einem ersten offenen Blick aus ‚gebührendem Abstand' im Vorbeigehen den

---

71 Hirschauer (1999: 231) führt das im Fall des Fahrstuhls darauf zurück, dass damit die Möglichkeit offengelassen wird, „eine virtuelle Gemeinschaft im Krisenfall zu aktualisieren". Die Möglichkeit von Ansprechbarkeit verweist aber nicht nur auf die Risiken des Fahrstuhlfahrens (Steckenbleiben), sondern auch auf harmlosere Kooperationschancen wie die Frage nach dem Ort eines bestimmten Büros oder nach der Uhrzeit.

10 Strukturelle Handlungsprobleme

Blick senken und so Interaktion vermeiden.[72] Die wechselseitige Anwesenheit ist dabei aber nur punktuell gegeben. Das ist im Fahrstuhl anders, denn man ist für eine gewisse Dauer faktisch anwesend. Zudem macht die relative Enge, wie geschildert, ein diffizileres ‚Blickregime' erforderlich. Aber die Blickvermeidung ist – hier muss Hirschauers Analyse ergänzt werden – gleichzeitig noch wichtiger als in den flüchtigeren Begegnungen auf öffentlichen Plätzen.

Das hängt mit der großen körperlichen Nähe – bis hin zur ‚Tuchfühlung' – zusammen, die in Fahrstuhlkabinen herrschen kann. Die Nähe ist nicht nur ein potenzielles ‚Beziehungszeichen', das vermieden werden muss, sie bedeutet zudem – wenn sie selbst nicht mehr vermieden werden kann – eine situative Einschränkung des herausgehobenen „territory of the self" (Goffman 1971: 28f.), des „personal space". Gemeint ist damit das kulturelle Pendant zur Fluchtdistanz im Tierreich: ein imaginärer Schutzraum, der uns umgibt, wo immer wir uns bewegen. Wenn Fremde in diesen Raum eintreten, erzeugt das Unwillen und eine Tendenz zum Rückzug. Anders als die im Verhaltensprogramm der Tiere festgeschriebene Fluchtdistanz ist der persönliche Schutzraum zwar flexibel, gibt es doch gesellschaftlich definierte Situationen, in denen er von Fremden legitimerweise unterschritten werden kann, und die Fahrt im vollbesetzten Fahrstuhl gehört (wie das Warten in einer Schlange) dazu. Aber auch wenn einem in diesen Situationen nicht wirklich ‚zu nahe getreten' wird, müssen interaktive Vorkehrungen getroffen werden, die äußerliche Intimität nicht auch als ‚gemeinte' erscheinen zu lassen. Es geht darum, einem denkbaren Eindruck gegenzusteuern und die räumliche Nähe durch demonstrative Desinteressiertheit zu kompensieren.

Soweit erst einmal zu den Anforderungen des Fahrstuhlfahrens, an die wir uns anpassen müssen. Bevor wir die Idee einer Strukturierung der Interaktion durch sachliche Gegebenheiten an einem anderen Beispiel weiterverfolgen, wollen wir uns die besondere strukturierende Kraft anhand eines gedanklichen Beispiels der ‚Nicht-Anpassung' vor Augen führen. Denn der ‚Sachzwang' des Fahrstuhls (im Verein mit der Interaktionsordnung) ist natürlich kein absoluter. Ungeachtet der relativen Uniformität der geschilderten Handlungsweisen: Man kann auch anders handeln. Das hat manchmal Sanktionen zur Folge, nämlich dort, wo Regeln der Interaktionsordnung verletzt werden: Ein Zu-nahe-Treten wird mit demonstrativem Wegrücken quittiert, ein zu langer Blick wird Verärgerung hervorrufen („Ist was?"). Aber nicht immer. Stellen wir uns jemanden vor, der sehr schnell zum Büro der Abteilung XY gelangen will, in den Fahrstuhl stürmt und dann feststellt, dass er nicht weiß, in welchem Stockwerk die Abteilung XY sich befindet; der, um sicher

---

72 In diesem Zusammenhang wird die (im Englischen) alltagspraktische Rede vom „second look" als Beziehungsangebot verständlich.

zu gehen, gleich drei Stockwerke auf einmal drückt und damit das Missfallen der anderen Fahrgäste auf sich zieht, der sich darüber aufregt, dass sich der Fahrstuhl so langsam bewegt, der erstaunt und verärgert darüber ist, dass er auch dort hält, wo keiner der Anwesenden aussteigen wollte, der ungehalten darüber ist, dass er jetzt, da neue Mitfahrende einsteigen, seinen Platz verändern muss, der in jedem von ihm angewählten Stockwerk die Tür offenhält, um sich einen Überblick zu verschaffen usw. Ein solches, nicht den sachlichen Anforderungen angepasstes Verhalten, führt dazu, dass Handlungsabläufe schlicht misslingen. Es kommt zu Konflikten, zu Frustrationen.

In unserem zweiten Beispiel geht es um das Flugzeug. Das Flugzeug ist ein Fortbewegungsmittel, das eine Reihe von Eigenschaften mit dem Fahrstuhl teilt. Auch hier kommen Fremde zusammen, um sich fortzubewegen, auch hier sind die Passagiere in der Wahrnehmung ihrer Fortbewegung weitgehend eingeschränkt, sind räumlich und zeitlich desorientiert. Allerdings besteht ein erheblicher Unterschied in den Distanzen, die überwunden werden. Mit einem Fahrstuhl bewegt man sich eindimensional in einem durch ein Gebäude vorgegebenen Raum, mit einem Flugzeug steuert man durch den Raum einen weit entfernten Ort an: Man unternimmt eine Reise. Aus diesem Grund rückt Tilman Allert, an dessen Analyse wir im Folgenden anknüpfen, in seinem Aufsatz „Das Flugzeug als Kommunikationsraum" (2008) das Fliegen ein in die allgemeine Frage von Sässigkeit und räumlicher Mobilität. Das bietet die Möglichkeit, einen analytischen Bezugsrahmen zu gewinnen, der es ermöglicht, die Besonderheit des Fliegens als eine Form der Fortbewegung unter anderen zu bestimmen und Distanz zu alltagsweltlichen Deutungen zu gewinnen. Nach Allert (ebd.: 62) ist das Fliegen nicht nur, wie jede Reise, durch einen „transitorischen Seßhaftigkeitsbruch" gekennzeichnet, sondern darüber hinaus durch eine „transitorische Verortungskrise" sowie den Umstand, dass es sich um eine „riskante Raumüberwindung" handelt.

Mit Ersterem ist gemeint, dass wir als Fluggäste uns nicht gut ins Verhältnis zu unserer Fortbewegung setzen können. Das ist dann kein Problem, wenn wir zu Fuß, mit dem Rad, mit dem Auto oder der Bahn unterwegs sind. Wir können dann Zeit und zurückgelegte Distanz aufeinander beziehen; wir wissen, woher wir kamen und wo wir zum jeweiligen Zeitpunkt sind. Im Flugzeug ist das anders. Wenn man einen Fensterplatz hat, kann man vielleicht noch unter günstigen Bedingungen (Tageslicht, keine Wolken) aus der Topografie der Landschaft unter sich gewisse Anhaltspunkte gewinnen, wo man sich wohl befindet. In aller Regel und für die Dauer eines Fluges weiß man das jedoch nicht aus eigener Anschauung. Man kann sich problemlos einen Flug vorstellen, der wieder am Ausgangsort endet und die Passagiere das erst nach der Landung, wenn sie wieder festen Boden betreten, bemerken. Wie im Fahrstuhl sind wir also weitgehend orientierungslos. Dass es

10 Strukturelle Handlungsprobleme

hier eine ‚Krise' oder zumindest ein deutliches Bedürfnis nach Orientierung gibt, kann man schon daran sehen, dass man auf jedem Flug dank moderner Technik laufend darüber informiert wird, wo sich das Flugzeug gerade befindet und in welcher Höhe und mit welcher Geschwindigkeit es sich fortbewegt. Aber das sind vermittelte Informationen – unmittelbar erlebt wird es nicht.

Was hat es nun mit der „riskanten Raumüberwindung" auf sich? Objektiv ist das Fliegen nicht besonders riskant, jedenfalls laut Statistiken weniger riskant als die Fahrt mit dem eigenen Auto. Ist das Fliegen nicht für den ‚modernen Menschen' so alltäglich wie eine Bahnreise geworden?[73] Wird nicht nur noch selten bei ‚geglückter' Landung von den Passagieren Beifall geklatscht (ein untrügliches Zeichen für die Empfindung von Außeralltäglichkeit und Risiko)? Inwieweit kann man also in dieser Hinsicht überhaupt von sachlichen Gegebenheiten sprechen, die die Interaktion an Bord beeinflussen? Gilt das nicht nur für einen kleinen Kreis von Personen mit ‚Flugangst'? Zunächst einmal ist festzustellen: Man kann beim Fliegen nicht einfach anhalten. Für die Dauer des Flugs sind die Passagiere auf den Ort der Kabine und auf die Gruppe der Mitreisenden festgelegt. Sie bilden eine Notgemeinschaft; weder kann man sich der Situation entziehen, noch können Akteure entfernt werden. Wenn ein Flugzeug umkehren muss, um etwa betrunkene oder randalierende Fluggäste auszusondern, ist das immer eine Meldung in der Tageszeitung wert. Man kann auch nicht einfach mal das Fenster öffnen. Sicher, in modernen Hochgeschwindigkeitszügen geht das auch nicht, aber im Flugzeug weiß man, dass man sich in großer Höhe in einer prinzipiell lebensfeindlichen Umgebung befindet (die Höhe selbst, die Temperatur, die Druckverhältnisse). Schließlich und vor allem: So sicher Fliegen ist und so alltäglich es für viele geworden ist – Riskanz ist immer noch auf erstaunliche Weise während einer Flugreise thematisch. Nicht nur in den Erläuterungen für Notfälle, die auf jedem Flug den Passagieren gegeben werden, und in den Hinweisen während des Flugs im Fall von erwartbaren Turbulenzen. Es kann auch geschehen, dass dieselbe Pilotin, die die Passagiere vor dem Abflug noch aufgefordert hat, „den Flug zu genießen", den Anschlussreisenden bei der Landung einen „sicheren Weiterflug" wünscht.

Was kann man noch über die sachlichen Anforderungen sagen? Die durch die Flugreise ermöglichte Distanzüberbrückung kontrastiert erheblich mit der erzwungenen Immobilität der Beteiligten. Räumliche Enge ist kennzeichnend für die Situation in der Kabine. Wie im Fahrstuhl geht es darum, den Fahrgastraum mit möglichst vielen Passagieren zu besetzen, wobei im vorliegenden Fall natürlich

---

73 Tatsächlich begegnen einem in der Bahn oft Menschen, die offenkundig mehr Erfahrung mit Flugreisen als mit Bahnfahrten haben (z. B. von einer durchgehenden, nicht waggonweisen Platznummerierung ausgehen).

die ökonomischen Motive der Fluggesellschaften (aber auch der Fluggäste selbst – nicht umsonst heißt es „Economy Class") ausschlaggebend sind. Beinfreiheit ist ein Luxus, der teuer bezahlt werden muss.[74] Aber Enge kennzeichnet nicht nur die Sitzreihen, sondern auch den ‚öffentlichen' Raum. Angesichts der Vielzahl der Passagiere, der schmalen Gänge, der wenigen Toiletten, des Verkehrs der Getränke- und Speisencaddies ist jede Bewegung eine logistische Herausforderung. Kurz: Mit dem Fliegen ist eine erhebliche Einschränkung der Handlungsautonomie verbunden, der Aufenthalt im Flugzeug „ähnelt dem Aufenthalt in einer totalen Institution" (Allert 2008: 66).

Während Allert auch die ‚Reaktionsweisen' der Passagiere auf diese Anforderungen betrachtet, wollen wir uns im Folgenden auf eine andere Akteursgruppe konzentrieren: die Flugbegleiterinnen und -begleiter. Denn eine entscheidende Differenz zum Fahrstuhlfahren besteht darin, dass wir es hier nicht nur mit Passagieren zu tun haben, sondern auch mit Menschen, die aus beruflichen Gründen dabei sind: PilotInnen und FlugbegleiterInnen. Auch dieser Umstand selbst hängt mit den sachlichen Anforderungen zusammen. Ein Flugzeug bewegt sich nicht (vollständig) automatisch bzw. ferngesteuert, sondern muss von einer Person geflogen werden. Und es liegt nahe, dass eine so große Gruppe von Passagieren unter den geschilderten Bedingungen einer längeren Reise eine gewisse Betreuung erfahren muss. Für die Interaktion an Bord ist zunächst bemerkenswert, dass mit dem Vorhandensein beruflicher Akteure auch ein im Vergleich zum Fahrstuhl anderes Innen/Außen-Verhältnis verbunden ist. Es ist ein wenig wie in einer Gastwirtschaft: Als Passagier betritt man einen abgegrenzten Raum mit einem Personenkreis (FlugbegleiterInnen, PilotInnen), dem die Verantwortung bzw. ‚Hoheit' über diesen Raum klar zugeschrieben ist. PilotInnen und FlugbegleiterInnen treten als Gastgebende auf, und als solche begrüßen sie die Passagiere und heißen sie willkommen.

Bemerkenswert ist die ausdrückliche Art, mit der dies geschieht. Die Pilotin begrüßt die Passagiere, nachdem sie ihre Plätze eingenommen haben, als Kollektiv und über die Lautsprecheranlage. Obwohl man sie nicht sieht und auch nicht zu Gesicht bekommt, stellt sie sich mit Namen vor – als käme es auf ihre Person an und nicht auf ihre qua Rolle erwartbaren Kompetenzen. Dieser unauffälligen Markierung von Außeralltäglichkeit steht der betont ‚schnoddrige', ja beinahe schon genuschelte Duktus ihrer Rede gegenüber, die für alle Passagiere deutlich macht (und dies wohl auch soll), wie wenig sie das bevorstehende Ereignis des Flugs persönlich affiziert. Mit „Rollendistanz", das haben wir schon besprochen, bezeichnet Goffman (2013 [1961]) derartige Verhaltensweisen, die zum Ausdruck bringen, dass

---

74 Was wiederum erhebliche ‚Distinktionsgewinne' ermöglicht.

10 Strukturelle Handlungsprobleme

die anstehenden Aufgaben die eigenen Fähigkeiten deutlich unterschreiten: Alles ist Routine, beinahe schon langweilig. Die FlugbegleiterInnen hingegen begrüßen jeden Gast einzeln, direkt beim Eintritt in das Flugzeug. Das ist nicht einfach nur eine betont freundliche Herstellung von Ansprechbarkeit. Vielmehr wird gleichzeitig für jeden Gast unzweifelhaft zum Ausdruck gebracht, wer für diesen Raum zuständig und verantwortlich ist.

An dieser Doppelsinnigkeit wird schon erkennbar, warum die FlugbegleiterInnen im Rollengefüge des Flugzeugs besonders interessant sind. Für sie ergeben sich nämlich aus den geschilderten sachlichen Gegebenheiten unterschiedliche und auch durchaus widersprüchliche Handlungsanforderungen: Sie sind dienend und kontrollierend zugleich. Vermutlich wird auch deshalb von den Fluggesellschaften an einer uniformähnlichen, Autorität symbolisierenden Kleidung festgehalten. Gastgeberschaft an diesem besonderen Ort bedeutet nicht nur, für das Wohl der Passagiere zu sorgen, durch betonte Zuwendung, kleine Annehmlichkeiten und einen Hauch von Luxus die Eingeschlossenheit und Enge zu kompensieren und die Riskanzerwartungen durch demonstrative Zurschaustellung von Sorglosigkeit zu minimieren. Sie schließt auch kontrollierende Tätigkeiten ein im Sinne der Sicherstellung von Sicherheit und Reibungslosigkeit des Flugverlaufs. Die Passagiere werden nicht nur über die Sicherheitsvorkehrungen im Flugzeug informiert, es wird auch überprüft und notfalls durchgesetzt, dass das Gepäck ‚adäquat' verstaut ist, die Sicherheitsgurte angelegt und die Smartphones ausgeschaltet sind. Zudem muss mit Passagieren umgegangen werden, die sich den sachlichen (und interaktiven) Anforderungen nicht anpassen können; es müssen situationsbedingte ‚Devianzpotenziale' der Passagiere aufgefangen werden. Allert (ebd.: 66f) führt hier vor allem die Reaktionstypen der „Passagen-Kompensation" (querulatorische Verhaltensweisen, mit denen versucht wird, die erzwungene Immobilität zu kompensieren) und des „Passagen-Protests" (Flegeleien und Vulgaritäten, die Ausdruck eines Gefühls „erlaubter Regression" in der außeralltäglichen Situation des Fliegens sind) an.

Diese Reaktionsformen können als Beispiele dafür gelten, was im Fall des Fliegens geschieht, wenn man sich als Passagier nicht den sachlichen Anforderungen anpasst. Interessant ist, dass es solche Beispiele auch aufseiten der beruflichen Akteure gibt, nämlich in Gestalt einer ‚Überanpassung' der FlugbegleiterInnen. Diese Überanpassung ist nicht ihnen selbst geschuldet, sondern einem bestimmten Verständnis ihrer Rollenausgestaltung, das die Fluggesellschaften durchsetzen: Es geht um die Frage nach dem angemessenen Maß von ‚Gefühlsarbeit'. Dass die bewusste Bearbeitung der eigenen Gefühle im Handeln der FlugbegleiterInnen eine größere Rolle spielt als in den meisten Dienstleistungsberufen, liegt noch an den sachlichen Anforderungen. Wenn der Ort selbst es kaum hergibt, liegt es nahe, dass die Last der Herstellung von Annehmlichkeit vor allem aufseiten der Interaktion liegt. Darin ist eine sachliche Quelle für die betonte Freundlichkeit der FlugbegleiterInnen in der Interaktion zu sehen, nicht nur in der verbalen Ansprache, sondern insbesondere in der Mimik: Gemeint ist ihr betontes Lächeln. Gleichzeitig liegt nahe, dass dies auch in der Erfüllung der geschilderten Kontrollfunktionen das probate Mittel zur Herstellung von Konformität ist (wie gesagt: Die Sanktionsdrohung des Ausschlusses ist hier nicht möglich, Konflikte müssen situativ pazifiziert werden). Das ist die zweite Quelle. Nun hat aber Arlie Hochschild in ihrer Analyse „Das gekaufte Herz" (2006) gezeigt, inwieweit das Lächeln der FlugbegleiterInnen über diese Anforderungen hinaus in die Marketingstrategien der Fluggesellschaften Eingang gefunden hat: als Anforderung, ‚wirklich' zu lächeln, ‚wirkliche', d. h. persönliche Gefühle kontinuierlich in eigentlich rollenförmige, unpersönliche Beziehungen einzuspeisen. Aus „emotion work" wird „emotional labor". Und dies erzeugt Frustrationen eigener Art, nämlich Gefühle emotionaler Entfremdung.

Wir haben diese Analysen der Interaktion unter Bedingungen des Fahrstuhlfahrens und des Fliegens nicht vorgestellt, weil wir davon ausgehen, dass es sich hierbei um besonders wichtige mikrosoziologische Gegenstände handelt. Vielmehr ging es darum, in Ermangelung eines allgemeinen Modells eine Vorstellung davon zu wecken, inwieweit die sachlichen Anforderungen in Interaktionen deren Struktur beeinflussen. Die Analysen erscheinen dafür besonders geeignet, weil sie das Problem vergleichsweise ‚direkt' angehen. Ausgangspunkt sind nicht die subjektiven Deutungen der Beteiligten und auch nicht ihre Praktiken. Vielmehr sind es jeweils Eigenschaften der Dinge, der Räume, der Technik, die zunächst ‚übersetzt' werden in Qualitäten einer bestimmten Form der Fortbewegung, in Rahmenbedingungen für das Handeln und Interagieren in diesen Zusammenhängen.

Unser Vorschlag ist, dass man dies interaktionstheoretisch generalisieren kann: Die sachlichen Gegebenheiten eines Interaktionszusammenhangs erzeugen *strukturelle Handlungsprobleme*, die sich für die Beteiligten stellen, ob sie wollen oder nicht, und die entsprechend für die Interaktion zwischen ihnen relevant werden. Die Handlungsprobleme sind immer spezifische.[75] Die Aufgabe für die Analyse besteht darin, sie jeweils zu explizieren und ihre Folgen für den Interaktionszusammenhang herauszuarbeiten. Dabei muss die unterschiedliche Positionalität der Beteiligten im Hinblick auf die übergreifenden Probleme bestimmt werden, denn damit sind wiederum je spezifische Anforderungen verbunden.

---

75 Wir sehen jedenfalls wenig Chancen für sinnvolle Generalisierungen. Bestenfalls: hinsichtlich der Art des Innen/Außen-Verhältnisses; in der Bearbeitung von Naturobjekten (unbelebt/belebt) oder sozialen Objekten; in Bezug auf den Einschluss von RollenträgerInnen oder ‚ganzen Personen' etc. (wo immer das hinführen mag).

10 Strukturelle Handlungsprobleme

Diese sachlichen Anforderungen haben, anders als normative, institutionelle etc., keinen Verpflichtungscharakter. Man muss sie eher im Sinne einer kontinuierlichen Konfrontation mit „brute facts" (s. Kap. 3) verstehen.[76] An diesen reibt sich gewissermaßen das Handeln. Natürlich kann ich bestimmte Anforderungen unterschätzen, sie gar leugnen oder auch einfach nicht sehen, weil mir die Erfahrung oder Ausbildung fehlt. Aber das hat, wie im Fall unserer ‚Frustrationsbeispiele', Folgen. Daran kann man sich die strukturierende Kraft der Dinge verdeutlichen. Aber diese strukturierende Kraft betrifft nicht nur die negativen oder positiven Folgen des Handelns. Sie betrifft – das sollten die Analysen zeigen – zuallererst die Interaktionsstruktur. Strukturelle Handlungsprobleme müssen interaktiv bewältigt werden; sie sind etwas, das wie selbstverständlich in den „common ground" der Interaktion als ein gemeinsamer Bezugspunkt eingeht. Genauer gesagt: Interaktion steht vor dem Problem, den gemeinsamen sachlichen Bezugspunkt zum „common ground" zu machen.

Auch wenn die Beispiele des Fahrstuhls und des Flugzeugs es nahelegen mögen: Mit sachlichen Anforderungen sind nicht nur Auseinandersetzungen mit der technisierten Welt gemeint. Es kann sich auch um natürliche Gegebenheiten jeglicher Art handeln. Die Perspektive einer Übersetzung in strukturelle Handlungsprobleme ist dabei immer die gleiche, ob man sich soziologisch mit dem Bergwandern oder mit dem Kochen befasst. Man kann sogar eine gegebene Landschaft, ihre räumlichen (geographischen, geologischen, meteorologischen, biologischen) Gegebenheiten als Ausgangspunkt für Handlungsprobleme analysieren: Welche Anforderungen würden sich ergeben, wenn man sie besiedelte?[77] Oder man kann den menschlichen Reifungsprozess als Handlungsproblem betrachten, mit dem sich jedes Individuum und jede Gesellschaft auseinandersetzen muss. Welche Anforderungen müssen bewältigt werden? Welche sozialen Deutungsmuster und Institutionen werden daraufhin entwickelt?[78]

---

76 Und dies im eigentlichen Wortsinn: Denn die „brute facts", von denen die Wissenschaftstheorie spricht, sind ja nicht deshalb „roh", weil sie als ‚natürlich', ‚nicht sozial vermittelt' verstanden werden, sondern weil sie es vermögen, unsere Vorstellungen von der Beschaffenheit der Welt zu Fall zu bringen. Diese Kraft spielt nicht nur im Erkenntnisprozess eine Rolle, sondern auch in der Alltagspraxis: in der Strukturierung unseres Handelns.

77 Derartige Analysen haben Fernand Braudel (1994) für die Gebirge, die Hochebenen und Ebenen des Mittelmeeres und Thomas Loer (2007) für die Region des Ruhrgebiets durchgeführt.

78 Talcott Parsons (1965) hat beispielsweise die U.S.-amerikanische Vorstellung von ‚Jugend' als eine bestimmte Art der Reaktion auf die Anforderungen der Entwicklungsphase ‚Adoleszenz' beschrieben. Und der Reiz des Modells menschlicher Entwicklungsphasen,

Abschließend sei noch auf einen weiteren Aspekt hingewiesen, der die Sachdimension in Interaktionen prägt: ihre organisationelle Einbettung. Schon in unserem Flugzeug-Beispiel kann man sehen, dass die Interaktion an Bord auch durch die Arbeitsteilung zwischen den beteiligten Berufsrollen und andere Vorgaben der Arbeitsorganisation geprägt wird. Das ist zumindest in berufsförmigen Interaktionen generell der Fall. Eine konkrete Auseinandersetzung mit den sachlichen Anforderungen ist immer auch in einen organisationellen Zusammenhang eingebettet: Sie ist abhängig von der Arbeitsorganisation, dem Zusammenwirken unterschiedlicher Rollen und Instanzen, den rechtlichen Vorgaben.[79] Dabei können die Anforderungen des ‚Ausgangsproblems' (vgl. Sprondel 1979) durchaus in Spannung zu der Art und Weise stehen, wie die Problembearbeitung organisationell voreingerichtet ist.

Die sachlichen Anforderungen können aber auch primär soziale, die ‚Sache' ein soziales Problem sein: Verkauf von Produkten, Vermittlung von Wissen, Lösung sozialer Konflikte, Behandlung von Krankheiten, Pflege, Gewinnung neuer Erkenntnisse, Lösung technischer Probleme usw. So einfach unser Vorschlag ist, so anspruchsvoll kann seine Umsetzung in der Analyse sein. Denn sie steht vor der Herausforderung zu bestimmen, was die allgemeinen Anforderungen von wissenschaftlichem Erkenntnisgewinn, Rechtsprechung oder politischem Handeln *sind*. Dass es sie gibt, dass diese Handlungs- und Interaktionsfelder durch besondere Handlungsprobleme gekennzeichnet sind, ist naheliegend. Aber den Anspruch zu erheben, sie bestimmen zu können, sich auf bestimmte Formulierungen festzulegen, erscheint als schwierig, nicht nur angesichts der Komplexität der jeweiligen Problemlagen, sondern auch angesichts der Fülle von (konkurrierenden) Theorien, die es dazu immer schon gibt und die zum Teil – zum Beispiel als professionelles Orientierungswissen – selbst zu den Handlungs- und Interaktionsfeldern gehören. Wir können an dieser Stelle nicht genauer auf die entsprechenden methodischen Probleme eingehen und verweisen stattdessen zum einen auf berühmte Beispiele eines solchen Unterfangens (vgl. Weber 1985, 1988). Zum anderen können wir auch darauf verweisen, dass die mikrosoziologische Perspektive aufgrund ihrer Fokussierung auf die Interaktionen im Labor, im Gerichtssaal oder in der Praxis nicht abstrakte Theorien erfordert, sondern Heuristiken für die konkreten Anforderungen in konkreten Situationen.

---

das der Psychologe Erik H. Erikson (1974) entwickelt hat, ist vor dem Hintergrund unserer Überlegungen darin zu sehen, dass es diese Phasen von bestimmten krisenhaften Handlungsproblemen her konzipiert, die jedes Individuum im Laufe seines Heranwachsens bewältigen muss.

79 Zwei Beispiele von mikrosoziologischen Analysen, in denen dies systematisch berücksichtigt wird: Köngeter 2009; Maiwald 2004.

Denkanstöße

Betrachten Sie die Situation des Cafés aus dem Blickwinkel des Kellners: Vor welchen sachlichen Anforderungen steht er? Versuchen Sie, so viel wie möglich zu benennen. (Ein Tipp: Eine sachliche Anforderung bildet den Ausgangspunkt des ganzen Konflikts mit Reinette. Und auch manche andere benennt er selbst in seiner Auseinandersetzung mit ihr.)

Wie erklärt sich z. B. von hier aus, dass in französischen Cafés unterschiedliche Preise verlangt werden je nachdem, ob sie an der Theke, im Gastraum oder auf der Terrasse eingenommen werden?

Welche besonderen Anforderungen kommen hinzu, wenn sich viele Gäste im Café befinden? Als Gast in einem Café hat man manchmal den Eindruck, die Bedienungen würden „absichtlich" nicht wahrnehmen, wenn Gäste an anderen Tischen eine Bestellung aufgeben wollen. Welchen sachlichen Hintergrund könnte eine solche „Vermeidung von Wahrnehmbarkeit" haben?

Grundlagentexte

Allert, Tilman (2008): Das Flugzeug als Kommunikationsraum. Handlungsformen, Vergemeinschaftungstypen und Berufsprofile an Bord. sozialer sinn – Zeitschrift für hermeneutische Sozialforschung 1/2008, S. 57-72.
Hirschauer, Stefan (1999): Die Praxis der Fremdheit und die Minimierung von Anwesenheit. Eine Fahrstuhlfahrt. Soziale Welt 50, S. 221-246.
Hochschild, Arlie (2006 [1983]): Das gekaufte Herz. Die Kommerzialisierung der Gefühle. Frankfurt a. M.: Campus.

Weiterführende Literatur

Braudel, Fernand (1994 [1949]): Das Mittelmeer und die mediterrane Welt in der Epoche Philipps II. Bd. 1. Frankfurt a. M.: Suhrkamp.
Erikson, Erik H. (1974): Kindheit und Gesellschaft. Stuttgart: Klett.
Goffman, Erving (1971): Relations in Public. New York u. a.: Harper.
Goffman, Erving (2013 [1961]): Encounters. Two Studies in the Sociology of Interaction. Indianapolis u. a.: Bobbs-Merrill.
Habermas, Jürgen (1981): Theorie des kommunikativen Handelns. Bd. 1: Handlungsrationalität und gesellschaftliche Rationalisierung. Frankfurt a. M.: Suhrkamp. Darin: Wahrheit und Gesellschaft. Die diskursive Einlösung faktischer Geltungsansprüche, S. 104-126.
Kaufmann, Jean-Claude (1999): Mit Leib und Seele. Eine Theorie der Haushaltstätigkeit. Konstanz: UVK.

Knorr Cetina, Karin (1999): Epistemic Cultures: How the Sciences Make Knowledge. Cambridge, Mass.: Harvard University Press.

Köngeter, Stefan (2009): Relationale Professionalität. Arbeitsbeziehungen mit Eltern in den Erziehungshilfen. Baltmannsweiler: Schneider Verlag Hohengehren.

Latour, Bruno (2008 [1991]): Wir sind nie modern gewesen. Versuch einer symmetrischen Anthropologie. Frankfurt a. M.: Suhrkamp.

Leroi-Gourhan, André (1995 [1965]): Hand und Wort. Die Evolution von Technik, Sprache und Kunst. Frankfurt a. M.: Suhrkamp.

Loer, Thomas (2007): Die Region. Eine Begriffsbestimmung am Fall des Ruhrgebiets. Stuttgart: Lucius & Lucius.

Luhmann, Niklas (1984): Soziale Systeme. Grundriß einer allgemeinen Theorie. Frankfurt a. M.: Suhrkamp. Darin: Sinn, S. 92-147.

Maiwald, Kai-Olaf (2004): Professionalisierung im modernen Berufssystem: Das Beispiel der Familienmediation. Wiesbaden: VS Verlag für Sozialwissenschaften.

Parsons, Talcott (1965): Jugend im Gefüge der amerikanischen Gesellschaft. In Ludwig von Friedeburg (Hrsg.), Jugend in der modernen Gesellschaft. Köln u. a.: Kiepenheuer und Witsch, S. 131-155.

Röhl, Tobias (2015): Die Objektivierung der Dinge. Wissenspraktiken im mathematisch-naturwissenschaftlichen Unterricht. Zeitschrift für Soziologie 44/3, S. 162-179.

Sprondel, Walter M. (1979): „Experte" und „Laie": Zur Entwicklung von Typenbegriffen in der Wissenssoziologie. In Walter M. Sprondel/Richard Grathoff (Hrsg.), Alfred Schütz und die Idee des Alltags in den Sozialwissenschaften. Stuttgart: Enke, S. 140-154.

Weber, Max (1985 [1919]): Gesammelte Aufsätze zur Wissenschaftslehre. Hrsg. v. Johannes Winckelmann. (6. Aufl.). Tübingen: Mohr. Darin: Wissenschaft als Beruf, S. 581-613.

Weber, Max 1988 [1919]: Gesammelte politische Schriften. (5. Aufl.). Tübingen: Mohr. Darin: Politik als Beruf, S. 505-560.

Emotionen: Wie Gefühle in soziales Handeln eingehen   11

‚Gefühle' scheinen auf den ersten Blick kein Gegenstand der Soziologie, sondern originäres Terrain der Psychologie zu sein. Sie ist es, die sich mit Gemütszuständen, Seelenverfassungen und dem emotionalen Erleben von Individuen beschäftigt, dies erforscht, analysiert und gegebenenfalls auch therapiert. Mit ‚Gesellschaft' hat das erst einmal wenig zu tun – zumal wir es auch gewohnt sind, unsere Gefühle als unseren ureigenen ‚Besitz' anzusehen, als etwas, das ganz wesentlich unsere Subjektivität ausmacht. Unsere Gefühle sind Ausdruck davon, wie *wir* eine Situation erleben, und dies ist letztlich unvermittelbar, weil es daran gebunden ist, diese Gefühle zu ‚haben': Ihr besonderer Ausdruck, ihre Färbung und ihre Intensität können von anderen nicht ermessen werden. Was wissen wir schon, wie ‚stark' jemand empfindet? Die gestischen und mimischen Ausdrucksformen sind letztlich nur äußerlich. Entsprechend neigen wir dazu, die alltagstheoretische Frage „Was geht wohl im anderen vor?" mit „Das können wir nicht wissen" zu beantworten. Wenn es also einen ‚subjektiven Sinn' gibt, einen Sinn, der dem anderen, der dem Fremdverstehen prinzipiell verschlossen ist, dann ist es der Sinn unserer Gefühle. Erleben kann nur jeder selbst, und erlebt wird gefühlsmäßig.

In diesem Kapitel wird es um die soziale Seite der Gefühle gehen, und wir werden argumentieren, dass Gefühle – ungeachtet ihrer höchst subjektiven Erlebnisqualität – durch und durch sozial sind (nicht, *dass* es sie ‚gibt'; sondern darin, *wie* sie ‚wirken'). Das ist aber nicht das wirklich Interessante; interessant wird es erst, wenn es darum geht zu bestimmen, *in welcher Weise* Gefühle in Interaktionen eine Rolle spielen. Wir haben in Kapitel 5 gesehen, dass Gefühle schon sehr früh im Prozess der Sozialisation gelernt werden: über ein „affect attunement", das interaktiv qua Perspektivenübernahme erfolgt. Entsprechend sind wir in der Lage, auch später in Interaktionen, vermittelt über sprachliche, aber vor allem auch mimische Sinnstrukturen, die Perspektiven unserer Gegenüber zu übernehmen und unser Handeln darauf einzustellen. Wir sind als sozialisierte Subjekte recht gut darin, ad hoc in Interaktionen die Bedeutung der emotionalen Ausdrucksformen unserer Gegenüber zu verstehen. Das gilt nicht nur für gleichsam elementare Gefühlszustände wie Freude, Angst, Schmerz oder Wut. Sondern wir können auch differenziertere Gefühlslagen anhand des mimischen Ausdrucks bestimmen.

Hier müssen wir uns zwei wichtige Aspekte bewusst machen: Einerseits sind spontane, affektive Gefühlsausdrücke (wie erschrocken zusammenfahren, ‚hemmungslos' loslachen, das Gesicht vor Ekel verziehen, rot anlaufen) nicht im engeren Sinne ‚kommunikativ', weil sie keine kontrollierte, bewusst vorgenommene Selektion der sich so ‚Äußernden' sind. Viele solcher ‚spontanen Ausbrüche' würden wir ja auch lieber vermeiden, wenn wir könnten – das Rotwerden ist ein gutes Beispiel dafür (wir kommen weiter unten darauf zurück). Derartige Gefühlsausdrücke haben aber natürlich einen ganz speziellen und auch wichtigen Informationswert für die Beobachtenden, auch wenn nicht absichtsvoll etwas mitgeteilt wird.

Probieren Sie es aus: Besorgen Sie sich eine Reproduktion des Gemäldes „Die Schmiede des Vulkan" von Diego Velasquez (das geht schnell über eine Internet-Suchmaschine) und decken Sie sogleich die linke Hälfte des Bildes ab. Nun betrachten Sie den zweiten Schmied von rechts, abstrahieren von dem Kontext des Gemäldes und fragen Sie sich, in welchen Situationen dieser Mann so schauen könnte. Dabei kommen Sie auf Situationen wie diese: Der Mann könnte ein Fußballspieler sein, dem der Schiedsrichter gerade aus heiterem Himmel die rote Karte gezeigt hat. Was würde er jetzt sagen? „Das gibt's doch gar nicht! Da war doch nichts!" Welches Gefühl bringt seine Miene also zum Ausdruck? Ungläubiges Erstaunen. Wenn Sie jetzt die linke Bildseite aufdecken, sehen Sie, dass der Gesichtsausdruck sehr gut zur Szene passt, die in dem Gemälde dargestellt ist: Schließlich ist es alles andere als alltäglich, wenn ein Gott die Schmiedewerkstatt besucht.[80]

Andererseits haben wir jedoch auch eine Reihe unserer emotionalen Gesichts- und Körperausdrücke im Laufe unserer Sozialisation auf eine Weise kultiviert, dass sie nicht immer affektiv und reflexartig auftreten, sondern zu bestimmten Verhaltenskomplexen dazugehören: Wir *markieren* eine freundliche Haltung durch ein Lächeln; wir *signalisieren* eine Erwartungshaltung durch das Hochziehen der Augenbrauen; wir *zeigen an*, dass wir unzufrieden oder irritiert sind, indem wir die Stirn runzeln. In diesen Beispielen wollen wir unserem Gegenüber mit unseren Gesichtsausdrücken etwas Bestimmtes mitteilen, und dann sind sie natürlich nicht allein ‚reflexartig', sondern auch im engeren Sinne ‚kommunikativ'.

---

80 Eine weitere gute Übungsmöglichkeit bieten die Emotionsportraits der amerikanischen Kognitionsforscher Aleix M. Martinez und Shichuan Du (Martinez/Du 2012). Auch hier ist es hilfreich, sich soziale Situationen vorzustellen, in denen man den jeweiligen Gesichtsausdruck haben könnte. Etwas komplizierter ist es bei den Büsten des österreichischen Barockbildhauers Franz Xaver Messerschmidt. Das liegt wohl daran, dass es sich um überzeichnete Darstellungen handelt.

11 Emotionen

Im Folgenden soll es jedoch nicht nur um die Deutung von Gefühlsausdrücken gehen, sondern auch um das gefühlte Gefühl selbst. In welcher Weise sind die Gefühle, die wir haben, von Interaktionen abhängig? Welche Rolle spielen sie in Interaktionen? Einen ersten Anhaltspunkt bietet das Beispiel der Schmiede des Vulkan: Man kann daran sehen, dass bestimmte Gefühle zu bestimmten Situationen passen. ‚Scham' und ‚Neid' sind gute Beispiele, um sich dies zu verdeutlichen. Kann man über derartige Passungsverhältnisse womöglich auch erklären, warum wir überhaupt diese Gefühle ‚haben'?

Dass sich jemand schämt, erkennen wir vor allem am Erröten; zum sich Schämen gehört aber oft auch, zu Boden zu schauen, den Blicken der anderen auszuweichen, mit den Händen das Gesicht zu bedecken, die Hand vor den Mund zu schlagen oder die Schultern hochzuziehen und sich zu ducken. In all diesen Verhaltensweisen sehen wir den Versuch, sich der schamvollen, peinlichen Episode zu entziehen, indem man sich sozusagen ‚zusammenzieht', versteckt und kleiner macht – und damit auch die peinliche Episode selbst versteckt und kleiner macht. Mag man sich anhand medialer Ereignisse ‚fremdschämen' oder in der Erinnerung an selbst erlebte frühere Ereignisse das Gefühl wieder aktualisieren – primär ist Scham etwas, das in Face-to-Face-Interaktionen situativ entsteht. Irgendetwas ist falsch gelaufen; man präsentiert sich den anderen Anwesenden (oder wird konfrontiert) mit einer Verhaltensweise, die nicht dem eigenen Selbstbild entspricht. Es sind die Situationen, in denen wir „aus der Rolle fallen", in denen wir „keine gute Figur machen"; es ist der Fauxpas, der Lapsus, das Stolpern, die Unbeholfenheit dort, wo wir souverän hätten sein sollen. All das kann dazu führen, dass wir uns schämen, dass wir peinlich berührt sind, dass uns die Situation unangenehm ist, dass wir uns genieren. Kaum jemand wird ganz frei von diesen unangenehmen Gefühlen sein. Manche werden sie öfters haben, und das muss nicht an Charaktereigenschaften (Schüchternheit, Unsicherheit) liegen, sondern kann beispielsweise damit zusammenhängen, dass das Milieu, in dem wir uns aktuell befinden, nicht identisch ist mit dem, aus dem wir kommen. Wir sind Neulinge in einem Beruf oder in einer Firma und noch nicht mit den besonderen Gepflogenheiten und der besonderen Sprache vertraut, oder wir sind soziale AufsteigerInnen und es gelingt uns nicht immer, uns ‚standesgemäß' zu verhalten.

Von hier aus erscheint es naheliegend, in der Scham „das soziale Gefühl" par excellence zu sehen (Scheff 2000). Denn wir beobachten laufend, ob unsere Handlungen unserem Selbstbild entsprechen – einem Selbstbild, das nicht bloß idiosynkratische Züge trägt, sondern weitgehend deckungsgleich mit den Vorstellungen der Gruppe ist. Das Gefühl der Scham, das sich dann einstellt, wenn wir tatsächlich diesem Selbstbild nicht entsprechen, kann geradezu als Beleg dafür gelten, dass zumindest der oder die sich Schämende von einer Kongruenz der Vorstellungen eines allgemein akzeptablen Verhaltens ausgeht. Würde man bewusst abweichende Verhaltensweisen mit einem ausdrücklichen Gegenentwurf verfolgen, dann würde man sich auch nicht schämen – man wäre mit Absicht provokant, herausfordernd oder ‚ungeniert'. Im Fall von Scham geht es also genau um die Handlungsweisen, die unterstelltermaßen von allen Beteiligten als normal, als selbstverständlich, als angemessen angesehen werden. Sich zu schämen bedeutet einzugestehen, dass wir diesen Standards nicht entsprechen, und gleichzeitig ist es Ausdruck davon, dass wir dies als Ungenügen empfinden. Im Grunde sagen wir damit: „Ja, es stimmt, ich habe mich falsch verhalten, ich hätte mich anders verhalten sollen". Gleichzeitig demonstriert man damit Lernfähigkeit – den anderen gegenüber, aber auch sich selbst, im Sinne der Redewendung „Selbsterkenntnis ist der erste Weg zur Besserung". Von hier aus lässt sich Scham nachgerade als ein eigenständiges Element in der Herstellung von Konformität mit sozialen Normalitätsvorstellungen verstehen (Scheff 1988), ein Element, dessen Kraft sich daraus speist, dass es von uns selbst getragen wird: Scham ist Ausdruck von ‚Selbstsozialisation'.

Es gibt eine breite soziologische Literatur zum Thema ‚Scham': zum Beispiel über die historische Veränderung von Schamgrenzen (Elias 1976), über Scham und soziale Ungleichheit (Sennett/Cobb 1973) oder über das Verhältnis von Scham und sozialer Kontrolle (Scheff 2000). In diesen Studien wird das Gefühl primär als Bindeglied zwischen der allgemeineren Sozialstruktur und dem Individuum analysiert. Aber wie stellt sich diese Bindung von Individuum und Gesellschaft *interaktiv* her? Um dieser Frage nachzugehen, schauen wir uns mit Goffman (1956) genauer an, wie das Gefühl in Interaktionen entsteht und welche Folgen es für die Interaktion selbst hat. Dabei wird sich unter anderem zeigen, dass Scham gerade nicht nur ein Problem ist, das der oder die sich Schämende mit sich selbst auszumachen hat.

Für Goffman sind Scham und generell peinliche Situationen Krisenphänomene, die uns auf bestimmte allgemeine Struktureigenschaften aufmerksam machen, die für Interaktion unter Normalitätsbedingungen kennzeichnend sind. Ausgangspunkt seiner Analyse ist dabei ebenfalls die Feststellung, dass Scham auf solche Handlungen folgt, die den Anspruch auf ein allgemein akzeptables Selbst zunichtemachen. Aber das ist erklärungsbedürftig. Warum geht es überhaupt um ein ‚Selbst'? Und was ist damit eigentlich gemeint? Ein erster Zugang besteht in der Feststellung, dass es bei Scham nicht einfach um Fehler geht, die wir machen. Wenn wir ein Instrument lernen und uns laufend verspielen, schämen wir uns nicht. Auch wenn wir im Rahmen unseres Berufs einmal etwas falsch gemacht haben, müssen wir uns nicht unbedingt schämen. Es geht also nicht um unsere sachlichen, fachlichen Fertigkeiten als solche. Scham hat vielmehr eine moralische Komponente; sie impliziert, dass wir mit einer Handlungsweise moralische Erwartungen verletzt haben. Aber wie Goffman zu Recht bemerkt, handelt es sich dabei um moralische Erwartungen einer bestimmten Art. Nicht jede verletzte moralische Erwartung führt zu Scham. Wenn wir ein Unrecht begangen haben, wäre uns das nicht peinlich, sondern wir hätten Schuldgefühle. Scham ist nicht Schuld. Wenn wir uns schämen, dann geht es nicht nur darum, was wir *getan* haben, sondern wir betrachten es immer auch als Ausdruck dessen, was wir *sind* (vgl. Scheff 2000). Es liegt also nahe anzunehmen, dass moralische Erwartungen im Spiel sind, die uns in einer bestimmten Weise als *Person* betreffen.

Aber inwieweit kann man in diesem Zusammenhang, wie Goffman (1956) es tut, überhaupt von ‚Selbst' oder von ‚Identität' sprechen? Identität in einem anspruchsvollen Sinn – eine reflexiv erlangte Vorstellung davon, wer wir sind und wie wir dazu wurden – wird hier nicht gemeint sein.[81] Spätestens dort, wo er von „multiple selves" (ebd.: 270) spricht, die wir besitzen, wird deutlich, dass es darum tatsächlich nicht geht. Vielmehr hat er etwas anderes im Blick, nämlich eine Art Einheit der Person, die auf den jeweiligen Interaktionszusammenhang bezogen ist und berücksichtigt, ‚als was' wir jeweils agieren und erscheinen wollen. Am Bankschalter werde ich nicht den Anspruch haben, als Insiderin des Bankwesens zu erscheinen, wohl aber als allgemein handlungsfähige Person und als kompetente Marktteilnehmerin. Anders in meinem Beruf oder in dem, was ich als mein Milieu ansehe. Hier soll mein Handeln immer auch Mitgliedschaft und Zugehörigkeit zum Ausdruck bringen.

Die Redensart „Ist der Ruf erst ruiniert, lebt sich's gänzlich ungeniert" ist hier instruktiv. Die Möglichkeit von Scham hängt immer auch davon ab, ob oder inwieweit man „einen Ruf zu verlieren", inwieweit man „sein Gesicht zu wahren" hat.[82] „Face" ist der Ausdruck, den Goffman in späteren Arbeiten (vgl. insbesondere Goffman 1967) dafür verwendet. Es geht also nicht um Rolleneigenschaften, selbst dort, wo wir rollenförmig (z. B. im Rahmen unserer Berufsrolle) agieren, sondern um uns als Person, und zwar als Person, die von anderen wahrgenommen wird. Thematisch ist hier ein Wechselverhältnis von Ansprüchen und Erwartungen seitens der Interaktionsteilnehmenden. Dies zeigt sich auch in den peinlichen Situationen selbst. Denn was geschieht in Situationen, in denen ein Interaktionsteilnehmer mit einer Handlungsweise die Erwartungen an ein allgemein akzeptables Selbst nicht

---

81 Siehe hierzu auch die Ausführungen zur Frage der Identität in Kapitel 5.
82 Das ist abhängig sowohl vom Interaktionszusammenhang als auch vom Individuum. Letzteres muss sich mit dem Milieu, in dem ihm ein ‚Missgeschick' unterläuft, identifizieren, um sich schämen zu können. In der Interaktion müssen aber auch normative Standards präsent sein, anhand derer Handlungsweisen unter den Aspekten der Angemessenheit oder Unangemessenheit dem Einzelnen als Person zugerechnet werden.

erfüllt hat und durch Zeichen der Scham[83] deutlich macht, dass er dies bemerkt hat? Zunächst einmal wird er mit diesem Gefühl nicht allein sein. Denn Scham ist ansteckend. Falls er von einer anderen Teilnehmerin bloßgestellt wurde, wird auch diese sich angesichts der Scham des Beschämten wegen seiner Bloßstellung schämen. Aber auch für die anderen Teilnehmenden, ja für das ganze Interaktionssystem ist das eine unangenehme Situation. Sind die anderen Interaktionsteilnehmenden taktvoll, werden sie versuchen, den Anschein zu erwecken, sie hätten die Scham nicht bemerkt. Geht das nicht, stehen alle Beteiligten vor einem Problem. Dies deshalb, weil die Annahmen, unter denen die Interaktion operierte, nun – nach der diskreditierenden Handlung und den Zeichen der Scham darüber – nicht mehr gelten. Der Interaktionszusammenhang ist empfindlich gestört. Ein wichtiges Element des „common ground" ist verlorengegangen, die Interaktion kann nicht mehr ‚ohne Weiteres' weitergehen. Es gibt nur zwei Alternativen: Ausschluss des Beschämten – indem sich etwa die anderen Akteure abwenden oder ihn dazu bringen, die Szene zu verlassen – oder eine ‚Reparatur': Soll der Beschämte nicht ausgeschlossen werden, müssen die Annahmen hinsichtlich der Akzeptabilität seines Selbst wieder in Geltung gesetzt werden, zum Beispiel im Sinne einer Normalisierung des beschämenden Verhaltens („kann jedem passieren"). Dies ist dann eine Aufgabe für das Interaktionssystem als Ganzes.

Interaktion ist somit gekennzeichnet durch ein Wechselspiel aus erfolgreich projizierten Ansprüchen auf eine akzeptable Identität und der Bestätigung dieser Ansprüche durch die anderen Interaktionsteilnehmenden (vgl. Goffman 1956). Wenn alles gut läuft, versichern wir uns in Interaktionen wechselseitig dessen, dass wir vollgültige Mitglieder des Interaktionssystems – und darüber hinaus: des jeweiligen Milieus, der jeweiligen Gesellschaft – sind. Anders gesagt: Wir versichern uns unserer psychosozialen Integrität. Das müssen wir gar nicht explizit tun, indem wir uns gegenseitig auf die Schulter klopfen oder uns Komplimente machen. Sondern das geschieht schlicht im reibungslosen Vollzug der Interaktion selbst, in der niemand „das Gesicht verliert". Peinliche Situationen machen uns aber darauf aufmerksam, dass dies wiederum nicht ‚von selbst' geschieht, denn wenn psychosoziale Integrität interaktiv hergestellt wird, dann steht sie immer auch auf dem Prüfstand, dann ist sie immer auch gefährdet. Es handelt sich um

---

83 Als wenn es nicht schon schlimm genug wäre: Zeichen von Scham können selbst peinlich sein. Warum? Nicht nur, weil sie das Missverhältnis zwischen Selbstbild und aktueller Selbstdarstellung offenkundig machen. Sondern auch, weil mit den Zeichen der Scham der eigene Anspruch auf Selbstsicherheit zunichtegemacht wurde – ein weiterer Anlass, sich zu schämen.

eine Leistung, die im Interaktionssystem laufend erbracht werden muss. Dabei spielen Emotionen eine zentrale Rolle.

Wenn die Scham in gewisser Weise *das* soziale Gefühl ist, kann man dann den Neid als ihren Gegenpart, als *das* ‚unsoziale Gefühl' verstehen? Eines haben beide Gefühlslagen auf jeden Fall gemeinsam: Sie beruhen auf einem Vergleich. Aber während wir im Fall der Scham unsere Handlungen mit unseren Ansprüchen an unser Selbst vergleichen (und andere das auch tun), scheint der Neid zumindest vordergründig weniger selbstbezüglich zu sein. Hier geht es nämlich um einen Vergleich mit einer, einem oder mehreren konkreten anderen, in dem wir erst einmal feststellen, dass sie mehr haben als wir – ein höheres Einkommen, ein größeres Haus, ein schnelleres Auto, einen schöneren Körper, mehr Talent, größere Begabungen, größere öffentliche Anerkennung usw. Dieser Vergleich ist aber nicht immer Anlass zur Bewunderung („so wäre ich auch gern") oder zur ‚neidlosen Anerkennung' („schön für sie!"). Oft erfolgt auch eine negative Bewertung, und zwar nicht allein im Sinne eines kognitiven Urteils („finde ich nicht gut", „ist unverdient" usw.), sondern auch im Sinne einer komplizierten Gefühlslage: Neid.

Sighard Neckels (2000a/b) und Rainer Paris' (2010) Analysen laufen dabei in gewisser Weise darauf hinaus, das ‚Unsoziale' des Neids zu erklären. Erkennbar wird das schon daran, dass dieses Gefühl – im Unterschied zur Scham – gesellschaftlich als illegitim angesehen wird. „Du machst mich neidisch" kann man schwerlich wörtlich verwenden. Und wenn man in einem Gespräch eine dritte Person diskreditiert, dann kann man mit einem „Du bist ja nur neidisch" zum Schweigen gebracht werden.[84] Aber mit dem Verweis auf die ‚Sündhaftigkeit' (in der katholischen Tradition ist Neid sogar eine der sieben Todsünden) ist die einigermaßen komplexe Gefühlslage noch nicht erklärt, insbesondere nicht die soziale Genese des Unsozialen daran.

Dazu muss man die Art des Vergleichs genauer betrachten, aus dem heraus der Neid entsteht. Er bezieht sich zunächst immer auf den *konkreten Besitz* des anderen: sein Auto, sein Haus, sein höheres Einkommen. Zum Gefühl des Neids gehört des Weiteren, so Neckel (2000a), die Vorstellung von der Welt als ein Nullsummenspiel: Das, was die andere hat, fehlt mir; und es fehlt mir deshalb, *weil* die andere es hat. Von hier aus könnte man eine Nähe zum Gefühl der Eifersucht ableiten. Aber bei der Eifersucht geht es immer um das ‚Haben-Wollen' einer konkreten Person in einer konkreten Beziehungstriade. Der Neid hingegen bezieht sich nicht nur auf den Besitz der anderen, er ist auch, was die Beziehungsebene angeht, abstrakter. Zwar entstehen Neidgefühle vor allem im sozialen Nahfeld; sie betreffen meist

---

84 Das macht sich die politische Strategie zunutze, Kritik an sozialer Ungleichheit als „Sozialneid" zu brandmarken.

NachbarInnen, FreundInnen, KollegInnen oder Verwandte, denn schließlich benötigt man in einem gewissen Umfang Kenntnisse der Lebensumstände der oder des Beneideten, um sich überhaupt mit ihr oder ihm vergleichen zu können. Gleichwohl ist das Band, das der Neider zwischen sich und der Beneideten herstellt, ein imaginäres. Die Logik des Nullsummenspiels macht das deutlich: Mit meinem Neid *mache* ich jemanden zu meiner Konkurrentin, auch wenn das fern jeder Realität liegt. Ich *tue so*, als sei ihr Besitz etwas Exklusives, das eigentlich mir zustünde. Das gilt selbst für die Fälle, in denen tatsächlich eine direkte Konkurrenzbeziehung besteht (der Zuschlag, der Preis oder die Beförderung, die ich nicht bekommen habe, sondern ein anderer). Denn das Gefühl des Neids unterschlägt das Vermittelte jeder Konkurrenzbeziehung; es fokussiert die Konkurrentin, nicht die Bedingungen der Entscheidung der Konkurrenz. (Und von hier aus öffnet sich dann auch schnell der Weg zum Ressentiment, weil das Imaginäre des Neids eine emotionale Auflading des Vorurteils ermöglicht.)

Klar ist auch, dass für den Neider der Besitz nicht nur etwas Äußerliches ist. Im Gefühl des Neids ist nicht nur ein Vergleich meines Besitzes mit dem einer anderen Person eingeschlossen, es gehört auch eine Identifikation von Person und Besitz dazu.[85] ‚Haben‘ ist für den Neider ‚Sein‘, und mehr zu haben bedeutet daher auch, mehr zu sein. Genauer gesagt geht es vor allem darum, dass weniger zu haben auch weniger zu sein bedeutet. Denn, so Paris (2010), dem Neid ist ein zerstörerisches Motiv eigen, und das macht letztlich das ‚Unsoziale‘ aus. Es geht nicht nur um das Haben-Wollen, sondern auch um die Zerstörung des Besitzes der oder des anderen. Die Grundhaltung ist gerade nicht: „Wenn ich das von dem anderen hätte, wäre ich zufrieden", sondern eben: „Wenn der andere das (auch) nicht hätte, dann wäre ich zufrieden".

Neid ist also nicht wie Scham ein jederzeit gegebenes Risiko von Interaktion, denn anders als Scham entsteht er nicht unmittelbar in Interaktionen. Der oder die Beneidete hat der oder dem Neidenden ja gerade nicht etwas versagt – das ist etwas, das die Neiderin bloß imaginiert. Aber wie auch die Scham, so macht der Neid deutlich, dass etwas im Beziehungsfüge nicht stimmt. Was ist das in diesem Fall? Zunächst scheint der Ausgangspunkt etwas Individuelles zu sein, nämlich ein beschädigtes Selbst (vgl. Neckel 2000a): Ohne ein Gefühl, zu kurz gekommen zu sein, gibt es keinen Neid. Es gibt jedoch in modernen Gesellschaften eine Vor-

---

85 Und somit auch eine Art Personifizierung des Besitzes. Das liegt an der Exklusivitätsunterstellung, wie sie in einer realen Konkurrenz um ein exklusives Gut (den ersten Preis, das einzige Gemälde) zum Ausdruck kommen würde. Aus dieser Perspektive existiert dann doch eine Nähe des Neids zur Eifersucht, er ist sozusagen eine imaginierte Eifersucht.

kehrung gegen den Neid: das Leistungsprinzip (vgl. Neckel 2000b). Mit diesem Prinzip, nach dem – abstrakt formuliert – die Partizipation an gesellschaftlichen Lebenschancen (wie Einkommen oder Status) an die Erbringung von (vorwiegend beruflichen) Leistungen geknüpft wird, erfolgt zwar auch eine Verbindung von Person und Besitz. Dies geschieht jedoch auf eine gleichsam dezentrierte Weise; als Quelle des Besitzes erscheint die Person nur vermittelt über die von ihr erbrachten Leistungen. Besitz ist damit – im Prinzip – verdienter Besitz. Der Leistungsgedanke ist etwas, das die Mitglieder einer Gesellschaft, in der er gilt, eint. Das ‚lohnt' sich nicht nur für die Person, die Erfolg hat, sondern auch für die, die sich darum bemüht und in ihrem Handeln zeigt, dass sie sich diesen Wertstandard zu Eigen gemacht hat. Denn nicht nur derjenige, dessen Leistungserbringung im Verhältnis zu anderen von einem besonderen Erfolg gekrönt ist, kann sich unter diesen Bedingungen sozialer Anerkennung gewiss sein, sondern auch derjenige, der einfach „gute Arbeit" geleistet hat.

Man kann also den Leistungsgedanken als Disziplinierung des Neidgefühls verstehen. Umgekehrt kann man – darauf macht Neckel (ebd.) aufmerksam – den Neid auch als Ausdruck eines Verlusts sozialer Ordnung verstehen. In dem Maße, in dem das Leistungsprinzip als gesellschaftlicher Wert erodiert und nur noch die Logik des faktischen – wie immer erzielten – Erfolgs gilt, schwindet auch seine Disziplinierungsfunktion, und die Chance für Neidgefühle wächst. Auch in einer der Idee nach meritokratischen Gesellschaft – einer Gesellschaft, in der Positionen auf der Basis von Leistung vergeben werden – gibt es viele Bereiche, in denen das Prinzip ‚Anerkennung entspricht Leistung' nicht offenkundig ist oder sogar fragwürdig erscheint. Ein typisches Beispiel sind die immer wieder kritisierten ‚Managergehälter' und ‚Managerboni' – welche Leistung, wird immer wieder gefragt, rechtfertigt ein Einkommen von mehreren Millionen Euro im Jahr? Und ist nicht das, was die Krankenschwester leistet, ebenso ‚wertvoll' wie das, was der Vorstandsvorsitzende leistet? Mit solchen Überlegungen wird eine soziale Ordnung, in der Managergehälter die von Krankenschwestern um ein Zigfaches übersteigen, ja durchaus in Frage gestellt. Und in dieser Hinsicht ist der Neid nicht nur idiosynkratische Gefühlslage, die auf ein wie immer entstandenes persönliches Minderwertigkeitsgefühl verweist, sondern er ist auch Ausdruck einer Pathologie der sozialen Ordnung, die es nicht zureichend ermöglicht, Unterschiede in der individuellen Partizipation an Lebenschancen zu legitimieren.

Eine zentrale Annahme der Emotionssoziologie besteht darin, dass Emotionen deshalb wichtig – im Sinne von ‚strukturbildend' – sind, weil sie in der Verbindung von Affekt und Emotion eine triebhafte und damit sehr starke Antriebsbasis für unser Handeln darstellen. *Dass* es Gefühle gibt, ist nicht ‚sozial', aber Gefühle sind ein starker Motor für soziales Handeln. Für eine solche Vorstellung einer

‚tief' angelegten Handlungsbasis spricht, dass wir unsere Emotionen nur schwer kritisieren können. Sie sind da, und zwar in Gestalt einer leiblich-unmittelbar erfahrenen Bewertung von sozialen Situationen. Somit stellen sie gewichtige Motivationen für Handlungen bereit. Allerdings spricht die Analyse der Gefühle der Scham und des Neids dafür, Emotionen nicht einfach der Subjektivität der Handelnden zuzuordnen. Sie scheinen im Gegenteil von vornherein eine enge Bindung zu sozialen Situationen aufzuweisen. Gefühle werden von uns nicht nur an Interaktionen herangetragen, sie reflektieren auch bestimmte Strukturaspekte der Situation. Wir wollen hier eine Generalisierung riskieren und *Gefühle* allgemein *als Repräsentanzen von Interaktionsstrukturen* verstehen.[86] Sie sind dabei immer *positional gebunden*, d. h. sie reflektieren die Interaktion oder Situation von dem Standpunkt aus, den wir in ihr einnehmen. In dieser Hinsicht fungieren sie als ein ‚Sensorium' für Interaktionsstrukturen, das dadurch handlungsrelevant wird, dass es uns mit starken Motivationen versorgt. Soziale Strukturen, die auf die Ebene von Emotionen durchschlagen, wären aus diesem Grund besonders ‚folgenreich' oder ‚nachhaltig'. Vielleicht sollte man Emotionen vor diesem Hintergrund weniger als eine eigene Kraft oder als einen eigenen Faktor bei der Strukturbildung in Interaktionen verstehen, sondern vielmehr als eine eigene Dimension dieser Struktur selbst. Das scheint jedenfalls auch Arlie Hochschild (2013: 4) im Auge zu haben, wenn sie davon spricht, dass wir die „Welt durch unsere Gefühle erfassen" und dass für unser Handeln entscheidend sei, ob sich etwas (eine Situation) „richtig anfühlt" oder nicht.[87]

Wie aber gehen wir mit Gefühlen um? Wie ausgeführt, stellen Gefühle wegen ihrer besonderen ‚Präsenz' starke Motive und Anlässe des Handelns dar:

> „Nicht wir haben die Gefühle, sondern die Gefühle haben uns. […] Gefühle […] sind seelische Ereignisse, die uns zustoßen und widerfahren, etwas, das nicht absichtlich herbeigeführt und gewollt werden kann, was vielmehr unser Wollen nachhaltig prägt und grundiert." (Paris 2010: 11)

Gleichzeitig sind Gefühle eine Art Sensorium für Interaktions- und Beziehungsstrukturen. Was uns als seelisches Ereignis zustößt, ist immer auch ein Reflex

---

86 Diese These bleibt natürlich zu überprüfen, d. h. man müsste andere Gefühlslagen daraufhin untersuchen, inwieweit sie als Ausdruck von Interaktionsstrukturen verstanden werden können.

87 Aktuell versucht Hochschild (2013: 32ff.), diese Idee der mit dem Konzept der „empathy maps" weiterzuverfolgen. Auf die Folgefragen, inwieweit wir denn unserer Gefühle auch sicher sein können bzw. inwieweit wir auch immer einen adäquaten Zugang zu unseren Gefühlen haben, können wir hier nicht eingehen.

der Situationen, in denen wir uns befinden. Aber das ist nicht alles. So fühlen wir nicht nur unmittelbar und situationsbezogen, sondern auch unser Gefühlsleben ist allgemeinen, situationsübergreifenden gesellschaftlichen Vorgaben unterworfen. Das eine sind Standards der Affekt- und Gefühlskontrolle. Wir sind gesellschaftlich aufgefordert, nicht jeder Regung – seien es triebgebundene Affekte oder auf soziale Situationen bezogene Emotionen – unmittelbar nachzugehen. Insbesondere Norbert Elias (1976) hat darauf hingewiesen, dass der Prozess gesellschaftlicher Modernisierung immer auch ein Prozess der ‚Zivilisierung' in dieser Hinsicht ist: Die Standards der Selbstkontrolle nehmen zu, und wir internalisieren diese Standards so, dass sie in der Regel ‚wie selbstverständlich' unser Handeln beherrschen.

Wir sind also unseren Gefühlen nicht hilflos ausgeliefert. Es wird normativ von uns erwartet, die Art und das Ausmaß zu kontrollieren, in dem wir zulassen, dass Emotionen unser Handeln bestimmen. Die gesellschaftlichen Vorgaben betreffen aber auch die Art der Gefühle selbst. Wir sind nicht nur aufgefordert, uns „nicht gehen zu lassen", uns „am Riemen zu reißen" oder allgemein gesprochen Gefühle in einer bestimmten Weise zu *zeigen*, sondern wir sind auch aufgefordert, in bestimmten Situationen bestimmte Gefühle zu *haben*. Auch dafür gibt es Normen, sogenannte ‚Gefühlsregeln', die bestimmen, in welchen Situationen wir Liebe, Trauer, Wut usw. empfinden sollen. Ein herausgehobenes Beispiel derartiger Normen betrifft moderne Paarbeziehungen. Schon Talcott Parsons (1964 [1943]) weist darauf hin, dass Ehepartner sich nicht nur faktisch lieben (oder nicht). Wir sind vielmehr normativ verpflichtet, unsere Partner zu lieben, ist doch das Liebesgefühl die einzige legitime Grundlage des Eingehens einer Paarbeziehung in der Moderne. Und das gilt, wie Giddens (1992) betont, seit wenigen Jahrzehnten auch für die Aufrechterhaltung der Beziehung. Wir müssen also unsere/n PartnerIn nicht nur einmal geliebt haben, sondern dauerhaft lieben. Andere Motive (wie sozialer Aufstieg, finanzielle Versorgung, soziale Anerkennung, Angst vor dem Alleinsein) sind nicht mehr zulässig oder zumindest begründungsbedürftig geworden.

Was aber, wenn wir diesen Anforderungen nicht entsprechen? Was, wenn wir nicht (ausreichend) lieben, wenn wir nicht in den Situationen, in denen es von uns erwartet wird, auf angemessene Weise Stolz, Trauer, Mitleid, Freude oder Wut empfinden? Was, wenn wir unangemessene Gefühle wie Neid oder Eifersucht hegen? Die Antwort ist: Wenn wir nicht gegen diese Anforderungen an unseren Gefühlen festhalten, dann werden wir ‚Gefühlsarbeit' verrichten. Wir werden versuchen, ‚richtig' zu fühlen; wir werden uns bemühen, die Gefühle, die wir haben, so zu beeinflussen, dass sie dem entsprechen, was wir meinen, fühlen zu sollen (vgl. Gerhards 1988). Mit dieser Arbeit beeinflusst man nicht nur das Handeln selbst, sondern man versucht, die motivationale Grundlage des Handelns zu beeinflussen.

Der selbstsozialisierende Effekt, den man mit Goffman (s. o.) der Scham als interaktivem Geschehen zuschreiben kann, ist damit generalisiert und ‚nach innen' verlegt. Das Konzept der „emotion work" geht zurück auf einen Aufsatz von Arlie Hochschild (1979). In Auseinandersetzung mit Goffman und Freud geht es ihr hier vor allem darum, einen Ansatz zu finden, der eine – wenn man so will – fallspezifische Betrachtung des Umgangs mit Gefühlen ermöglicht:

> „The very topic, sociology of emotion, presupposes a human capacity for, if not the actual habit of, reflecting on and shaping inner feelings, a habit itself distributed variously across time, age, class, and locale." (Hochschild 1979: 557)

Es geht also nicht nur um das ‚Allgemeine' – um Gefühle als Reflex auf Interaktionsstrukturen, um allgemeine normative Vorgaben –, sondern um die Art und Weise, wie konkrete Personen in einer gegebenen Epoche oder einem bestimmten sozialen Milieu in bestimmten Situationen die allgemeinen Anforderungen an das eigene Gefühlsleben wahrnehmen und damit umgehen. Diesen Ansatz bietet „emotion work" als „the act of trying to change in degree or quality an emotion or feeling" (Hochschild 1979: 561).

Ausgangspunkt ist dabei wiederum ein Vergleich: Wir vergleichen die Gefühle, die wir in konkreten Situationen tatsächlich haben, mit dem, was von uns qua allgemeiner Gefühlsregeln erwartet wird. Alltagssprachlich werden diese Regeln in Äußerungen zum Ausdruck gebracht wie „Du solltest dich nicht so schuldig fühlen. Das lag nicht an dir", „Deine Eifersucht ist wirklich übertrieben. Da ist doch gar nichts passiert" oder „Na, wie fühlst du dich? Heute ist dein großer Tag". Wir können nicht umhin, derartige Vergleiche anzustellen. Das geschieht ganz unwillkürlich, denn die Gefühlsregeln sind Teil unseres unterschwelligen Regelwissens. Manchmal, im Fall einer Diskrepanz, werden wir uns unserer ‚emotionalen Unzulänglichkeit' bewusst. Falls wir dann Gefühlsarbeit verrichten, ist dies entsprechend auch eine bewusste Tätigkeit – aber eben nur „falls". Denn wie wir mit der Diskrepanz umgehen, ob wir an unseren Gefühlen festhalten, ob wir Gefühlsarbeit leisten, welche ‚Techniken' wir dabei anwenden, all das hängt von uns und den besonderen Umständen ab – und genau das gilt es dann soziologisch zu erforschen.

Ein anschauliches – wenn auch nicht gerade alltägliches – Beispiel einer solchen Analyse gibt Steven M. Ortiz (2011). Er untersucht die Lebenssituation von (in Deutschland) sogenannten „Spielerfrauen", also Frauen, die mit Profisportlern (Baseball, Football) verheiratet sind. Deren Ehe- und damit auch Gefühlsleben sieht sich mit einer Reihe besonderer Anforderungen konfrontiert, zu denen besondere Gefühlsregeln gehören, die zunächst einmal erlernt werden müssen. So erfordert die mediale Aufmerksamkeit auch hinsichtlich des Privatlebens einiges an „face work"

(s. o.). Die Frauen erfahren zum Beispiel schnell, dass ihre Anwesenheit bei Spielen unter Beobachtung steht. Die ‚Regeln der Spiel-Etikette' erfordern eine bestimmte Anteilnahme am Spielverlauf, zu der gehört, dass Gefühle der Enttäuschung mit der Leistung der Männer oder Ärger über Dinge, die vor oder während des Spiels geschehen, zugunsten eines Unterstützung signalisierenden „happy face" unterdrückt werden müssen. Aber auch im häuslichen Kontext wird erwartet, dass ihr Gefühlsleben den besonderen Anforderungen der Karriere ihrer Ehemänner untergeordnet wird. Das macht ein erhebliches Maß an Gefühlsarbeit erforderlich – jedenfalls in der Sicht der Beteiligten. So werden Sorgen und Ärger im Zusammenhang mit dem Familienleben zugunsten anteilnehmender und unterstützender Gefühle unterdrückt. Wut und Frustrationen, die angesichts bestimmter Verhaltensweisen der Ehemänner eigentlich gerechtfertigt wären, werden abgemildert mit Rücksicht auf deren besondere emotionale Anspannung und um den Frieden in der immer nur kurzen Zeit der häuslichen Gemeinsamkeit nicht zu gefährden. Die Allgegenwart von weiblichen Fans erfordert außerdem einen besonderen Umgang mit Eifersucht, und auch sexuelles Begehren ist etwas, das unter diesen besonderen Lebensbedingungen zuweilen unterdrückt, zuweilen im Sinne der Erfüllung ‚ehelicher Pflichten' gleichsam erarbeitet werden muss. Man kann sich fragen, wie ‚besonders' diese Lebens- bzw. Ehebedingungen sind. Bemerkenswert ist jedenfalls die extreme Asymmetrie in der Erbringung von Gefühlsarbeit, und dass diese nicht in die Beziehung selbst, sondern in den beruflichen Erfolg des Ehemanns investiert wird – Gefühlsarbeit geht hier auf Kosten des emotionalen Wohlbefindens der „Spielerfrauen".

Denkanstöße

Betrachten Sie die Filmsequenz daraufhin, welche Gefühle die Beteiligten mimisch und verbal zu erkennen geben. Sind sie den Situationen angemessen?
    Welche Gefühle mag Reinette im Anschluss an die Szene haben? Und welchen Ratschlag – im Hinblick auf „Gefühlsarbeit" – könnte ihr Mirabelle geben?

Grundlagentexte

Goffman, Erving (1956): Embarrassment and Social Organization. American Journal of Sociology 62/3: 264-271.
Neckel, Sighard (2000a): Die Macht der Unterscheidung. Essays zur Kultursoziologie der modernen Gesellschaft. Frankfurt u. a.: Campus. Darin: Neid – Ein Gefangenendilemma, S. 73-81.

Neckel, Sighard (2000b): Die Macht der Unterscheidung. Essays zur Kultursoziologie der modernen Gesellschaft. Frankfurt u.a.: Campus. Darin: Blanker Neid, blinde Wut? Sozialstruktur und kollektive Gefühle, S. 110-130.

Hochschild, Arlie R. (1979): Emotion Work, Feeling Rules, and Social Structure. American Journal of Sociology 85/3: 551-575.

Paris, Rainer (2010): Neid. Von der Macht eines versteckten Gefühls. Waltrop u.a.: Manuscriptum.

Weiterführende Literatur

Elias, Norbert (1976 [1939]): Über den Prozeß der Zivilisation. Soziogenetische und psychogenetische Untersuchungen. (2 Bde.). Frankfurt a. M.: Suhrkamp.

Gerhards, Jürgen (1988): Die sozialen Bedingungen der Entstehung von Emotionen. Eine Modellskizze. Zeitschrift für Soziologie 17, 3: 187-202.

Giddens, Anthony (1992): The Transformation of Intimacy. Sexuality, Love & Eroticism in Modern Societies. Stanford: Stanford University Press.

Goffman, Erving (1967): Interaction Ritual. Essays on Face-to-Face Behavior. New York: Pantheon Books. Darin: On Face-Work, S. 4-45; Embarrassment and Social Organization, S. 97-112.

Hochschild, Arlie R. (2002): Keine Zeit. Wenn die Firma zum Zuhause wird und zu Hause nur Arbeit wartet. Opladen: Leske + Budrich.

Hochschild, Arlie R. (2013): So How's the Family? and Other Essays. Berkeley u.a.: University of California Press.

Martinez, Aleix/Du, Shichuan (2012): A Model of the Perception of Facial Expressions of Emotion by Humans: Research Overview and Perspectives. Journal of Machine Learning Research 13: 1589-1608.

Ortiz, Steven M. (2001): Wives Who Play by the Rules: Working on Emotions in the Sport Marriage. In Anita Ilta Garey/Karen V. Hansen (Hrsg.), At the Heart of Work and Family. Engaging the Ideas of Arlie Hochschild. New Brunswick u.a.: Rutgers University Press, S. 124-135.

Parsons, Talcott (1964 [1943]): Beiträge zur soziologischen Theorie. Neuwied: Luchterhand. Darin: Das Verwandtschaftssystem in den Vereinigten Staaten, S. 84-108.

Scheff, Thomas J. (1988): Shame and Conformity: The Deference-Emotion System. American Sociological Review 53: 395-406.

Scheff, Thomas J. (2000): Shame and the Social Bond: A Sociological Theory. Sociological Theory 18, 1: 84-99.

Senge, Konstanze (2013): Die Wiederentdeckung der Gefühle. In Konstanze Senge/Rainer Schützeichel (Hrsg.), Hauptwerke der Emotionssoziologie. Wiesbaden: Springer, S. 11-32.

Sennett, Richard/Cobb, Jonathan (1973): The Hidden Injuries of Class. New York: Vintage Books.

Praxis *oder* Der Zwang zu handeln 12

Lässt man die bisherigen Kapitel dieses Buchs Revue passieren, so ist nicht zu übersehen, dass ‚das Allgemeine' dominiert. Im Vordergrund stehen formale und materiale Strukturvorgaben für Interaktion. Entweder ist schon Struktur da, bevor überhaupt interagiert wird, oder in der Interaktion entfaltet sich eine Struktur, die von den konkreten Interaktionspartnern unabhängig ist. Das ‚Besondere' spielte eine untergeordnete Rolle. Insbesondere VertreterInnen des Symbolischen Interaktionismus könnten deshalb einwenden, dass das ja eine merkwürdige Interaktionsanalyse sei, die wir hier vertreten. Schließlich fehle bei ihr das Entscheidende, es fehlen die, die ja schließlich *inter-agieren*: die Akteure. Nun sollte klar geworden sein, dass wir in der Tat eine besondere Variante der Interaktionsanalyse vorgestellt haben – nämlich eine, bei der das theoretische Gewicht nicht allein auf der dyadischen Relation zwischen zwei Inter-Agierenden liegt, sondern die betont, dass dabei immer schon Elemente eines vermittelnden Dritten eine konstitutive Rolle spielen.[88] In der Terminologie der Systemtheorie ist das „Gesellschaft": Institutionen, Rahmungen, Normen, Rollen. Hinzu kommen Strukturvorgaben humaner Sozialität, die noch allgemeiner sind als diese Makro-Ebene konkreter Gesellschaften: Sequentialität und Reziprozität. Aber es stimmt: Das kann nicht alles sein. Der Beitrag der Akteure an der Strukturbildung in Interaktionen muss noch bestimmt werden.

---

88 „Dyadisch" ist hier analytisch gemeint: Es können natürlich auch mehr als zwei Akteure beteiligt sein, und diese Akteure können selbst aus mehreren Personen bestehen, d. h. man ist in diesem Fall als einzelne Person Teil des Kollektivs einer Gemeinde, einer Fußballmannschaft oder eines Nationalstaats. Gleichwohl handelt es sich immer um interaktionsstrukturell betrachtet gleichrangige ‚Gegenüber'. Und ‚*das* Dritte' ist nicht zu verwechseln mit ‚*der* oder *dem* Dritten', der in der Mikrosoziologie Georg Simmels (1968) die Logik dyadischer Interaktion aufbricht. Die Strukturvorgaben, die wir damit bezeichnen, sind auch in dyadischen Interaktionen sowie zum Teil im ‚monologischen' Handeln einzelner Personen präsent.

Gleichzeitig gilt es festzuhalten, dass sich die Frage nach dem besonderen Beitrag der Akteure erst vor dem Hintergrund einer Analyse der allgemeinen Strukturen, die konkreten Interaktionen vorgängig sind oder sie übergreifen, als theoretisch gehaltvolle Frage stellt. Denn dann kann man sie nicht mehr einfach mit dem Verweis darauf beantworten, dass es eben Akteure sind, die da interagieren. Sondern man muss das Moment zu bestimmen suchen, in dem sie nicht als VertreterInnen von Gesellschaft/Sozialität agieren. Worin kann dieses Moment bestehen? Die üblicherweise verwendeten Chiffren sind „Kreativität", „Innovation" oder „Eigensinnigkeit". Es liegt nahe, ein solches Moment der Kreativität in der Interaktion einzuräumen – auch deshalb, weil es dem Selbstverständnis von Mitgliedern moderner westlicher Gesellschaften besonders entspricht. Gleichwohl sind wir dann, wenn wir unsere soziologische Brille aufsetzen, auch ebenso schnell dabei, wieder zurückzurudern und das, was auf den ersten Blick als besonders kreativ oder individuell erschien, als „gesellschaftlich geprägt" oder gar „determiniert" anzusehen. Muss ‚der Akteur' nicht letzten Endes doch als eine mehr oder weniger komplexe, sozialisatorisch und lebensgeschichtlich vermittelte Verkörperung von Sozialstruktur verstanden werden?

Damit sind wir wieder einmal bei einer der Grundfragen der Soziologie: der Frage nach dem Verhältnis von Individuum und Gesellschaft, hier in Gestalt der Frage nach dem Verhältnis von Autonomie und Heteronomie bzw. nach der Fremdbestimmtheit des Handelns. Wir starten mit zwei Annahmen. Zum einen gehen wir davon aus, dass es Autonomie *gibt*. Wir treffen Entscheidungen und führen nicht nur gesellschaftliche Vorgaben aus. Das ist intuitiv einleuchtend, denn Entscheidungen gehören zum sozialen Leben dazu. Wenn uns der Kellner fragt, welches der beiden Tagesgerichte wir möchten, dann können wir noch so sehr AnhängerInnen eines sozialen oder gar neurophysiologischen Determinismus sein, wir müssen antworten. Und manchmal haben diese Entscheidungen Innovationen zur Folge; ob im Großen oder im Kleinen, unser Handeln kann Strukturen verändern. Zum anderen gehen wir davon aus, dass man dieses Moment von Entscheidung/Innovation schwerlich als exotischen Sonderfall des sozialen Lebens begreifen kann, der aufgrund irgendwelcher äußeren Einflüsse zur Normalität von Strukturreproduktion, Kontinuität, Routine hinzukommt. Sondern man benötigt ein Modell, in dem die „Kreativität" der Akteure als Möglichkeit immer mitgedacht ist. Der soziologische Klassiker, der in dieser Hinsicht einen wesentlichen Beitrag geleistet hat, ist ein weiteres Mal George Herbert Mead.

Dabei ist auch für Mead (1992 [1934]) der Ausgangspunkt seiner Analyse die soziale Gebundenheit allen Handelns und auch der individuellen Persönlichkeit. Schon in seiner Theorie menschlicher Kommunikation vermag er zu zeigen, dass in der menschlichen verbalen Kommunikation immer schon ein Moment der

12 Praxis oder Der Zwang zu handeln

Perspektivenübernahme angelegt ist (s. Kap. 5). Wenn ich etwa zu jemandem sage „Mach doch mal das Fenster zu", dann habe ich auch als nicht besonders sensibler Mensch (d. h. wiederum: ob ich will oder nicht) die Position des anderen ebenfalls im Blick – was hier nicht wörtlich zu nehmen ist. Aber auch ohne ein besonderes Augenmerk auf die Position des von mir so angesprochenen anderen ist sie im Sprechen präsent. Das zeigt sich schon anhand der von mir gewählten Formulierung. Im Fall von „Sag mal, könntest du jetzt mal das Fenster zumachen? Ich kann mich bei dem Lärm nicht konzentrieren" wäre das eine andere Position. So, wie ich es in diesem Beispiel tatsächlich gesagt habe, habe ich die andere zum Beispiel als eine Person adressiert, die schon vor einer Viertelstunde gesagt hat, sie wolle das Fenster wegen des Lärms zumachen, es aber immer noch nicht getan hat.

Jede Sprechhandlung enthält dieses Moment einer ‚Zuschneidung' auf die Position des Angesprochenen. Sprache zwingt mich dazu, meine Äußerung abhängig von der Position der Adressierten zu wählen. Damit kann ich mich antizipatorisch bemühen, ‚den richtigen Ton zu treffen', aber auch der andere kann meine Äußerung ex post unter diesem Aspekt kritisieren, und sei es nur mit einer Reaktion „Nur die Ruhe, ich mach ja schon". In den Begriffen der Verhaltenstheorie, der sich Mead verpflichtet fühlte, heißt das: Meine sprachliche Äußerung ist nicht nur ein Reiz für die, an die sie adressiert ist, sondern immer auch – indem ich spreche – für mich selbst. Damit dies möglich ist, müssen beide Interaktionsteilnehmenden über intersubjektiv geteilte Bedeutungsstrukturen verfügen (s. Kap. 5).

Wenn schon Kommunikation immer ‚sozial' im Sinne einer solchen Perspektivik und Inanspruchnahme allgemeiner Bedeutungsstrukturen ist, dann muss es nach Mead die Persönlichkeit der oder des Einzelnen auch sein. Die elementaren Einheiten, aus denen sie zusammengesetzt ist, sind für ihn wechselseitig verschränkte Handlungserwartungen, sind mit anderen Worten komplementäre Rollen. Die zentrale Frage ist dann, wie die komplementären Rollen organisiert sind. Mead (1992 [1934]) geht dieser Frage mit Blick auf den Reifungsprozess des Individuums nach und unterscheidet zwei – wenn man so will – Zustände oder Stufen. Die erste Stufe besteht in der Entwicklung und Differenzierung von einzelnen Rollenkomplementen, die noch wenig miteinander verbunden sind. Das paradigmatische Beispiel ist für ihn das kindliche Rollenspiel („play"). Es wird Mutter und Kind gespielt, Cowboy und Indianer (früher jedenfalls), Verkäuferin und Kundin. Zum Spiel gehört dabei, dass sich das Kind wie selbstverständlich in beiden Rollenpositionen bewegen und sie auch entsprechend wechseln kann. Aber es bewegt sich weitgehend in diesen Rollendyaden, ohne eine Verbindung zwischen ihnen herstellen zu können oder auch einen Sinn für das Spiel als Spiel zu haben.

Ein entscheidender Schritt in der Persönlichkeitsentwicklung von Heranwachsenden ist dann mit einer Änderung der Organisation der Handlungserwartungen verbunden, einer Art Syntheseleistung, die auch mit einem grundlegend anderen Verständnis für soziale Handlungen einhergeht. Mead (ebd.) verdeutlicht dies im Vergleich des regelgeleiteten Spiels („game") zum Rollenspiel („play"). Um etwa ein Fußballspiel spielen zu können, muss man in der Lage sein, die Perspektive eines ganzen Rollengefüges einzunehmen. Ich bin dann nicht nur Stürmerin, die von anderen Mannschaftsmitgliedern den entscheidenden Pass erwartet. Sondern ich kenne auch die Rollen der anderen Mannschaftsteile, weiß, wie sie sich zueinander verhalten und was das für mich bedeutet; ich weiß, dass man bei einer Drei-zu-null-Führung anders spielen muss, als wenn man drei zu null zurückliegt; ich kenne natürlich die konstitutiven Regeln des Spiels, weiß, wann es sinnvoll sein kann, sie zu verletzen, weiß, wie ich auf eine Regelverletzung durch die gegnerische Mannschaft zu reagieren habe usw.

Der oder die andere, auf den oder die ich mich in meinem Handeln beziehe, ist hier nicht mehr eine je besondere Person („particular other"), es geht auch nicht um eine Reihe von besonderen Personen, zu denen ich mich jeweils in einer besonderen Rollenbeziehung verhalte – auch wenn das weiterhin wichtig ist, wie die Rede von einer „eingespielten" Mannschaft zeigt. Vielmehr ist mein Gegenüber hier ein – so hat Mead das genannt – „generalisierter Anderer". Damit ist das Ensemble aller Erwartungen oder Haltungen, die in einem Kollektiv dem oder der Einzelnen gegenüber bestehen können, gemeint:

> „The attitude of the generalized other is the attitude of the whole community." (Mead 1992 [1934]: 154)

Sich diesen generalisierten Anderen anzueignen, ist sozusagen die Integrationsleistung, die alle Heranwachsenden zu erbringen haben. Wenn das der Fall ist, dann ist man, so die Idee, in der Lage, in Interaktionen die verschiedenen Erwartungen der Gesellschaft sich selbst gegenüber in Anschlag zu bringen:

> „[…] only in so far as he takes the attitudes of the organized social group to which he belongs toward the organized, co-operative social activity or set of such activities in which that group as such is engaged, does he develop a complete self or possess the sort of complete self he has developed." (Mead 1992 [1934]: 155)

Denken und Handeln ist erst durch die Übernahme der Haltungen des generalisierten Anderen zu sich selbst möglich.

Nun hätte es Mead mit dieser Analyse ja bewenden lassen können. Die Erkenntnis wäre, dass, wenn alles gut läuft, in uns immer ‚die Gesellschaft' agiert, in welcher Situation wir uns auch befinden. Das funktioniert dann vielleicht mehr oder weniger gut, und manchmal weichen wir auch von den Erwartungen des „generalisierten

12 Praxis oder Der Zwang zu handeln

Anderen" ab, was diese Erwartungen aber letztlich in ihrer Geltung nur bestätigt. Es gibt solche Theorieentwürfe: Emile Durkheims (1973) und Talcott Parsons' (1956) Theorien der Sozialisation sind im Wesentlichen so gebaut. Aber für Mead reicht eine solche Analyse der sozialen Konstitution der Person nicht aus. Denn sie kann weder erklären, wie die Persönlichkeit faktisch in die Interaktion eingeht, noch wie sich eine Identität, ein reflexives Selbstverhältnis, bilden kann.

Meads (ebd.) entscheidende Idee ist, die Persönlichkeit („self") nicht mehr als monolithische Größe zu verstehen, die in Interaktionen wirksam ist. Das bedeutet einen Bruch mit der alltagsweltlichen Sicht, in der wir Personen als verantwortlich zurechenbare Einheiten verstehen und auch verstehen müssen. In dieser Hinsicht tut er etwas Ähnliches wie schon vor ihm Sigmund Freud im Hinblick auf die menschliche Seele: Er teilt die Persönlichkeit in unterschiedliche Elemente oder Instanzen auf, die in einem dynamischen Verhältnis zueinander stehen. Anders als bei Freud mit seiner Unterscheidung von Ich, Über-Ich und Es gibt es bei Mead aber nur zwei Instanzen, die er „I" und „Me" nennt. Auch ist das Moment der Dynamik in seinem Modell noch deutlicher, denn diese Instanzen lassen sich überhaupt nur im Zusammenhang einer Bewegungsgesetzlichkeit im Handeln verstehen.

Was mit der Unterscheidung gemeint ist, kann man sich schon ansatzweise von den gewählten Begriffen her erschließen. Im Englischen ist „Me" das Pronomen, mit dem man situativ auf sich selbst als ein Objekt verweisen kann. Beispiele: „Who's there?" – „It's me."; „better you than me". Mit „I" hingegen wird das Ich als sprachliches Subjekt bezeichnet. Wenn man berücksichtigt, dass für Mead jegliche Selbstbetrachtung oder -adressierung nur in Form einer Einnahme der Perspektive der sozialen Gruppe denkbar ist, dann ist auch naheliegend, das „Me" gewissermaßen als Platzhalter für ‚die Gesellschaft in mir' zu verstehen; es ist die Instanz, die mir Interaktionssituationen verstehen hilft und die vor allem in mir wachruft, was von mir in diesen Situationen erwartet wird. Das „I" hingegen ist die Instanz, die darauf reagiert; es ist die Instanz, die handelt:

> „The ›I‹ is the response of the organism to the attitudes of the others; the ›me‹ is the organized set of attitudes of others which one himself assumes. The attitudes of the others constitute the organized ›me‹, and then one reacts toward that as an ›I‹." (Mead 1992 [1934]: 175)

Interaktionstheoretisch kann man damit zunächst einmal festhalten: Ich reagiere nicht nur auf äußere Reize (Handlungen von anderen, sachliche Anforderungen), sondern meine Situationswahrnehmung (im weiteren Sinn) hat diese Reize immer schon im Lichte gesellschaftlicher Struktur- und Normvorgaben gedeutet. Letztlich mache ich also daraus immer auch ‚innere Reize' (wenn man die verhaltenstheoretische Terminologie beibehalten will). Aber damit ist mein Handlungsproblem noch nicht bewältigt. Es beginnt im Gegenteil erst jetzt. Für seine Lösung muss man nach Mead (ebd.) eine andere Instanz vorsehen. Denn das eine ist die strukturierte Handlungsaufforderung, das andere ist jedoch die Handlung selbst. Ich muss mich zur Handlung meines Gegenüber verhalten, ich muss selbst handeln, muss mich positionieren. Und das kann eine Instanz mit Aufforderungscharakter nicht leisten. Das macht das „I".

Das Ganze ist in konkreten Interaktionen durchaus vielschichtig und dementsprechend kompliziert. Denn sobald ich gehandelt habe, wird auch diese Handlung wieder seitens des „Me" einer Prüfung unterzogen, und das Ergebnis kann beispielsweise sein, dass ich mich ihrer schäme (das sahen wir in Kapitel 11). Aber mein Schämen selbst und die Art, wie ich es tue, lässt sich wiederum als eine Handlung verstehen. Denn eine kritische Würdigung meines Auftretens in der konkreten Situation muss nicht zwangsläufig in ein Gefühl des Schämens münden, zumindest nicht unbedingt in der besonderen Intensität und in der für andere sichtbaren Art und Weise. Mein Schämen als Handlung kann dann erneut im Lichte meines „Me" kritisiert werden – und schon haben wir einen „shame loop", d. h. ich schäme mich über mein Schämen. Und mehr noch: Auch das „Me" selbst bleibt in dieser Dynamik des Handelns ja nicht unangetastet. Unser inneres Verständnis von der sozialen Welt bleibt sich ja seit unserer Jugend nicht vollständig gleich. Selbst wenn man davon ausgeht, dass viele grundlegende Haltungen vergleichsweise stabil bleiben, werden wir doch im Lichte unserer Erfahrungen in Interaktionen (Wie haben wir gehandelt? Wie haben wir diese Handlungen eingeschätzt? Wie haben andere diese Handlungen eingeschätzt?) unser „Me" modifizieren. Aus dem „I" wird also im reflexiven Zugriff immer „Me".

Derartige Überlegungen bewegen sich in Richtung einer Theorie der Persönlichkeitsentwicklung bzw. Identitätsbildung, als deren ‚Motor' man in der Tat die „I/Me"-Dialektik ansehen kann. Aber darum geht es uns im vorliegenden Zusammenhang nicht. Wir versuchen ja vielmehr, den genuinen Beitrag der Akteure zur Strukturbildung in Interaktionen zu bestimmen. Mit Mead können wir jetzt zwar sagen, dass entscheidend in dieser Hinsicht das „I" ist, als eine Instanz der Spontaneität. Um zu verstehen, worum es sich dabei handelt, muss man der Frage nachgehen, wann das „I" besonders greifbar wird, und das ist der Fall in Krisensituationen: Man erfährt den Druck, handeln zu müssen, besonders deutlich dann, wenn man sich in einer Krise befindet, d.h. wenn man nicht mehr weiter weiß. Das, was man als „Lebenskrisen" bezeichnet, ist ein herausgehobener Fall davon. Aber von einer Krise im weiteren Sinne kann man immer dann sprechen, wenn der Handlungsstrom unterbrochen ist, wenn man nicht mehr wie selbstverständlich ‚weitermachen' kann, weil entweder eine bisherige Handlungsweise gescheitert ist oder man vor einer Aufgabe steht, die man nicht so einfach, d. h. durch Anwendung

12 Praxis oder Der Zwang zu handeln

eines bewährten Handlungsmusters, bewältigen kann. Mead (1964) hat diese Situation in einem Aufsatz mit dem Titel „The Definition of the Psychical" untersucht. Darin hebt er unter anderem hervor, dass wir uns selbst als Handelnde, in unserer Subjektivität, gerade in diesen Situationen gewahr werden. An dieser Stelle wollen wir jedoch nicht weiter Mead folgen, sondern uns einem neueren Theorieentwurf zuwenden, in dem das Modell weiterentwickelt wird: Ulrich Oevermanns Überlegungen zu Handlungszwang und Begründungsverpflichtung.

Im Rahmen seiner Theorie der „Lebenspraxis" greift Ulrich Oevermann die Überlegungen Meads zur Dialektik von „I" und „Me" auf. Dabei sind für ihn die Begriffe „Krise" und „Routine" zentral. Sein Modell lässt sich am besten im Zusammenhang der Analyse der Entstehung von etwas Neuem erläutern (vgl. Garz/ Raven 2015; Oevermann 1991). Die Idee der Krise ist dabei von herausragender theoretischer Bedeutung, obwohl sie alltagspraktisch eher die Ausnahme bildet. Zum Glück, könnte man sagen, denn obwohl man gern einmal die Abwechslung sucht, findet man Krisen naturgemäß anstrengend und tendiert daher zum Aufbau von Routinen. Etwas Neues kann aber nur in solchen Situationen entstehen, in denen bewährte Muster des Handelns nicht mehr greifen können. Sobald man diesen Gedanken ausgesprochen hat, erscheint er schon selbstverständlich: Wie könnte es anders sein? Schließlich wäre das Neue ja ansonsten das Produkt von etwas Altem, Bekanntem, Bewährtem – aber damit eben nicht neu. Soziologisch ist der Gedanke aber sehr wichtig, weil er es ermöglicht, die Frage nach Entstehung von etwas Neuem nicht einfach auf die Psychologie abzuschieben oder gleich als nicht erklärbar („Eingebung", „Geistesblitz") zu qualifizieren, sondern einer soziologischen Bearbeitung zugänglich zu machen. Das geschieht, indem das Neue als ein Moment im Handeln, in der Interaktion, bestimmt wird.

Was alle Krisensituationen kennzeichnet, ist also genau das, was Mead schon im Hinblick auf die Bestimmung des Psychischen/der Subjektivität zum Ausgangspunkt nahm: Ein routineförmiges, wie selbstverständliches Handeln ist nicht mehr möglich. Gleichwohl können wir uns diesen Krisensituationen nicht entziehen. Wir müssen handeln. Das ist ein Aspekt, der bei Mead noch nicht so deutlich wurde. Oevermann (1991) spricht hier vom „Entscheidungszwang": Selbst dann, wenn wir uns unschlüssig zeigen oder der Krisensituation auszuweichen versuchen, haben wir uns entschieden – eben für ein Zögern oder Ausweichen. Das ist eine Idee, die in der Soziologie nicht grundsätzlich neu ist. Sie bedeutet einen weiteren, für das Verständnis sozialer Realität wichtigen Bruch mit der Alltagserfahrung. Wenn zum Beispiel von „Entscheidungsträgern" die Rede ist oder davon, dass „jetzt gehandelt werden muss", dann kommt darin eine andere Sicht zum Ausdruck, eine Sicht, die unsere Alltagseinstellung beherrscht. Kennzeichnend dafür ist, dass zum Entscheiden und Handeln so etwas wie eine ‚positive' Haltung gehört, eine Haltung, „die Dinge in die Hand zu nehmen" und Situationen „aktiv zu gestalten": „Jetzt tu doch was!" Aber schon Max Weber (1980 [1922]) hat Anfang des 20. Jahrhunderts für die Soziologie einen anderen Handlungsbegriff reklamiert: Als Handeln solle für die Soziologie auch ein Dulden oder Unterlassen gelten. Auch die verschiedenen Varianten einer „Theorie rationaler Wahl" („Rational Choice", im Folgenden als „RC-Theorie" bezeichnet)[89] gehen nicht davon aus, dass die Kalküle, die ihrer Ansicht nach hinter den Handlungen von Einzelnen stehen, von diesen auch wirklich in der Weise bewusst in Anschlag gebracht werden, wie man das vielleicht bei der Wahl einer Urlaubsreise oder eines Bausparvertrags tut. Entscheidungen können sich also auch gewissermaßen hinter dem Rücken der Akteure vollziehen, auch wenn sie von ihnen selbst vollzogen werden. Man hat gehandelt, auch wenn man nur denkt, dass man es eigentlich hätte tun sollen. Und man entscheidet sich auch dort, wo man gar nicht daran denkt, weil sich alles so selbstverständlich anfühlt. Also: Egal *wie* wir uns zu einer Entscheidungssituation verhalten, wir positionieren uns immer; wir nehmen immer hinsichtlich der Frage, die auf dem Spiel steht, eine Haltung zur Welt ein. Und dies muss die Soziologie berücksichtigen. Sie kann sich nicht auf die normativ adäquat erscheinenden, Aktivität verkörpernden – und damit auch wiederum verantwortliche Zurechnung an Personen nahelegenden – Entscheidungen beschränken. Sie würde dann einen relevanten Wirklichkeitsausschnitt nicht wahrnehmen.

Diese Idee macht Oevermann (s. o.) mit dem Begriff des Entscheidungszwangs nicht nur besonders deutlich, er verortet sie im Anschluss an Mead auch mikrosoziologisch adäquat: als unausweichliche Reaktion auf Krisensituationen. Ähnlich wie in der „I/Me"-Dialektik Meads (s. o.) steht der Entscheidungszwang dabei nicht für sich. Sein Pendant ist die Begründungsverpflichtung. Beide Momente zusammen machen für Oevermann (1991) als „widersprüchliche Einheit" das aus, was *Praxis* kennzeichnet: sich in Interaktionen entscheiden zu müssen und vor dem Anspruch zu stehen, diese Entscheidung vor sich und anderen zu vertreten.

Warum ist eine Begründung nötig? Und warum ist das nun kein Zwang, sondern eine „Verpflichtung"?[90] Dass eine Begründung erforderlich ist, ergibt sich in gewisser Weise aus dem Charakter einer Entscheidung. Darauf werden wir im Folgenden noch eingehen. Dann wird auch verständlich werden, warum es sich um eine *widersprüchliche* Einheit handelt. An dieser Stelle soll der Hinweis genügen, dass Oevermann (ebd.) hier eine Idee von Hegel (1970 [1821]) aufgreift, nach der jede

---

89 Vgl. beispielhaft: Esser 1993; Kroneberg 2011.
90 Tatsächlich war zu Beginn der Theoriebildung auch noch die Rede von einem Entscheidungs- und Begründungszwang (vgl. Oevermann 1981).

12 Praxis oder Der Zwang zu handeln

Handlung im Prinzip mit dem Anspruch auf Vernünftigkeit auftritt und dementsprechend begründbar sein muss. Wenn eine Begründung also zur Entscheidung dazu gehört, so doch nicht im Sinne eines Zwangs. Der Entscheidungssituation kann man sich faktisch nicht entziehen, der Begründung kann man sich jedoch verweigern („keine Ahnung", „einfach so", „warum nicht"). Damit bekommt diese Seite der Praxis einen gewissermaßen ethischen Aspekt.

Doch wenden wir uns zunächst der Frage zu, was eigentlich eine Entscheidung ausmacht. Wie schon angesprochen ist das Konzept der Entscheidung nicht nur im Rahmen der Theorie der Lebenspraxis, sondern auch im Rahmen anderer, einflussreicher Theorieangebote von herausgehobener Bedeutung, insbesondere in den verschiedenen Spielarten der Theorie rationaler Wahl. Auch hier wird Handeln ganz wesentlich als Wahlentscheidung begriffen. Da schließlich dieser Theorietyp gemeinhin auch als ‚Mikrosoziologie' verstanden wird (siehe Einleitung), und da er auf den ersten Blick einige Ähnlichkeiten mit dem hier vertretenen Modell von Mead und Oevermann (s. o.) aufweist, ist es sinnvoll, sich die Unterschiede zu vergegenwärtigen. Das geht am besten, wenn man die Frage behandelt, was eine Entscheidung ist.

Ein Beispiel: Wir stehen vor einem Supermarktregal und wählen eine Tube Zahnpasta aus dem Angebot aus. Das ist offenkundig eine Entscheidung. Nur ist sie nicht besonders krisenhaft, vor allem nicht, wenn wir immer eine bestimmte Marke nehmen. Aber mit Recht kann man sagen, irgendwann müssen wir uns entschieden haben in dem Sinne, dass es eine wirkliche Wahl zwischen unterschiedlichen Optionen war. Und außerdem werden wir ja immer wieder mit neuen Produkten konfrontiert, so dass sich die Entscheidungssituation gewissermaßen immer wieder auffrischt. Ist hier auch ein Entscheidungsdruck bzw. eine Entscheidungsnot angesichts geringer Geldbeträge in der Regel kaum spürbar, so kann man leicht andere Wahlentscheidungen (ein Automobil, eine Mietwohnung oder ein Haus) in den Blick nehmen, bei denen das angesichts ihrer finanziellen Tragweite sehr wohl der Fall ist.

Wie gehen wir mit diesem Problem der Wahl um? Allen Theorien rationaler Wahl ist gemeinsam, dass sie sich vorstellen, dass dieser Umgang im Wesentlichen zwei Komponenten beinhaltet. Die erste besteht darin, dass wir unsere Entscheidung bei der Wahl zwischen zwei Objekten (das können auch Handlungen sein) grundsätzlich daran ausrichten, dass das präferierte Objekt den vergleichsweise größten Nutzen für uns bietet. Im Hinblick auf diesen Nutzen bestimmen sich dann die Kriterien der Bewertung der zur Verfügung stehenden Objekte. Die zweite Komponente besteht darin, dass diese Bewertung in Gestalt eines Kalküls erfolgt: Ich vergleiche die in Frage kommenden Objekte systematisch im Hinblick auf ihre relevanten Eigenschaften. Es wird das Objekt gewählt, dessen Gesamtnutzen im

Hinblick auf die relevanten Merkmale am größten ist. Das Kalkül ist wichtig, weil es ja sonst keine „rationale" Entscheidung wäre.

Tatsächlich ist das alltagspraktisch ein ganz übliches Vorgehen. In den genannten Beispielen würden wir so etwas sogar erwarten. „Impulskäufe" wären zumindest beim Auto- und Häuserkauf ungewöhnlich. Und so mag es eine intuitive Plausibilität haben, wenn die RC-Theorien dieses Modell kalkulierter Nutzenmaximierung auch an solche Entscheidungssituationen herangetragen und an ihnen erprobt haben (manche sagen, mit Erfolg), die ihm auf den ersten Blick nicht zu entsprechen scheinen, z. B. der Partnerwahl, der Entscheidung, ein Kind zu bekommen, oder der Entscheidung zur Trennung einer Ehebeziehung. Besonders in solchen Fällen könnte aber fraglich erscheinen, ob man sinnvollerweise von Nutzenmaximierung sprechen kann und ob die Kalkülunterstellung realistisch ist.

Tatsächlich sind auch beide Komponenten generell in einem breiten Diskurs einer kritischen Prüfung unterzogen worden. Und die verschiedenen Varianten der RC-Theorien unterscheiden sich insbesondere dahingehend, wie sie jeweils den Nutzen und das Kalkül begreifen. Wir wollen an dieser Stelle nicht auf diese Fragen eingehen, und dies nicht nur, weil sie vor allem dann schwer zu beantworten sind, wenn man den Nutzen so weit fasst, dass an evolutionsbiologische Annahmen angeschlossen werden kann und man Kalküle auch unbewusst am Werk sieht; sondern vor allem, weil uns dieser Ansatz aus einem anderen Grund kategorial unterbestimmt für eine methodologische Bestimmung von Entscheidungsprozessen erscheint. Der Grund besteht darin, dass in dem Konzept der rationalen Wahl etwas getilgt wird, das für Entscheidungen essenziell ist. Also noch einmal: Was ist eine Entscheidung?

Erstens ist sie ein krisenhafter Vorgang. Das hat in die RC-Theorie keinen Eingang gefunden und passt auch nicht hinein. Wie wir jedoch gesehen haben, ist in den paradigmatischen Fällen der Entscheidung eine Krise in Gestalt eines manifesten Scheiterns von Überzeugungen und Handlungsmustern der Ausgangspunkt des Entscheidungszwangs. Beispielsweise stellt die Auflösung einer Ehebeziehung eine tiefgreifende Lebenskrise dar. Dieses Moment der Krise lässt sich aber mit dem Moment der Wahl nicht verbinden. Gleichwohl wird in Gestalt der sogenannten „frame-selection" genau dies versucht: Die Einschätzung „Dies ist eine schlechte Ehe" wird als Wahlhandlung deklariert (vgl. Esser 2002).[91] Eine Krise jedoch kann

---

91 Genauer gesagt wird angenommen, dass man im Hinblick auf die eigene (Ehe-)Situation ein allgemeines Modell der Situationsdefinition wählt, mit dem dann unterschiedliche Handlungsmöglichkeiten („Skript") verknüpft werden. Dieses Modell rekurriert nicht auf Goffmans (1986 [1974]) Rahmenanalyse (was wir schon daran sehen, dass bei Goffman Rahmen nicht „gewählt" werden, sondern allgemein gültige Kategorien zur Verfügung stellen, auf die das Individuum zunächst keinen Einfluss hat), sondern bedient sich

12 Praxis oder Der Zwang zu handeln

man nicht wählen. In eine Krise gerät man, und dann befindet man sich in ihr; im Fall einer Krise einer Sozialbeziehung ist man selbst Teil davon.

Zweitens haftet der Krisenlösung selbst noch etwas Krisenhaftes an, und zwar auch in den Fällen, in denen der Ausgangspunkt der Entscheidung nicht ein manifestes Scheitern von Überzeugungen ist, sondern eine Entscheidung gesellschaftlich vorgesehen ist. Herausgehobene Beispiele für derartige gesellschaftliche ‚Sollbruchstellen der Routine' sind die Berufs- und Partnerwahl. Auch hier impliziert der Entscheidungszwang eine ‚Lücke', eine ‚Kluft' im Handeln (vgl. Searle 2001), die überwunden werden muss. Das gilt selbst noch für die Wahl zwischen Tagesgerichten oder Zahnpastamarken, auch wenn sie hier wenig auffällig ist. Bewusst wird sie uns allerdings in lebenspraktischen Entscheidungen anderer Art: wenn wir vor der Entscheidung stehen, diesen oder doch einen anderen Beruf zu ergreifen; wenn wir uns fragen, ob wir diesem Bettler etwas geben und nicht dem nächsten; wenn wir uns fragen, ob wir unserem Kind, das vor Wut schreiend auf dem Boden des Supermarkts liegt, nicht doch das Überraschungs-Ei kaufen sollen. Aber welche Entscheidungssituationen wir uns auch vergegenwärtigen: Es gibt immer ein Moment der Ungewissheit hinsichtlich der Rationalität einer zu treffenden Entscheidung, das nicht zu tilgen ist.

Auch dieses zweite Krisenmoment wird in der RC-Theorie übersehen und kann in ihr auch keinen Platz finden. Denn sie operiert gerade mit der gegenteiligen Annahme: Die Entscheidung geht im Kalkül auf; sie ist nur noch die Exekution seines vorweggenommenen Ergebnisses. Wenn aber das Kalkül die Entscheidung determiniert, dann handelt es sich nicht mehr um eine Entscheidung. In der Terminologie Oevermanns (2008: 22) lässt sich das so formulieren: Zu einer Entscheidung gehört, dass sie „ins Offene hinein" erfolgt. So sehr wir uns auch kalkulierend abzusichern trachten, wenn wir uns entscheiden müssen, so verfügen wir doch nie über eine vollständige Begründung unserer Entscheidung. Tatsächlich wissen wir selbst ja nicht einmal genau, wie wir uns entscheiden werden, bis wir uns entschieden und bis wir gehandelt haben. Es macht bekanntlich einen Unterschied, ob man WählerInnen beim Betreten des Wahllokals befragt oder beim Verlassen. Man darf nicht vergessen: Das „I" ist die Instanz der Spontaneität.

---

psychologischer Modelle. So detailliert hier Entscheidungsprozesse auch modelliert werden – da Situationsdefinitionen wie „glückliche Ehe", „lockere Partnerschaft" oder „Scheidung" als allgemein geteilte „Muster gedanklicher kultureller Modelle und ›kollektiver Repräsentationen‹" (Esser 2002: 34) weder begrifflich genauer bestimmt (als Deutungsmuster? als Typisierungen?) noch material ausbuchstabiert (was kennzeichnet eigentlich eine „lockere Partnerschaft"?) werden, schrumpft am Ende (und in der empirischen Analyse) das komplexe Modell zu einer bloßen subjektiven Evaluation der je eigenen Situation.

Vor diesem Hintergrund kann man auch eine weitere, mikrosoziologische Fundierung der Begründungsverpflichtung formulieren. Wenn ich ex ante nicht über eine vollständige Begründung meiner antizipierten Entscheidung verfüge, dann liegt es nahe, dass ich mich ex post darum bemühe. Dies schlicht auch deshalb, um mir über mein eigenes Handeln klar zu werden. Zum Hegelschen Moment der Begründung als Rechtfertigung kommt damit auch ein Moment der Begründung als Rekonstruktion, als Erklärung der Handlung hinzu.[92] Man sieht jetzt auch, inwiefern es sich bei Entscheidungszwang und Begründungsverpflichtung um eine *widersprüchliche* Einheit handelt, denn die Entscheidung selbst erfolgt unter den Bedingungen von Offenheit, während die Begründungsverpflichtung darauf zielt, die getroffene Entscheidung als determiniert zu verstehen.[93]

Wenn wir also von einem nicht hintergehbaren Spielraum der Entscheidung ausgehen müssen, dann müssen wir eine Instanz benennen können, die den Spielraum füllt. In dem Modell von Oevermann (s. o.) ist das die „Lebenspraxis". Sie wird auch als „Quelle der Transformation", „Entscheidungszentrum", „Mitte der Autonomie des sozialen Lebens" bezeichnet (ebd.). Diese etwas blumigen, metaphorischen Kennzeichnungen sind dem Umstand geschuldet, dass es nicht einfach ist, begrifflich zu markieren, um was es geht. Denn es geht nicht um die alltagspraktische Zurechnung zu Personen. Alltagspraktisch gilt, dass die Akteure entscheiden, entscheiden müssen, entschieden haben. Wir werden als Personen für unsere Handlungen verantwortlich gemacht. Aber mit dieser Zurechnung ist soziologisch nicht viel gewonnen. Denn die ‚Person' verkörpert ja nicht nur das Moment der Entscheidung, sondern auch das gesellschaftliche Allgemeine (das „Me" bei Mead), das die Anforderung der Entscheidung stellt und den Rahmen der Entscheidungsoptionen vorgibt. Es ist also eine andere begriffliche Markierung erforderlich; bei Mead ist es das „I", bei Overmann ist es die „Lebenspraxis". Entscheidend für den vorliegenden Zusammenhang ist, dass man im Rahmen der Oevermannschen Theorie dieses Moment der Autonomie und potenziellen

---

92 Das hat Folgen für die soziologische Methode. Denn von hier aus ergibt sich ein methodologischer Primat eines rekonstruktiven Vorgehens. Modellierungen von Entscheidungen wie in der RC-Theorie, die die Differenz von ex ante/ex post nicht berücksichtigen (können), bewegen sich auf ähnlich unsicherem Gebiet wie die Akteure in dieser Phase des Handelns selbst. Eine rationale Begründung ist auch für die beobachtenden Dritten erst ex post zu haben.

93 Man kann hier übrigens auch eine weitere Erklärung für die Rede von der Begründungs*verpflichtung* bzw. für die Abkehr von der Rede vom Begründungs*zwang* anschließen: Der Druck im Hinblick auf die Suche nach einer Begründung wird erheblich danach variieren, ob die faktisch getroffene Entscheidung sich als erfolgreich erwiesen hat oder nicht; Erfolgsgeschichten können sich ‚Lücken' leisten.

Strukturtransformation deutlicher als *in der Struktur der Interaktion selbst angelegt* bestimmen kann.

Wie lässt sich nun das Neue, das in der Krisenbewältigung entstehen kann, bestimmen? Für wen ist es neu? Geht es um allgemeine Innovationen in dem Sinne, dass zum Beispiel wissenschaftliche, künstlerische, wirtschaftliche oder politische Neuerungen gesellschaftsweite oder gar universelle Geltung beanspruchen können? Geht es um eher ‚lokale' Errungenschaften? Oder ist das Neue schließlich nur begrenzt auf mein eigenes Leben bzw. auf diejenigen nahen Beziehungen, deren Teil ich bin? Tatsächlich geht es natürlich um all das. Was als neu gelten kann, lässt sich nur im Hinblick auf die Struktur bestimmen, die transformiert wurde. Die Bandbreite reicht dann in der Tat von der nobelpreisverdächtigen Neuerung (abstraktes Wissen) und der weltgeschichtlich bedeutsamen politischen Revolution (politische Praxis) über die Dinge, die ab jetzt in einem Betrieb, einem Verein oder einer Gemeinde ‚anders laufen' (Organisationsstrukturen), bis hin zu den Veränderungen, die sich in der Beziehung zu einer Lebenspartnerin oder dem eigenen Kind, aber auch zu sich selbst, etwa im Rahmen einer Therapie, ereignen können (Familienbeziehungen, Selbstverhältnis).

Eine Innovation bedeutet also die Transformation einer Struktur, bedeutet, dass an einer Sequenzstelle überzeugend (mit nachhaltigem Effekt) anders gehandelt wird, als es bisher getan wurde – sei es in unseren persönlichen Beziehungen, sei es als Teil eines größeren Kollektivs. Das gilt bis hin zu den großen ‚revolutionären' Transformationen, die sich natürlich auch auf der Mikro-Ebene der Interaktion vollziehen müssen, um wirklich zu werden.[94] Transformation heißt, dass wir eine andere Option als bisher wählen und neue Optionen setzen, weil wir bestimmte Situationsbedingungen (Rollenanforderungen, Rahmungen, Normen) in Interaktionen überzeugend kritisieren.

Aber nicht jede Krise führt auch zu einer Innovation. Das wäre vielleicht wünschenswert, aber entscheidend ist schließlich die Art und Weise, wie sie bewältigt wird. Man kann einer Krise auch einfach nicht gewachsen sein; man kann an neue Situationen auch alte Muster anlegen, die ihnen nicht angemessen sind; man kann versuchen, die Krise zu vermeiden, indem man sie nicht sieht (d. h. nicht sehen will) oder indem man sie gegen die Realität als Nicht-Krise definiert. Kurz: Die Varianten des Scheiterns sind vielfältig. Dabei hat man natürlich immer auch entschieden.

---

94 Auf die damit angesprochenen Fragen nach dem Verhältnis von Ereignis und Struktur sowie von konkreter Interaktion und allgemeiner Geltung können wir hier nicht weiter eingehen. Wir können hier nur auf sozialhistorische Arbeiten verweisen, die diese Fragen in exemplarischen Analysen bearbeiten: Duby 1988; Furet 1980; Kutzner 1997; Meier 1993.

Und wie man mit der Begründungsverpflichtung umgeht, ist dann ein weiteres krisenhaftes Problem, bei dem die Frage ist, ob es uns gelingt, uns dem Scheitern zu stellen und es in das „Me" zu integrieren oder nicht.

Der Beitrag der Akteure für die Strukturbildung in Interaktionen ist also in Krisensituationen am ausgeprägtesten; hier ist er am deutlichsten zu erkennen. Aber diesen Beitrag gibt es auch in routineförmigen Situationen. Es gibt ihn mit anderen Worten an jeder Stelle einer Interaktionssequenz. Die Lebenspraxis ist immer beteiligt, denn an jeder Sequenzstelle entscheidet sich im Prinzip, ob eine Transformation oder eine Reproduktion der Struktur erfolgt. Die Lebenspraxis entscheidet also immer darüber, welche Gestalt die Struktur annimmt. Sie agiert dabei entweder als Vertreterin etablierter Strukturen oder als Vertreterin der eigenen Subjektivität. Erst ex post wird dann erkennbar, in welcher Weise die Subjektivität auch im Vollzug einer transformierenden Entscheidung etablierte Strukturen – sei es ‚der Gesellschaft', sei es des Selbst – in Anspruch genommen hat. (Darauf kommen wir gleich noch zu sprechen.)

Zusammenfassend kann man sagen, dass sich prinzipiell immer die Frage der Transformation stellt und dass dementsprechend Handeln immer entscheidungsförmig ist. Dazu muss man nicht den ‚freien Willen' bemühen, sondern man kann soziologisch die Autonomie als Eigenschaft von Sozialität bestimmen. Ausschlaggebend ist die Struktur von Interaktion. Wir sind uns zwar nicht bewusst, dass wir laufend und manchmal in der Folge von Sekundenbruchteilen Entscheidungen fällen. Das ist wahrscheinlich auch deshalb kaum möglich, weil uns diese Aufmerksamkeit ja von unserem Hauptgeschäft – dem Handeln – ablenken würde. Es wäre auch für uns nur schwer erträglich, weil ja unter diesen Bedingungen alles für uns zur Krise würde. Aber faktisch reagieren wir auf Handlungsaufforderungen und Situationsanforderungen, wählen dabei bestimmte Äußerungsformen und andere nicht, reagieren – wiederum hochgradig detailliert, in einer Folge von Einzelentscheidungen – auf die Reaktionen des Gegenübers, aber auch auf unsere eigenen Handlungen usw. Wenn Searle (2012) davon spricht, dass wir uns immer in einem Meer von Institutionen bewegen (s. Kap. 3), dann kann man sagen, dass wir uns dabei immer auf einer Spur von Interaktionsstrukturen bewegen, die vielleicht nicht weniger komplex sind als unsere DNA. Doch im Unterschied zu dieser gehören die Interaktionsstrukturen nicht nur zu uns als Individuen, sondern sind Teil von Sozialbeziehungen, die sich in Interaktionen reproduzieren und transformieren. Sie sind also auch dynamischer als die DNA. Und an dieser Dynamik haben wir Anteil, ob wir wollen oder nicht.

Die Entscheidung ist die Bedingung von etwas Neuem/von Innovation. Und die Möglichkeit der Entscheidung ist in der sequenziellen Organisation von Interaktion angelegt. Der Spielraum, den wir füllen, ist interaktiv gesetzt und nicht hintergehbar. Auf jeden Interaktionszug muss reagiert werden, und eine solche Reaktion ist alternativenlos gar nicht denkbar (vgl. Kap. 2). Mit ihr positioniert man sich, und diese Positionierung eröffnet wiederum Anschlussoptionen, die gefüllt werden müssen. Die Entscheidungssituation ist also interaktionsstrukturell allgegenwärtig, und damit auch die Lebenspraxis. Was aber gehört nun alles zur ‚Praxis'?

Die Lebenspraxis ist keine Instanz der ‚Erfindung' – oder vielmehr ist sie das nur im Moment der Entscheidung selbst. Tatsächlich geht in jede konkrete Entscheidung eine Menge determinierender Elemente ein. Die können aber als solche erst ex post, also nach vollzogener Entscheidung, von beobachtenden Dritten – sei es von SozialwissenschaftlerInnen oder von uns als Akteuren selbst – erkannt werden. Worum kann es sich dabei handeln? Das können Rationalitätsstandards sein, denen man folgt (vgl. z. B. Weber 1980 [1922]), es können Milieueinflüsse sein, die sich bei der Wahrnehmung oder Nicht-Wahrnehmung von Handlungsoptionen bemerkbar machen, oder habituelle Neigungen, die auf die Klassenzugehörigkeit zurückzuführen sind (vgl. z. B. Bourdieu 1984). Es kann sich um Dispositionen handeln, die mit der familialen Herkunft zusammenhängen und sich insbesondere in Paar- und Familienbeziehungen auswirken (z. B. das „Triebschicksal" der Psychoanalyse oder die „Bindungsstile" der Bindungstheorie). Auch soziale Deutungsmuster können bei der Wahrnehmung von Entscheidungssituationen wichtig sein (vgl. Oevermann 2001a/b). Schließlich spielen hier die vielen weiteren sogenannten sozialstrukturellen Bedingungen eine Rolle (und haben auch nur hier ihren Ort): die Ausstattung mit finanziellem oder kulturellem Kapital, die Erfahrungen von Macht oder Ohnmacht, von Anerkennung oder Missachtung. Die Liste enthält zentrale Aspekte, erhebt aber keinen Anspruch auf Vollständigkeit. Wichtig ist: All diese Dinge können sich bündeln, sich überschneiden, sich widersprechen – immer im Hinblick auf je konkrete Situationen in Interaktionen. Und wie sie sich auswirken, ist Sache der beteiligten Lebenspraxen.

Denkanstöße

Reinette gerät in dem Straßencafé zweifelsohne in eine Krisensituation. In gewisser Weise ist das die Pointe der ganzen Geschichte. Versuchen Sie, sie zu beschreiben. (Natürlich ist der Kellner ein wesentlicher Teil der Krise.) Wie sieht die lebenspraktische Entscheidung von Reinette aus? Und was ist das Problem dabei? Tatsächlich verfügt sie über eine adäquate Einschätzung der Situation. (Wie sieht sie den Kellner?) Aber worin besteht ihr Konflikt? Mirabelle wird in die Krise mit hineingezogen, findet aber sofort andere Lösungen. Worin bestehen sie? (Ein Tipp: Sie studiert ‚tatsächlich' Anthropologie.) Wie löst sie den Konflikt?

Grundlagentexte

Mead, George H. (1964): Selected Writings. Hrsg. v. Andrew J. Reck. Chicago u. a.: University of Chicago Press. Darin: The Definition of the Psychical, S. 25-59.
Mead, George Herbert (1992 [1934]): Mind, Self, and Society. Hrsg. v. Charles Morris. Chicago u. a.: University of Chicago Press.
Oevermann, Ulrich (1991): Genetischer Strukturalismus und das sozialwissenschaftliche Problem der Erklärung der Entstehung des Neuen. In Stefan Müller-Doohm (Hrsg.), Jenseits der Utopie, Frankfurt a. M.: Suhrkamp, S. 267-335.
Oevermann, Ulrich (2008): „Krise und Routine" als analytisches Paradigma in den Sozialwissenschaften. Frankfurt: unv. Ms. der Abschiedsvorlesung (Download unter: http://www.ihsk.de/publikationen/Ulrich-Oevermann_Abschiedsvorlesung_Universitaet-Frankfurt.pdf)

Weiterführende Literatur

Bourdieu, Pierre (1984): Die feinen Unterschiede. Kritik der gesellschaftlichen Urteilskraft. Frankfurt a. M.: Suhrkamp.
Duby, Georges (1988): Der Sonntag von Bouvines. 27. Juli 1214. Berlin: Wagenbach.
Durkheim, Emile (1973 [1905]): Erziehung, Moral und Gesellschaft. Neuwied: Luchterhand.
Esser, Hartmut (1993): Soziologie. Allgemeine Grundlagen. Frankfurt a. M.: Campus.
Esser, Hartmut (2002): In guten wie in schlechten Tagen? Das Framing der Ehe und das Risiko zur Scheidung. Eine Anwendung und ein Test des Modells der Frame-Selektion. Kölner Zeitschrift für Soziologie und Sozialpsychologie 54, 1: 27-63.
Furet, Francois (1980): 1798 – Vom Ereignis zum Gegenstand der Geschichtswissenschaft. Frankfurt a. M. u. a.: Ullstein.
Garz, Detlef/Raven, Uwe (2015): Theorie der Lebenspraxis. Einführung in das Werk Ulrich Oevermanns. Wiesbaden: Springer.
Hegel, Georg Friedrich Wilhelm (1970 [1821]): Grundlinien der Philosophie des Rechts. Werke Bd. 7. Frankfurt a. M.: Suhrkamp.
Kroneberg, Clemens (2011): Die Erklärung sozialen Handelns. Grundlagen und Anwendung einer integrativen Theorie. Wiesbaden: VS Verlag für Sozialwissenschaften.
Kutzner, Stefan (1997): Die Autonomisierung des Politischen im Verlauf der Französischen Revolution. Fallanalysen zur Konstituierung des Volkssouveräns. New York u. a.: Waxmann.
Meier, Christian (1993): Athen. Ein Neubeginn der Weltgeschichte. Berlin: Siedler.
Oevermann, Ulrich (1981): Fallrekonstruktionen und Strukturgeneralisierung als Beitrag der objektiven Hermeneutik zur soziologisch-strukturtheoretischen Analyse. Frankfurt a. M.: unv. Ms. (Download unter: http://publikationen.ub.uni-frankfurt.de/frontdoor/index/index/docId/ 4955)
Oevermann, Ulrich (2001a [1973]): Zur Analyse der Struktur von sozialen Deutungsmustern. sozialer sinn – Zeitschrift für hermeneutische Sozialforschung 1/2001, S. 3-33.
Oevermann, Ulrich (2001b): Die Struktur sozialer Deutungsmuster – Versuch einer Aktualisierung. sozialer sinn – Zeitschrift für hermeneutische Sozialforschung 1/2001, S. 35-81.

Parsons, Talcott (1956): Family, Socialization and Interaction Process. London: Routledge & Kegan.
Searle, John R. (2001): Rationality in Action. Cambridge u.a.: MIT Press.
Searle, John R. (2012): Wie wir die soziale Welt machen. Die Struktur der menschlichen Zivilisation. Berlin: Suhrkamp.
Simmel, Georg (1968 [1908]): Soziologie. Berlin: Duncker & Humblot.
Weber, Max (1980 [1922]): Wirtschaft und Gesellschaft. (5. Aufl.). Tübingen: Mohr.

Epilog: Struktur und Methode

In den vorangegangenen zwölf Kapiteln haben wir diejenigen Aspekte vorgestellt, die wir als konstitutiv für die Strukturbildung in Interaktionen verstehen. Das heißt, dass sie in Interaktionen immer eine Rolle spielen. Ohne sie kann sich Interaktion als Prozess nicht vollziehen. Selbst kleinste Interaktionsausschnitte sind ohne die Mechanismen der Adressierung, der Zuweisung von Teilnahmestatus und der Sequentialität, sind ohne einen wie selbstverständlichen Rekurs auf Institutionen (als Sinngehalte) und auf Rahmungen der Situation, sind ohne die Kooperation ermöglichenden Regeln von Reziprozität und die Mechanismen der Perspektivenübernahme nicht denkbar. Indem wir interagieren, beziehen wir uns immer auf voreingerichtete Muster der Beziehungsgestaltung (Rollen) und gesellschaftlich präferierte Muster des Handelns (Normen), wir greifen auf Typisierungen unserer Gegenüber zurück, wir reagieren auf die sachlichen Gegebenheiten der Situation, lassen unsere Emotionen relevant werden oder nicht – und setzen uns zuweilen damit auseinander, dass wir beides zu sehr oder zu wenig getan haben. Und schließlich müssen wir laufend Entscheidungen treffen, mit denen wir aus den jeweils gesellschaftlich vorgegebenen Optionen wählen oder auf diesen Möglichkeitsraum bezogen etwas Neues schaffen.

Diese Aspekte sind nicht nur aus einer Beobachterperspektive unerlässlich für Interaktion, sie stellen auch aus einer Teilnehmerperspektive nicht hintergehbare Anforderungen dar. „Ob wir wollen oder nicht" – das steht gewissermaßen über jedem Kapitel, und verschiedentlich haben wir diese oder eine ähnliche Formulierung auch explizit verwendet, um deutlich zu machen, dass wir ohne diese Anforderungen nicht auskommen. Es handelt sich um konstitutive Bestandteile der sozialen Ordnung von Interaktion. Jetzt könnte man sich fragen, ob nicht noch mehr dazu gehört. Gibt es nicht noch viele andere Dinge, ohne die Interaktion undenkbar wäre? Was ist zum Beispiel mit Geschlechterdifferenzierungen, Identität, sozialen Deutungsmustern, Anerkennung, Macht, Konflikt? Spielen sie nicht auch immer in Interaktionen eine Rolle? „Empirisch" wird das wahrscheinlich so sein.

Interaktionen ohne die Beteiligung von Geschlechterunterscheidungen, Identitätsformationen und handlungsleitenden sozialen Deutungsmustern wird man sich kaum vorstellen können; und ebenso dürften in Interaktionen immer auch die Fragen von Anerkennung und Missachtung, von Macht und Symmetrie, von Konflikt und Harmonie auf dem Spiel stehen. Gleichwohl handelt es sich dabei – so unsere Überzeugung – nicht um elementare Bausteine *von* Interaktion, sondern um Strukturphänomene, die sich *in* Interaktionen bilden. Oder anders gesagt: Man benötigt die von uns behandelten Aspekte, um diese Strukturphänomene beschreiben zu können. Umgekehrt gilt das nicht.

Bleiben wir aber noch bei Macht und Konflikt. Wenn man wie wir versucht, Elemente einer sozialen Ordnung zu explizieren, liegt immer der Verdacht nahe, es würde ein harmonistisches Weltbild vertreten, als würden alle Akteure einander immer ausreden lassen, Reziprozitätsregeln oder Normen befolgen, ihre Gegenüber nicht beschämen, ihre Typisierungen an die Realität anpassen usw. Das ist natürlich nicht der Fall. Die soziale Realität ist voll von Regel- und Normverletzungen, und manchmal geschehen sie, um Machtpositionen durchzusetzen. Und natürlich gibt es Konflikte, etwa über den Geltungsanspruch von sozialen Normen, es gibt Rassismus, Homophobie und Misogynie. Tatsächlich waren wir sehr bemüht, in den einzelnen Kapiteln stets auch auf derartige Phänomene einzugehen. Dabei sollte jedoch immer auch der entscheidende Punkt herausgearbeitet werden: dass sie analytisch betrachtet die Bedeutung der jeweiligen Aspekte der Ordnung in Interaktionen nicht in Frage stellen, sondern sich vielmehr immer auf der Grundlage dieser sozialen Ordnung ereignen. Sie sind nicht „das Andere" dieser Ordnung, sondern sie partizipieren selbst noch daran. Auch wenn sie für die jeweilige soziale Praxis – nicht nur in Interaktionen, sondern auch auf der Makro-Ebene sozialer Gemeinschaften – schwerwiegende Probleme darstellen können, sind sie das in einer distanzierten analytischen Perspektive nicht.

Ein ähnlicher möglicher Einwand betrifft die Frage, ob wir nicht zu voraussetzungsvoll sind, was die unterstellte „Kompetenzausstattung" unserer Akteure betrifft. Unterstellen wir nicht immer rundum sozialisierte Akteure, die kompetent alle Regeln beherrschen und mit allen Rollenerwartungen und sozialen Typisierungen vertraut sind? Müssten wir nicht den empirisch zu erwartenden vielfältigen Missverständnissen und Deutungskonflikten mehr Rechnung tragen? Die Antwort auf die erste Frage lautet „ja", die auf die zweite „nein". Tatsächlich gehen wir von einer Normalausstattung mit Kompetenzen aus, d.h. von erwachsenen, sozialisierten Gesellschaftsmitgliedern, die über keine physischen und psychischen Einschränkungen verfügen, die es verhindern würden, dass sie etwa die Mechanismen der Ko-Präsenz, der „nextness", der Perspektivenübernahme oder des Handlungszwangs realisieren, Emotionen haben oder das Arsenal der behandelten

Regelkomplexe beherrschen. Wir gehen mit anderen Worten von handlungsfähigen Subjekten aus, die die erforderlichen Kompetenzen als Bestände eines impliziten, handlungsgenerierenden Wissens internalisiert haben. Wir gehen des Weiteren davon aus, dass diese Kompetenzen unter den Akteuren weitgehend gleich verteilt sind. Das sind keine besonders „idealistischen" Annahmen; die empirische Sprachwissenschaft etwa operiert wie selbstverständlich – und erfolgreich – mit ihnen. Individuelle und strukturelle Unterschiede liegen zum einen auf der Ebene der Performanz (Chomsky 1972 [1965]), d. h. sie betreffen die handlungspraktische und situationsbezogene *Umsetzung* der Kompetenzen. Beispielsweise ist die Fähigkeit, sich sprachlich gut auszudrücken, durchaus unterschiedlich verteilt; die Fähigkeit, das so ausgedrückte sprachlich adäquat zu verstehen und grammatische von ungrammatischen Verwendungsweisen zu unterscheiden, ist das nicht. Unterschiede liegen zum anderen auch auf der Ebene *expliziter* Wissensbestände. So gibt es auch Rollen und soziale Typisierungen, die nicht als Teil des „gesellschaftlichen Wissensvorrats" (Schütz) gelten können, über den unterstellbar jedes sozialisierte Gesellschaftsmitglied verfügt, sondern die Ausdruck eines speziellen Wissens sind. Diese Unterschiede sind für die Aspekte, die wir hier behandelt haben, jedoch nicht weiter erheblich, da sie primär auf der Ebene des impliziten Wissens liegen. Alle anderen Missverständnisse und Deutungskonflikte betreffen dann letztlich das Problem der *kulturellen Unterschiede*, d. h. der unterschiedlichen Reichweite der Geltung von Regelsystemen. Dass es die geben und dass eine solche „interkulturelle Interaktion" zu eigenen Missverständnissen und Deutungskonflikten führen kann, haben wir unter anderem in Kapitel 8 angesprochen. Auf die damit verbundenen Übersetzungsprobleme brauchen wir an dieser Stelle nicht weiter einzugehen. Es reicht aus, darauf zu verweisen, dass sie nicht unüberbrückbar sind, schon weil es immer geteilte Regelsysteme gibt, an die wir bei ihrer Bearbeitung anknüpfen können.

Was ist aber nun „Struktur"? Und was ist unter „Strukturbildung" zu verstehen? Sind die behandelten Elemente nicht auch (schon) „Struktur"? Zunächst muss man sich vor Augen halten, dass der Strukturbegriff soziologisch alternativlos ist. Claude Lévi-Strauss hat das auf die Formel gebracht: „Entweder hat der Begriff der sozialen Struktur keinen Sinn, oder dieser Sinn hat bereits eine Struktur." (Levi-Strauss 1977 [1953]: 301) All das, was wir in der Soziologie als allgemeine Muster jenseits des Partikularen oder Akzidentiellen bestimmen, ist Struktur. Mehr noch: Auch das Partikulare oder Akzidentielle lässt sich nicht ohne Rekurs auf Struktur bestimmen (dazu im Folgenden mehr). Angesichts dieser Unausweichlichkeit des Strukturbegriffs kann es nur darauf ankommen zu spezifizieren, welche *Art* von Struktur und welche *Ebene* von Strukturbildung jeweils in den Blick genommen werden. Ungeachtet ihrer Heterogenität sind die hier behandelten Aspekte als elementare Bausteine von Interaktion also auch Teil ihrer Struktur. Wenn wir von Struktur*bildung* sprechen, ist damit aber immer auch unterstellt, dass es die Struktur (so) noch nicht gibt, dass sie erst mit der Interaktion entsteht. Das gilt für „Bausteine" von Interaktion nicht und kann für sie per se nicht gelten, da sie ja jeder konkreten Interaktion vorgängig sind. Oder?

Hier ist zunächst ein kurzer Einschub zur verwendeten Terminologie angebracht: Die Begrifflichkeit, die wir in diesem Buch in der Darstellung der Bausteine von Interaktion verwendet haben, scheint auf den ersten Blick uneinheitlich. Teils sprachen wir von „Mechanismen", teils von „Regeln", und dann wieder auch von „Strukturen". Grund dafür ist jedoch die Heterogenität der Bausteine; sie fügt sich keiner einheitlichen Terminologie. Es liegt nahe, Ko-Präsenz und ihre Folgen, „nextness", Perspektivenübernahme oder Handlungszwang als – in sich schon heterogene – „Mechanismen" zu bezeichnen, weil sie sich sprachlich nicht als Regeln formulieren lassen und man von ihnen auch nicht in irgendeiner Weise abweichen kann. Man kann sie allenfalls leugnen, indem man zum Beispiel die mit-anwesende Person interaktiv „unsichtbar" macht (Honneth 2003) oder anderen gegenüber zu reklamieren versucht, dass Nicht-Handeln uns aus der Verantwortung entlässt. Dass dabei Strukturen der Missachtung oder Verantwortungslosigkeit entstehen, verdeutlicht genau die strukturbildende Kraft der beteiligten Mechanismen. Normen, Rollenerwartungen, Rahmungen und andere nichtsprachliche oder sprachliche Institutionen (im Sinne Searles) stellen hingegen Regelkomplexe dar, die sich entsprechend sprachlich als regulative oder konstitutive Regeln darstellen lassen. Wir orientieren uns manifest (Normen, Rollen) oder latent (Institutionen) an ihnen, wir befolgen sie oder weichen von ihnen ab, manchmal bestreiten wir ihren Geltungsanspruch (Normen). Und all das hat Folgen für die Struktur der Interaktion. Strukturelle Handlungsprobleme hingegen, die sich aus den sachlichen Bezügen von Interaktionen ergeben (Kap. 12), können zwar der Ausgangspunkt für Regelkomplexe sein (unser Fahrstuhlbeispiel), sie lassen sich selbst aber nicht als solche beschreiben, sondern stellen strukturelle Vorgaben anderer Art für Interaktionen dar. Für den vorliegenden Zusammenhang ist entscheidend: Ungeachtet ihrer internen Heterogenität und der darauf bezogenen unterschiedlichen terminologischen Bezeichnung sind aus einer übergeordneten Perspektive alle Bausteine der Interaktion – auch Mechanismen und Regelkomplexe – Strukturphänomene, da sie selbst Muster darstellen, die zu anderen Mustern führen.

Aber kann man jetzt auch sagen, dass selbst diese Strukturphänomene nicht nur strukturbildende Kraft aufweisen, sondern sich auch selbst in Interaktionen „bilden"? In gewisser Weise schon. Das betrifft vor allem die hier verhandelten Regelkomplexe. Zwar werden sie nicht erst in konkreten Interaktionen im engeren Sinne „erzeugt", sondern sind ihnen, wie mehrfach ausgeführt, analytisch vorgängig. Aber andererseits steht ihre Geltung in jeder konkreten Interaktion zu Disposition.

Das ist bei Normen und Rollenerwartungen ganz ausdrücklich der Fall. In jeder konkreten Interaktion geht es darum, ob sie sich in ihrer Geltung reproduzieren oder transformieren. Aber auch für die noch grundlegenderen Varianten sozialer Institutionen gilt zumindest, dass sie in ihrer Geltung an die Verwendung in Interaktionen gebunden sind. John Searle spricht in diesem Zusammenhang vom Primat der Handlung bzw. des Prozesses – in unserer Terminologie: der Interaktion – vor dem (sozialen) Objekt, d. h. vor Institutionen wie Ehe, Geld, Eigentum oder Universitäten: „The priority of process over product (...) explains why (...) institutions are not worn out by continued use, but each use of the institution is in a sense an renewal of that institution." (Searle 1995: 57) Wenn man sagt, dass die interaktive Verwendung nicht-sprachlicher und sprachlicher Institutionen sie in ihrer Geltung „erneuert" oder verstärkt, dann kann man Interaktion auch allgemein als Ort der ‚Ratifizierung' von institutionellen Tatsachen bezeichnen. Damit hätte man zumindest eine Stelle für die Erklärung institutionellen Wandels markiert: Der Wandel beispielsweise vom „Guten Tag" zum „Hallo" und vom „Sie" zum „Du" in organisationellen Kontexten ließe sich dann daran untersuchen, wie diese sprachlichen Institutionen in Interaktionen eingeführt und prozessiert werden.

Aber tatsächlich hatten wir bei der Rede von „Strukturbildung in Interaktionen" primär andere Phänomene im Blick: nämlich genau solche Strukturen, die sich in Interaktionen erst bilden und die man ohne eine mikrosoziologische Betrachtung nicht adäquat bestimmen kann. Diese Strukturen sind so vielfältig wie die soziale Realität selbst. Sie betreffen unser Selbstverhältnis (Biografie, Identität) wie unsere Beziehungen zu anderen. Es geht um Muster, die Paar-, Familien-, Freundschafts-, Nachbarschafts- oder Kollegenbeziehungen kennzeichnen oder die man in Interaktionen von Marktteilnehmern und in politischen Debatten finden kann. Es geht um allgemeine und formale Muster der Strukturierung von Interaktionen, „forms of talk", kommunikative Gattungen wie Klatsch, Witz oder Predigt. Sie betreffen gleichzeitig das Besondere wie das Allgemeine: Die Struktur der konkreten Paarbeziehung verweist immer auch auf die Strukturiertheit von Paarbeziehungen allgemein, die Struktur der konkreten Organisation auf die Strukturiertheit von Organisationen. Sie erstrecken sich auf die allgemeinen Strukturen der Konfliktbearbeitung wie der gesellschaftlichen Organisation von Arbeit und wirtschaftlichem Austausch. Sie umfassen die übergreifenden Aspekte von Macht und Herrschaft (oder ihrer Abwesenheit), von Konflikt und Harmonie, Anerkennung oder Missachtung, Gleichheit und Ungleichheit. All diese Dinge können – das ist die schwächere Annahme unseres Ansatzes – im Prozess der Interaktion, auf der Grundlage der dargestellten Bausteine, mikrosoziologisch analysiert werden.

An sich ist der Versuch einer interaktionstheoretischen Bestimmung von Mikrosoziologie, den wir in diesem Buch unternehmen, nicht besonders originell.

Schon Herbert Blumer, Erving Goffman, Niklas Luhmann sowie im Anschluss an diese Autoren André Kieserling haben „Interaktion" als eine eigenständige Strukturierungsebene des Sozialen zu bestimmen versucht. Unser Vorhaben geht vor allem in zwei Hinsichten über diese Versuche hinaus. Zum einen haben wir das Begriffsinventar für die Beschreibung von Interaktion um verschiedene Elemente erweitert, von denen einige der gängigen soziologischen Praxis nach nicht ohne Weiteres der Mikro-Ebene zuzuordnen wären. Normen, Rollen, gesellschaftliche Typisierungen, Rahmungen und insbesondere das weite Feld gesellschaftlicher Institutionen sind nicht nur Aspekte, die jeder konkreten Interaktion vorgängig sind, sondern sie lassen sich auch hinsichtlich ihrer Eigenschaft, *allgemeine Geltung* zu besitzen, dem Makro-Bereich des Sozialen zurechnen.[95] Damit sind wir einen Weg weiter gegangen, den Goffman vor allem in seiner „Frame Analysis" (Goffman 1986 [1974]) betreten hat. Wenn man die Struktur von Interaktion untersucht, kommt man nicht umhin festzustellen, dass dabei Aspekte eine Rolle spielen, die nach gängigem Verständnis weder „klein" noch „groß" sind. Auch wenn es Akteuren zuweilen gelingen mag, die Interaktionssituation[96], in der sie sich befinden, Kraft ihrer Handlungen selbst zu „definieren", ist der Normalfall der, dass wir uns in Situationen bewegen, deren rahmende Eigenschaften wir vorfinden und nur erschließen können. Kurz: Jede konkrete Interaktion operiert in einem „Gehäuse" allgemein geltender Vorgaben. Zur „Interaktionsordnung" gehört immer auch eine „Ordnung der Interaktion", die Elemente umfasst, die jeder konkreten Interaktion vorgängig sind. „Interaktion" ist damit nicht nur die konkrete Verknüpfung von Handlungen, sondern schließt immer auch die Mechanismen, Regeln und Strukturen ein, die eine solche Verknüpfung erst ermöglichen – und damit kann man im engeren Sinne auch nicht mehr von einer Verknüpfung von Einzelhandlungen sprechen, jedenfalls dann nicht, wenn man sie als isolierte denkt.

Zum anderen – und damit zusammenhängend – weisen wir in der interaktionstheoretischen Fundierung von Mikrosoziologie Interaktion einen herausgehobenen Stellenwert zu. Interaktion ist unserem Verständnis zufolge nicht einfach eine Strukturierungsebene neben anderen, etwa dergestalt, dass es „Interaktion"

---

95 Das gilt auch dann, wenn man konzediert, dass die *Reichweite* dieser allgemeinen Geltung sich nicht notwendig auf eine „Gesamtgesellschaft" (oder gar darüber hinaus) erstrecken muss, sondern sich auch auf ein bestimmtes Sozialmilieu, eine Teilkultur oder gar – in einzelnen Elementen – auf eine Familie beschränken kann.

96 Warum haben wir den Situationsbegriff nicht ins Zentrum unserer Analyse gestellt? Könnte man nicht sagen, dass „Situation" für die Mikro-Ebene des Sozialen das ist, was „Gesellschaft" für die Makro-Ebene ist? Tatsächlich ist es das so, aber es ist mit dem Situationsbegriff eben auch so wie mit dem Gesellschaftsbegriff: Man kommt ohne ihn nicht aus, aber es scheint unmöglich zu sein, ihn zufriedenstellend zu definieren.

Epilog: Struktur und Methode

gibt und dann noch – unabhängig davon – „Organisation" und „Gesellschaft" (in der Terminologie der Systemtheorie). Vielmehr vollziehen sich Organisation und Gesellschaft immer auch in Interaktionen. Und ebenso wenig lässt sich in diesem Verständnis Mikrosoziologie auf eine untere Aggregatebene des Sozialen reduzieren, „über" der dann die Meso- und Makro-Ebenen liegen. Mikrosoziologie ist weder „klein" noch „groß". Vielmehr müssen – und das ist die stärkere Annahme unseres Ansatzes – all die Strukturen, die unterschiedliche soziale Aggregatebenen betreffen, ihre Fundierung in Interaktionen haben. Der herausgehobene Stellenwert lässt sich also so formulieren: Der zentrale soziale „Ort" von Struktur ist Interaktion.

Das heißt nicht, dass die Eigenständigkeit von Makrophänomenen wie Milieu, gesetzliche Vorgaben, soziale Deutungsmuster, Armuts- und Scheidungsrisiken, ungleich verteilte Bildungschancen usw. bestritten werden soll. Gleichwohl kann man vor diesem Hintergrund auch sagen, dass diese Phänomene ihre Bedeutung erst auf der Ebene der Interaktion entfalten. Oder anders gesagt: Wenn sie auf dieser Ebene keine Bedeutung haben, dann sind sie auch bedeutungslos. Sie müssen sich in konkreten Interaktionen identifizieren lassen. Entsprechend wäre eine zentrale Frage, die mit Aggregatdaten arbeitende Sozialstrukturanalysen stellen müssten, wie sie in welche Interaktionen eingehen: als Normalitätserwartung, die Akteure an Interaktionen herantragen, als Eigenschaft der Beziehungsstruktur, die sich interaktiv entfaltet, als Entscheidungsalternative, die in Interaktionen nicht oder gerade als alternativlos berücksichtigt wird usw. Das lässt sich allein von den anhand von Aggregatdaten bestimmten Mustern aus betrachtet nicht bestimmen. Wir können von der Beschreibung der Makrostruktur nicht auf die Mikrostruktur schließen. In der Mikrostruktur ist die Makrostruktur dagegen immer virulent.

Diese Überlegungen verweisen auf die Frage, was aus der vorgestellten interaktionstheoretischen Fundierung von Mikrosoziologie für die *methodische* Erschließung sozialer Realität folgt. Dieser Ansatz ist keine explizite Methodologie. Aber er hat methodologische Konsequenzen, die wir hier nicht im Detail behandeln können, aber zur Orientierung hinsichtlich allgemeiner Aspekte zumindest ansprechen wollen. Sie betreffen zunächst die heuristische Qualität der vorgestellten Konzepte. Wir gehen davon aus, dass sie als geeignetes begriffliches Instrumentarium für eine solche Erschließung genutzt werden können. Das ist sicherlich insofern keine besonders riskante Annahme, als es sich zumindest bei einigen von ihnen (Rolle, Norm, Typisierung, Emotion, Institution) um etablierte Grundbegriffe der allgemeinen Soziologie handelt, auch wenn wir sie in manchen Hinsichten anders gefasst haben als allgemein üblich. Spezifischer werden die Konsequenzen mit Bezug auf die mit der Rede von „Strukturbildung" verbundene Vorstellung von einer Einheit von Struktur und Prozess. Entscheidend ist hier die Erkenntnis der grundlegenden Bedeutung von Sequentialität für Interaktion: Interaktion entfaltet sich allgemein gesprochen nicht nur in einem zeitlichen Nacheinander von Interaktionszügen, sondern in ihrer systematischen Bezogenheit aufeinander, wobei jeder Zug sich darstellen lässt als eine im praktischen Vollzug getroffene Wahl aus einem Möglichkeitsraum, der durch den jeweils vorhergehenden Zug sowie interaktionsübergreifenden Strukturvorgaben abgesteckt wird; ein jeder Zug eröffnet entsprechend wiederum einen Spielraum möglicher Anschlusshandlungen. „Struktur" stellt sich damit dar als eine sukzessive sich entfaltende selektive Verknüpfung von Interaktionszügen. Diese Erkenntnis wurde erstmals im Kontext der Konversationsanalyse formuliert (s. Kap. 2) und in der Folge insbesondere in der Methodologie der Objektiven Hermeneutik (z. B. Oevermann 1981, 2000, Wernet 2009, Maiwald 2013) weiter elaboriert. Vor diesem Hintergrund liegt eine Präferenz für die mit diesen Ansätzen verknüpften Forschungsmethoden nahe bzw. generell für *rekonstruktive* Verfahren, d. h. für solche Ansätze, die versuchen, die Strukturbildung in konkreten Interaktionen methodisch nachzuzeichnen.

Dass derartige Ansätze gleichzeitig *interpretativ* sein sollten, folgt schließlich als Konsequenz aus der Zentralstellung des Sinnbegriffs für eine interaktionstheoretisch begründete Mikrosoziologie. Auch in dieser Hinsicht ist die Methodologie der Objektiven Hermeneutik eine zentrale Referenz. Wir haben den Sinnbegriff der Sache nach vor allem in den Kapiteln zu Institutionen und zur Perspektivenübernahme entfaltet. Dabei sollte deutlich geworden sein, dass wir es in Interaktionsanalysen immer gleichzeitig mit zwei unterschiedlichen Ebenen von Sinn zu tun haben: dem Sinn, den die bedeutungstragenden Elemente eines Interaktionszuges auf der Grundlage allgemein geltender Regeln *haben*, und dem Sinn, den diese Elemente durch ihre Verwendung an der je konkreten Sequenzstelle *bekommen* und der die Struktur der Interaktion als spezifische Beziehung zwischen InteraktionspartnerInnen kennzeichnet. Ein interpretatives Vorgehen gewinnt potentiell epistemische Objektivität, indem es auf die allgemein geltenden Sinnstrukturen rekurriert, und es gewinnt an Prägnanz für die untersuchten sozialen Strukturen, indem es die besondere Selektivität der Verwendung von Sinnelementen an den jeweiligen Sequenzstellen zu identifizieren vermag.

Wir möchten abschließend noch auf einen Sachverhalt eingehen, der sich in diesen methodologischen Anmerkungen andeutet. Es kann als Gemeinplatz gelten, dass wir als Soziologinnen und Soziologen immer auch selbst Teil des Gegenstandsbereichs sind, den wir untersuchen. Was das wirklich bedeutet, kommt erst in einer mikrosoziologischen Perspektive in seiner ganzen Dramatik in den Blick: „Struktur" ist nicht nur für distanzierte sozialwissenschaftliche BeobachterInnen unausweichlich, sondern auch in einer Teilnehmerperspektive. Sie findet nicht nur ausschnittsweise, gewissermaßen alle paar Stunden einmal statt, sondern sie ereignet sich an jeder Sequenzstelle unseres Lebens. Nichts an unseren Interaktionen mit anderen, aber auch an unserem gleichsam einsamen Handeln ist strukturlos. Es gibt keine ‚weißen Flecken', keine ‚Ruhezonen' der Abwesenheit von Struktur. Wir produzieren sie laufend (mit). Und das nicht nur in den Handlungen, ‚hinter denen wir stehen', nicht nur dort, wo wir der Tatsache des Interagierens gewahr werden. Wir sind nicht nur an den Strukturen beteiligt, zu denen wir eine ausdrückliche ‚Haltung' haben, die uns in unserem Handeln als ‚verfügbar' erscheinen.[97] Vielmehr reproduzieren (meistenteils) oder transformieren (eher selten) wir laufend Strukturen, von denen wir in aller Regel kaum etwas wissen. Das entspricht freilich nicht unserer Alltagserfahrung. Es kann ihr auch nicht entsprechen, denn wenn uns die Fülle der Handlungsoptionen, zu denen wir uns in Interaktionsprozessen laufend verhalten, und die strukturellen Folgen, die unsere Entscheidungen für den Interaktionsprozess zeitigen, bewusst wären, wären wir tatsächlich handlungsunfähig. Interaktionstheoretisch betrachtet ist Struktur nicht nur ubiquitär, es erscheint auch als zwingend, dass sie sich zum größten Teil latent, d. h. jenseits der Bewusstseinsschwelle ereignet.

Das, was unsere Handlungen bis in die kleinsten Gesten hinein über uns (potenziell) aussagen, steht damit in notwendiger Spannung zu dem, was wir selbst über uns aussagen können, zu unseren individuellen wie kollektiven Selbstbildern. Da diese Selbstbilder aber sozusagen die ‚Arbeitsgrundlage' unserer Interaktionen bilden, an der wir festhalten und die wir erst in den schmerzvollen Prozessen der Erfahrung – d. h. unter Bedingungen des manifesten Scheiterns unserer Überzeugungen – bereit sind zu korrigieren, ist unsere ‚alltagsmenschliche' Haltung gegenüber soziologischer Kritik, die unter Rekurs auf latente Sinnstrukturen genau diese Selbstbilder in Frage stellen muss, nicht gerade die freundlichste. Soziologische Aufklärung ist für uns als Alltagsmenschen kein Vergnügen. Sie birgt immer ein erhebliches Kränkungspotenzial, wenn sie latente Strukturen sozialer Praxis identifiziert (vgl. Wernet 2017). Das ist eine Bürde, mit der die Disziplin rechnen muss. Es wird auf lange Sicht keinen Nobelpreis (oder etwas Ähnliches) für Soziologie geben. Ein zumindest intellektuelles Vergnügen ist so verstandene soziologische Aufklärung erst dann, wenn wir gelernt haben, den Bruch mit der Alltagserfahrung zu vollziehen und eine distanzierte Position zu ihr einzunehmen, ohne gleichzeitig zu glauben, wir stünden außerhalb der Analyse. Und soziologisch zu forschen.

---

97 Vgl. dazu sowie zum Folgenden Wernet 2017. Die dort vorgetragenen Überlegungen sind auf die Objektive Hermeneutik bzw. auf eine rekonstruktive, latente Fallstrukturen analysierende Bildungsforschung fokussiert. Wir übertragen sie hier auf eine interaktionstheoretisch begründete Mikrosoziologie.

Literatur

Chomsky, Noam (1972 [1965]): Aspekte der Syntax-Theorie. Frankfurt a. M.: Suhrkamp.
Goffman, Erving (1986 [1974]): Frame Analysis. An Essay on the Organization of Experience. Lebanon, New England: Northeastern University Press.
Honneth, Axel (2003): Unsichtbarkeit. Über die moralische Epistemologie von »Anerkennung«. In: Ders., Unsichtbarkeit. Stationen einer Theorie der Intersubjektivität. Frankfurt a. M.: Suhrkamp, S. 10-27.
Lévi-Strauss, Claude (1977 [1953]): Der Strukturbegriff in der Ethnologie. In: ders., Strukturale Anthropologie I. Frankfurt a. M.: Suhrkamp, S. 299-346.
Maiwald, Kai-Olaf (2013): Der mikroskopische Blick. Rekonstruktion in der Objektiven Herme-neutik. In: Sozialer Sinn, 2013/2, S. 185-205.
Oevermann, Ulrich (1981): Fallrekonstruktion und Strukturgeneralisierung. Frankfurt a. M.: unv. Ms. (http://publikationen.ub.uni-frankfurt.de/frontdoor/index/index/docId/4955; zuletzt angesehen am 10.04.2017).
Oevermann, Ulrich (2000): Die Methode der Fallrekonstruktion in der Grundlagenforschung sowie der klinischen und pädagogischen Praxis. In: Klaus Kraimer (Hg.), Die Fallrekonstruktion. Sinnverstehen in der sozialwissenschaftlichen Forschung. Frankfurt a. M.: Suhrkamp, S. 58-156.
Searle, John (1995): The Construction of Social Reality. New York u. a.: Free Press
Wernet, Andreas (2009): Einführung in die Interpretationstechnik der Objektiven Hermeneutik. 3. Aufl. Wiesbaden: VS Verlag.
Wernet, Andreas (2017): Über das spezifische Erkenntnisinteresse einer auf die Rekonstruktion latenter Sinnstrukturen zielenden Bildungsforschung. In: Martin Heinrich, Andreas Wernet (Hrsg.): Rekonstruktive Bildungsforschung: Zugänge und Methoden. Wiesbaden: Springer VS (im Erscheinen)

Anhang: Transkript einer Filmsequenz

Aus: „Vier Abenteuer von Mirabelle und Reinette" von Eric Rohmer, aus der Episode „Der Kellner"
(Les Films du Losagne 1987)

Reinette sitzt im Straßencafé an einem kleinen runden Tisch mit zwei Stühlen. Achtlos stellt der Kellner eine Tasse mit Untertasse und Löffel vor sie auf den Tisch.

Kellner:	So, bitte.
Reinette:	Danke.
Kellner:	Wenn Sie bitte auch gleich zahlen würden.
Reinette:	Oh ja doch, natürlich, wie viel macht es?
Kellner:	Steht doch drauf, Sie können doch lesen. [weist auf den Kassenbon]
Reinette:	Vier Francs dreißig, richtig?
Kellner:	Richtig.
Reinette:	Hier. Bitte. [hält dem Kellner einen Geldschein hin]
Kellner:	Das soll wohl'n Scherz sein. Zweihundert Francs für vier Francs dreißig?
Reinette:	Tut mir leid, aber ich hab kein Kleingeld.
Kellner:	Ich hab auch keins. Wie stelln Sie sich das vor? Die Leute haben nie Kleingeld. Wie soll da ich welches haben? Suchen Sie mal'n bisschen.
Reinette:	Ja gern, aber wo?
Kellner:	Hach, Sie werden doch vier Francs dreißig haben. [nimmt Reinette das Portemonnaie aus der Hand und beginnt, es zu durchsuchen] Eins dreißig, eins vierzig, eins fünfzig, eins sechzig. Sind ja nur ein Franc sechzig. Wer hat denn nur ein Franc sechzig in der Tasche?
Reinette:	Aber ich hab doch zweihundert Francs!
Kellner:	Lassen Sie mich doch in Ruhe mit Ihren zweihundert Francs. Wenn man kein Geld hat, geht man doch nicht ins Café.
Reinette:	Ist das hier denn kein Geld, Monsieur? [hält dem Kellner den Geldschein hin] Und übrigens, ich warte auf eine Freundin. Sie hat vielleicht genug Kleingeld.
Kellner:	Das soll ich Ihnen glauben. Übrigens. Das mit der Freundin ... mit mir nicht, hm? Ich kenn den Trick mit der Freundin. Ja, ja, man

	wartet nur, bis ich mich umdrehe, und schon ist man weg. Verstehn Sie, ich bin nämlich ganz allein heute, also bedien ich hier draußen und da drin. Tja, da isses kein Wunder, da können die Laute abhaun, wie sie wollen, aber … geht das wirklich? Ich passe auf. Ich behalte Sie im Auge. Aber das ist nicht immer leicht. Neulich, da hat mich ein Mädchen ausgetrickst. Sie sah Ihnen ähnlich.
Reinette:	Das war ich nicht, ich bin zum ersten Mal in diesem Café!
Kellner:	Ich hab ja nicht gesagt, dass Sie es waren. Aber sie sah Ihnen ähnlich. Ganz unheimlich. Ich bin Physiognomiker. Also, der Trick mit der Freundin, der klappt einmal, nicht zweimal. Also, Vorsicht, meine Liebe.
Reinette:	Aber wenn ich's Ihnen doch sage, ich bin's nicht gewesen!
Kellner:	Ich habe keinen Grund, Ihnen zu glauben. Sie können ja alles behaupten, ob Sie's nun waren oder nicht. Also, Vorsicht. [wendet sich den Gästen am Nebentisch zu] Ja, ich komme! [geht ab]
Reinette:	Der ist verrückt.
Kellner:	[zu den Gästen am Nebentisch] Das macht fünfundneunzig. [Gast 1 gibt ihm einen Schein, der Kellner gibt ihm Wechselgeld heraus] So, bitte sehr.
Gast 1:	Danke.
Kellner:	Wiedersehn.
Gast 1:	Wiedersehn. [Gast 1 und Gast 2 verlassen das Lokal, der Kellner räumt den Tisch ab]
Reinette:	Ah, da, da haben Sie doch genug Kleingeld!
Kellner:	Hm? Natürlich hab ich welches. Für richtige Gäste. Aber bei Leuten wie Ihnen kann man doch nicht von Kundschaft sprechen, solche Leute, die hier rumsitzen zwei Stunden lang und nur einen Kaffee trinken.
Reinette:	Ich bin doch erst fünf Minuten hier!
Kellner:	Sie werden so lange bleiben, ja, ja, das versprech ich Ihnen, Sie werden nicht eher gehen, bis ich Wechselgeld für Sie habe, und wenn es sein muss, haben Sie den ganzen Nachmittag. Und versuchen Sie nichts, ich behalt Sie im Auge. [wendet sich ab, räumt weiter den Nebentisch ab]

Reinette blickt auf ihre Tasse, rührt darin, trinkt einen Schluck, macht ein angewidertes Gesicht, setzt die Tasse ab, stützt das Kinn in die Hand und blickt nachdenklich zur Seite. Neue Kundschaft kommt, ein Gast nimmt einen Stuhl vom Nachbartisch, der Kellner kommt im Eilschritt hinzu.

Anhang: Transkript einer Filmsequenz

Kellner:	Guten Tag, meine Herrschaften.
Gast 3:	Wir müssen erst überlegen, einen Augenblick noch, bitte.
Kellner:	Gut. [dreht sich um, kommt resoluten Schritts auf Reinette zu und nimmt den zweiten Stuhl von ihrem Tisch weg]
Reinette:	Aber ich hab Ihnen doch gesagt, ich warte auf jemanden! [springt auf]
Kellner:	Niemand kann mich zwingen, das zur Kenntnis zu nehmen. Außerdem werden Sie doch wohl einsehen, dass man nicht den ganzen Tag zwei Stühle besetzt halten kann für vier Francs dreißig.
Reinette:	Ja, aber da sind doch genug freie Tische, oder?
Kellner:	Ja, die sind frei. Und deswegen klappt das heute auch nicht. Und überhaupt. Leute wie Sie, die hier herkommen und nur einen Kaffee trinken, die sind für mich keine Kundschaft.
Reinette:	Sie wollen mir nicht glauben.
Kellner:	Glauben, Ihnen glauben, ts. Wenn ich allen Leuten glauben würde, würd ich nicht weit kommen. Und den Trick mit der Freundin, den macht man mit mir einmal, aber nicht ein zweites Mal. Ich halt jetzt die Augen offen. Ich pass auf.

Reinette setzt sich wieder, ratlos, unruhig, legt die Hand auf den Mund, schüttelt den Kopf. Der Kellner geht zu den Gästen am Nebentisch, bedient freundlich am Nebentisch.

Kellner:	So, was darf ich den Herrschaften bringen?
Gast 3:	Ja, also, ich hätte gern eine, eine große heiße Schokolade mit Sahne.
Kellner:	Jaha. [notiert die Bestellung, die anderen Gäste geben ihre Bestellungen auf]

Reinette rührt gedankenverloren in ihrer Tasse, Mirabelle kommt hinzu. Die beiden küssen sich lächelnd zu Begrüßung, Reinette scheint erleichtert und freut sich sichtlich. Mirabelle zieht sich einen Stuhl vom Nebentisch heran.

Kellner:	Hey, nicht, lassen Sie das! Tun Sie den Stuhl wieder dahin, wo er stand!
Mirabelle:	Aber ich werd mich doch setzen dürfen, und hier ist kein Stuhl.
Kellner:	Ich habe selbst diesen Stuhl weggenommen. Das Berühren ist verboten. [nimmt Mirabelle den Stuhl aus der Hand]
Mirabelle:	Sie werden mich doch wohl nicht daran hindern wollen, dass ich mich an einen Tisch von Ihrem Café setze, oder?

Kellner:	Ach, Sie … Sie sind wohl die Freundin.
Mirabelle:	Von wem? Von ihr? Na und?
Reinette:	Na, er wollte mir nicht glauben, dass du kommst, und da hat er den Stuhl weggenommen.
Kellner:	Nun, ich wollte ja nur…
Mirabelle:	Jetzt bin ich da, und jetzt nehm ich ihn mir, danke. [nimmt den Stuhl wieder an sich]
Kellner:	Nehmen Sie. Nehmen Sie ihn. Und was, äh, nehmen Sie?
Mirabelle:	Einen Kaffee.
Kellner:	Noch einen.
Mirabelle:	Wie bitte?
Kellner:	Schon gut. Sie bekommen Ihren Kaffee.
Mirabelle:	Das will ich doch stark hoffen, dass ich hier einen Kaffee bekomme … Aber wenn es Ihnen nicht passt, gehen wir eben woanders hin, es gibt tausende Cafés in Paris.
Kellner:	Äh-äh, Sie bleiben hier. Sie bleiben hier. [zeigt auf Reinettes Tisch]
Mirabelle:	[spricht gleichzeitig] Wenn Sie wüssten, was Sie eben für ein Gesicht gemacht haben.
Kellner:	Erst wird bezahlt, he?
Mirabelle:	Was? Ich hab doch noch gar nichts gehabt.
Kellner:	Ich meine nicht Sie, sie. [zeigt auf Reinette]
Mirabelle:	Gut, dann bezahl, und wir gehen. [zu Reinette]
Reinette:	Hast du vier Francs dreißig, ich hab kein Kleingeld.
Mirabelle:	Nein, ich hab nur einen Fünfhundert-Francs-Schein. Und können Sie denn nicht rausgeben? [zum Kellner]
Kellner:	Die machen das wohl mit Absicht, also, die eine hat zweihundert, die andere hat fünfhundert, für wen halten Sie mich eigentlich?
Mirabelle:	Was soll denn das, wofür wir Sie halten, Sie ham doch wohl'ne Kasse da drin, oder? [zeigt in Richtung Caféhaus]
Kellner:	Ich hab kein Wechselgeld in der Kasse.
Mirabelle:	Na gut, dann gehen wir, es ist Ihr Problem, wenn Sie uns nicht rausgeben können.
Kellner:	[fällt Mirabelle ins Wort] Äh-äh, von wegen, erst mal wird bezahlt.
Mirabelle:	Erst mal wird bezahlt, ich sage Ihnen doch die ganze Zeit, wir wollen bezahlen.
Kellner:	[fällt Mirabelle ins Wort] Aber bei uns hier wird der Gast aufgefordert, die Summe passend zu begleichen.
Mirabelle:	Also, das ist ja das Neueste, he? Da kann ich Ihnen nur sagen, ich studiere Jura. Und dass der Kunde dazu aufgefordert wird, passend

Anhang: Transkript einer Filmsequenz

	zu bezahlen, wie Sie sagen, das gibt's nur im Bus. Und in der Metro. Aber bestimmt nicht in einem Lokal.
Kellner:	Hören Sie, meine Liebe. Also, Sie werde ich nicht bedienen.
Mirabelle:	[fällt dem Kellner ins Wort] Erstmal werden Sie in einem anderen Ton mit mir sprechen, haben Sie verstanden?
Kellner:	[spricht weiter] Sie werd ich nicht bedienen, und von mir aus können Sie gehen.
Mirabelle:	[fällt dem Kellner ins Wort] Sie können mir glauben, ich hab auch nicht mehr die geringste Lust auf Ihren Kaffee.
Kellner:	[spricht weiter] Aber sie [zeigt auf Reinette], sie bleibt da, und sie wird so lange da bleiben, bis ich mein Geld habe, und das kann von mir aus noch Stunden dauern. Und dass Sie mir ja nicht versuchen abzuhauen, he? Denn sonst ... [geht ab]
Mirabelle:	Der muss doch total verrückt sein, was is'n das für'n Typ? Na los, komm, wir gehen jetzt, es reicht mir. [fasst Reinette an der Schulter]
Reinette:	Du, hast du nicht vier Francs dreißig, ich möchte nicht so ...
Mirabelle:	Nein, ich hab keine vier Francs dreißig. Er ist weg.
Reinette:	Jetzt hör doch mal, warten wir doch noch n bisschen.
Mirabelle:	Komm schon! Beeil dich, schnell weg! [zieht Reinette von ihrem Stuhl hoch, zieht sie mit sich, die beiden laufen Hand in Hand davon]

The manufacturer's authorised representative in the EU is Springer Nature Customer Service Centre GmbH, Europaplatz 3, 69115 Heidelberg, Germany. If you have any concerns regarding our products, please contact ProductSafety@springernature.com

Printed and bound by CPI Group (UK) Ltd, Croydon, CR0 4YY
25/03/2026
02078194-0003